清代循吏研究
——以《清史稿·循吏传》为中心

王昌宜/著

图书在版编目(CIP)数据

清代循吏研究:以《清史稿·循吏传》为中心 /王昌宜著. —合肥:安徽大学出版社,2017.11
(博学文库)
ISBN 978-7-5664-1482-3

Ⅰ.①清… Ⅱ.①王… Ⅲ.①文官制度-研究-中国-清代 Ⅳ.①D691.42

中国版本图书馆 CIP 数据核字(2017)第 225760 号

本书为合肥学院 2014 年汉语国际教育学科带头人培养对象项目(108006)、2010 年安徽省教育厅基地重点项目(2010SK277ZD)结项成果

清代循吏研究——以《清史稿·循吏传》为中心　　　　王昌宜　著

出版发行:	北京师范大学出版集团 安 徽 大 学 出 版 社 (安徽省合肥市肥西路 3 号 邮编 230039) www.bnupg.com.cn www.ahupress.com.cn
印　　刷:	安徽省人民印刷有限公司
经　　销:	全国新华书店
开　　本:	152mm×228mm
印　　张:	18.5
字　　数:	249 千字
版　　次:	2017 年 11 月第 1 版
印　　次:	2017 年 11 月第 1 次印刷
定　　价:	59.00 元

ISBN 978-7-5664-1482-3

策划编辑:张　锐		装帧设计:张同龙　李　军	
责任编辑:张　锐　章亮亮		美术编辑:李　军	
责任印制:陈　如			

版权所有　侵权必究

反盗版、侵权举报电话:0551-65106311
外埠邮购电话:0551-65107716
本书如有印装质量问题,请与印制管理部联系调换。
印制管理部电话:0551-65106311

目 录

绪 论 ……………………………………………………〔001〕

第一章 夏孙桐与《清史稿》………………………〔029〕

 一、修纂《清史稿·循吏传》《清史稿·艺术传》和嘉道咸同四朝《列传》………………………………………………〔032〕

 二、拟定《清史稿》"循吏""忠义"诸传纂修体例和"列传"书法凡例…………………………………………………〔036〕

  1.《〈清史·循吏传〉编辑大意》……………………〔037〕

  2.《拟〈清史·忠义传〉办法说帖》…………………〔041〕

  3.《拟〈清史·艺文志〉讨论办法说帖》……………〔043〕

  4.《〈清史〉列传画一书法凡例》……………………〔045〕

 三、反对将《清史稿》仓促付刊………………………〔047〕

 四、留心《清史稿》撰述经过之研究…………………〔052〕

  1.修正张尔田《〈清史稿〉纂修之经过》一文之疏漏……………………………………………………………〔053〕

  2.鼓励朱师辙撰书记录《清史稿》纂修过程………〔058〕

第二章 《清史稿·循吏传》考异……………………〔060〕

 一、《清史稿·循吏传》入传人物考异………………〔060〕

二、其他材料中所见《清史稿·循吏传》入传人物事实考异 …………………………………………………〔143〕

第三章 《清史稿·循吏传》人物研究 …………〔178〕

一、《清史稿·循吏传》入传人物的地理与时间分布 …………………………………………………………〔220〕

  1.《清史稿·循吏传》入传人物的地理分布 …〔220〕

  2.《清史稿·循吏传》入传人物的时间分布 …〔224〕

二、《清史稿·循吏传》入传人物的任期 …………〔232〕

三、《清史稿·循吏传》入传人物的最终结局分析 …………………………………………………………〔241〕

  1. 致仕或丁忧归 …………………………………〔242〕

  2. 因劳卒官 ………………………………………〔243〕

  3. 降职或罢职归 …………………………………〔246〕

参考文献 ……………………………………………〔257〕

后　记 ………………………………………………〔291〕

绪　论

一、前人相关研究综述

一般而言,"循吏"是对那些为官清廉、执法公允、克己奉公、为民造福的地方官员的统称。自司马迁始,历代史家就非常热衷于给那些廉能循良之吏树碑立传。《史记》始设《循吏列传》,开史书循吏列传之先河。后来的历代正史大多因袭,在传统二十四史中,有 19 部设有循吏类列传。其中,《史记》《汉书》《后汉书》《北齐书》《南史》《北史》《隋书》《新唐书》《宋史》《金史》《明史》等 11 部称为"循吏列传",《晋书》《宋书》《梁书》《魏书》《旧唐书》《元史》等 6 部改称"良吏列传",《南齐书》异名"良政列传",《辽史》则以"能吏列传"名之。总体而言,统治时间较长、政治较为稳定的朝代以"循吏"名之,统治时间较短、社会比较动荡的朝代以"良吏""良政"或"能吏"名之。名称间或有异,但主旨相同,皆为表彰那些循能官员的懿德善政。二十四史中,仅《三国志》《陈书》《周书》《旧五代史》《新五代史》5 部史书未列此类传记。说明除了"乱世"或"末世"的史书,在传统正史中为这类官员列传是普遍现象。

承袭二十四史传统的《清史稿》,也设《循吏传》。

正史之外,循吏们的事迹还散见于各类官书档案、方志谱牒、碑刻墓志、年谱文集及野史笔记等材料中。仅以清代为例,在清代主要人物传著中，多设有循吏类列传，如《国朝先正事略》《八旗通志初集》《钦定八旗通志》《清国史》《清史列传》《碑传集补》《碑传集三编》《大清畿辅先哲传》等。数量浩繁的方志，也给这类人物留有一席之地。全国或各省、府、州、县志的人物列传中，绝大多数设有"宦绩"或"名宦"传，有的甚至直接命名为"循吏传"①或"良吏传"②，收录有循吏类人物事迹；另有一些循吏的事迹以单传形式留存于世，如南京图书馆藏《国史馆循吏传》和《金学士国史循吏传稿》，即分别为何金寿和金福曾两位循吏的单传。以上事实充分说明，中国传统史学家们非常重视循吏群体，热衷于为他们树碑立传，歌功颂德，表彰他们的善政懿德。更重要的是，通过树立清廉典型，为后来的为官者树立榜样，从而起到教育、激励、规范来者的作用。

传统史书中的循吏类列传人物研究，为我们当下研究历史上的循吏问题提供了极为重要的史料基础。但是，传统史书在记述循吏相关事迹时，其编撰者往往只限于为某个循吏树碑立传、歌功颂德，记述传主生平、履历、政事、著作等，而没有从整体上去分析把握循吏群体的共性特征。至于对这些人物在历史上的存在价值作理论上的分析和探讨者，更属寥寥。只有少数传文会在循吏列传总传前面加上按语，或在传文中片言只语聊发议论，部分著作中所记循吏的事迹还存在着舛误。

1949年以后，史学研究的方法和领域得到极大的丰富和拓展，清代人物研究成果丰硕，循吏类人物的研究也不例外。如《清代人物传稿》中就收录了部分循吏的传记；冯尔康的《清代人物传记史料研究》为研究清代人物包括循吏提供了极好的资料线索；直接以《清史稿》为研究对象的《清史稿校注》《清史

---

① （清）嵇曾筠、沈翼机：雍正《浙江通志》卷121《职官十·循吏》，清光绪二十五年（1899年）浙江书局刻本。
② （清）魏元烺、吴棠增：道光《重纂福建通志》卷232～236《良吏》，清同治十年（1871年）刻本。

稿考异》《〈清史稿·循吏传〉人名字号订误》《〈清史稿·循吏传〉地名勘误》等论著,也考证了《清史稿·循吏传》部分舛误。另有王晓妍《清代循吏审断实践研究——以〈清史稿·循吏列传〉为视角》、贾霞《〈钦定八旗通志·循吏传〉之循吏研究》、胡秀全《清代循吏理讼中的人情研究》、张弦《清循吏司法实践研究》等几篇硕士学位论文分别探讨了清代循吏的司法实践活动及其特征、清代的八旗循吏等相关问题。另有《清代基层官员铨选制考察——以〈清史稿·循吏传〉为例》《清代循吏研究:以〈吴中判牍〉为中心》《从〈清史稿·循吏列传〉看清代循吏的群体结构特征》《司马迁、班固"循吏观"异同及原因——以〈史记〉〈汉书〉为例》《清循吏司法实践研究》《康雍乾时期的循吏研究》从各个角度考察了清代的基层官员铨选制度、清代循吏群体的结构特征、司法实践等。而《明清州县官群体》《清代知县职掌之研究》《州县官的银两——18世纪中国的合理化财政改革》《清代地方政府》《清代州县审判试析》《明清州县衙门审判制度》《明清时期的民事审判和民间契约》《民事审判与民间调解——清代的表达与实践》等著作和《清代县官制度述论》《论清代知府制度》《清人论职官俸禄与廉洁之补正》《清代督抚与地方官的选用》《我国清代县官的职权行为浅论》《从历史档案看清代对州县官吏的惩处制度》《清代县级政权机关中的人事管理》《明清州县官的政治经济待遇》《清代州县财政探析》《试论清代州县衙门设置幕府的原因》《清代州县陋规》《略论明清两朝协调中央与地方财政关系的若干措施》等论文,虽然没有直接以循吏类人物作为专门研究对象,但都从不同角度重点考察了清代州县官群体,以及州县人事、州县行政、州县财政、州县审判等制度。众所周知,《清史稿·循吏传》所收录的人物主要是州县级别的官员。《清史稿》明言《循吏传》的入传标准为:

"以官至监司为限……尤以亲民为重,其非由守令起家者不与焉。"① 故上述围绕州县官员和州县制度展开的研究,在某种意义上,也可以说是深化了对清代循吏的研究,有助于我们了解循吏们总体的施政环境。

近年来,学术界对《清史稿·循吏传》部分入传人物的研究已较为深入。如鲍永军的博士论文《汪辉祖研究》,全文共 21 万字,全面系统地论述了清代循吏汪辉祖的生平事迹、幕学思想、吏治思想、法律思想和学术成就。后来扩充成《绍兴师爷汪辉祖研究》一书,38 万余字,由人民出版社于 2006 年出版。这是汪辉祖研究中的代表性著作。徐忠明的《情感、循吏与明清时期司法实践》一书亦以汪辉祖的司法实践为个案,结合传统儒家特别重视的"审美秩序"等理念,分析了汪辉祖"情法兼顾"的司法风格。《晚清循吏王仁堪文献评注》一书主要围绕王仁堪的为官经历,对前人所作的有关王仁堪生平事迹的传记、生前所涉及的各项重要事件的公牍和交游资料,以及纪念他的文献资料等进行了校勘、标点、注释与点评。

《清史稿·循吏传》部分入传人物,以其在某个领域的突出成就,俨然已经成为学界的研究热点,如汪辉祖、蓝鼎元、伊秉绶、姚文燮、张琦等。另有部分入传人物也已经引起学者的注意。如牛运震、刘衡、赵吉士、刘大绅、周际华、曹瑾、朱休度、李毓昌、张敦仁、牛树梅、龚景瀚等。

《清史稿》付刊仓促,编纂人员无暇仔细校阅,导致其成书后疏漏甚多,已是人所共知的事实,《清史稿·循吏传》亦不能幸免。姚之若《〈清史稿·循吏传〉正误一则》一文,据《大清一统志》《清史稿·地理志》《国朝先正事略》《清史列传》等相关史料,考订出《清史稿·循吏传》史绍登传文中的"文水"一词乃"文山"之误;夏卫东《〈清史稿〉进士订误》一文之第 18~22 条,

---

① (民国)赵尔巽:《清史稿》卷 476,北京:中华书局,1977 年,第 12968 页。

则分别考订了《清史稿·循吏传》中所记任辰旦、宋必达、陆师、汪辉祖、桂超万 5 人中进士科年之错误。现有的 3 部以《清史稿》作为专门考订对象的专著《清史稿校注》《清史稿考异》和《清史稿订误》中,前两部皆考订出《循吏传》中之错谬。《清史稿校注》共 16 册,对《清史稿》进行了一次全面清理——逐字逐句地清查,凡正误、异同、脱衍、得失诸端加以检验,并写出注文,共校出数万条注文。涉及循吏列传的人物有白登明、任辰旦、宋必达、陆在新、张沐、张埙、陈汝咸、陈时临、姚文燮、黄贞麟、骆钟麟、张瑾、江皋、贾朴、卫立鼎、高荫爵、靳让、崔华、刘荣、陶元淳、廖冀亨、佟国珑、陆师、陈德荣、芮复传、蒋林、王时翔、蓝鼎元、叶新、陈庆门、童华、谢仲坑、牛运震、张甄陶、邵大业、周克开、郑基、康基渊、刘大绅、吴焕彩、龚景瀚、张吉安、周际华、李赓芸、伊秉绶、狄尚䌹、郑敦允、李文耕、刘体重、张琦、石家绍、刘衡、徐栋、姚柬之、吴均、曹瑾、桂超万、徐台英、陈崇砥、李炳涛、王懋勋、林达泉、方大湜、杨荣绪、林启、冷鼎亨、涂官俊、陈文黻等 68 人;《清史稿考异》中,考订出《清史稿·循吏传》中所记宋必达、黄贞麟、陆师、陈庆门等人科年之误,同时指出《清史稿》记张敦仁"字古愚"亦误,张氏应为"字古余"。

二、前人研究中有待深入之处

目前学界对《清史稿·循吏传》的研究有着一定的局限性。

目前学术界对《清史稿·循吏传》中所涉及的人物的研究尚不够全面。前文已述,《清史稿·循吏传》的入传标准明确界定为"以官至监司为限……尤以亲民为重,其非由守令起家者不与焉"。故入传人物大多为知县、知府、知州、同知以及各部院下属主事、员外郎、郎中等中下级官吏,能够升迁入按察使、布政使者甚属寥寥,故有关他们的记载,较之元勋宿将、朝廷重臣们来说,资料较少、分布零散,散见于各类传记、方志、笔记、文集、档案、碑传中。但是在整个国家行政系统中,属中下级官吏的循吏们既是国家各项政策、措施的实际贯彻者和具体执行者,又是国家政权在地方上的代表者,故其影响力十分深远。阎敬铭云:"道则巡察数郡,府则表率一方,州县一官,则寄以地方,寄以百姓,寄以城池府库,寄以钱粮征收,责任尤重,自古未有不慎选牧令而能治天下者也。"①但既有研究成果中,直接以《清史稿·循吏传》或"清代循吏"群体作为研究对象者尚不多见。此外,既有研究的热点仍集中在少数几个人物如蓝鼎元、汪辉祖、伊秉绶、姚文燮等身上,仍有大量的《清史稿·循吏传》入传人物,并未进入研究者的视野。这样的研究现状与历史上庞大的清代循吏群体自然难以匹配。

作为清代基本史料的《清史稿》,错谬甚多,已为学界共识,《清史稿·循吏传》自不例外。在目前学术界既有《清史稿·循吏传》考订类研究成果中,论文仅见姚之若《〈清史稿·循吏传〉正误一则》、夏卫东《〈清史稿〉进士订误》及拙作《〈清史稿·循吏传〉人名字号订误》《〈清史稿·循吏传〉地名勘误》等少数,姚之若《〈清史稿·循吏传〉正误一则》、夏卫东《〈清史稿〉进士订误》二文总共也只考订出《清史稿·循吏传》传文中的 6 处错误。即使在现有的 3 部以《清史稿》作为专门考订对象的专著《清史稿校注》《清史稿考异》和《清史稿订误》中,《清史稿校注》考订稍详,《清史稿考异》对循吏列传仅间有涉及,而《清史稿订误》虽考订了《清史稿》之职官志、皇子世表、公主表、藩部世表、藩部传等,但通览全书,不见有对《循吏传》的考订内容。《清史稿·循吏传》中仍存在大量的舛误,急需校订。

《清史稿·循吏传》的编纂者夏孙桐,是《清史稿》编纂班底的重要成员之一,也是为《清史稿》出力最多之人。曾参与《清

---

① (清)葛士濬:《皇朝经世文续编》卷 17《请道府州县四项无庸减成疏》,见《近代中国史料丛刊正编》第 741 册,台北:台湾文海出版社,1966—1995 年,第 495 页。

史稿》纂修、熟悉《清史稿》纂修详情的朱师辙评价道:"《清史稿》唯闻丈(夏孙桐)①经手最多,而亦最出力。及研究,张君孟劬撰《清史馆(稿)纂修之经过》一文,必征诸闻丈,良有以也。"② 但是,长期以来,学界对《清史稿》编纂人员的研究,更多的是将注意力集中在赵尔巽、柯劭忞、缪荃孙等人身上,夏孙桐的作用则被湮没了。故廓清夏氏在《清史稿》纂修群体中的具体地位和在史稿编纂过程中发挥的具体作用,就具有填补研究空白之意义,十分重要。

以上事实充分说明,以《清史稿·循吏传》为中心,探析《清史稿·循吏传》纂者夏孙桐在《清史稿》成书中的具体贡献、全面考订《清史稿·循吏传》中的舛误、对以《清史稿·循吏传》入传人物为代表的清代循吏群体展开系统的研究,是个有待深入且颇具学术价值的课题。因此,本文试图在既有研究成果的基础上,以《清史稿·循吏传》为中心,考察夏孙桐在《清史稿》成书中的具体贡献;同时挖掘、整理相关资料,将散落于各种档案、实录、起居注、正史、奏章、传记、方志、文集、笔记、朱卷、碑刻、日记、书信、年谱、引见单、谱牒等材料中的同一人物的各种资料汇辑起来,互相排比、印证、比勘,以拾遗补阙,校勘纠误;并在廓清基本史实的基础上,对以《清史稿·循吏传》入传人物为代表的清代循吏群体展开全面、系统的深入研究,以图窥斑见豹,将现有的《清史稿·循吏传》研究和清代循吏研究推向深入。

---

① 夏孙桐将三女纬磷嫁与朱师辙之堂兄朱方饴为妻,故朱师辙称夏孙桐为夏闻丈。详情见刘海峰《〈清史稿〉撰述人及其关系考》,载《史学月刊》,2003年第2期。
② (民国)朱师辙:《清史述闻·序》,北京:三联书店,1957年,第6页。此处"馆"为"稿"之误。

三、"循吏"概念辨析

如前所述,《史记》始设循吏列传,开史书循吏列传之先河,历代因之,但前后期史书中循吏的概念却并不完全一致。此点在正史中亦有体现。如果对正史中"循吏"的变化过程进行梳理,我们会对中国历史上的所谓"循吏"群体有一个清晰的认识。

在司马迁《史记》的架构中,所谓循吏,是个与"民倍本多巧,奸轨弄法,善人不能化,唯一切严削为能齐之"①的酷吏相对立的概念。清人周士仪亦云:"子长传酷吏,先传循吏,一以为戒,一以为劝也。"②《史记》中,司马迁释"循吏"为"奉法循理之吏,不伐功矜能,百姓无称,亦无过行"。③ 唐代司马贞索隐亦案:循吏"谓本法循理之吏也"。④ 可见,此处循吏的含义,主要强调的是传主的执政特点,即能否奉法循理治理百姓,它甚至排斥官员过事能巧,即所谓"不伐功矜能"。故司马迁在《史记·循吏列传》导言中进一步指出:"法令所以导民也,刑法所以禁奸也,文武不备,良民惧然身修者,官未曾乱也。奉职循理,亦可以为治,何必威严哉?"强调"奉法循理,亦可以为治",这体现了汉代黄老无为而治思想对官员执政风格的影响。⑤

---

① (西汉)司马迁:《史记》卷130《太史公自序》,见《二十五史》第1册,杭州:浙江古籍出版社,1998年,第298页。
② (清)张奇勋、谭弘宪:康熙《衡州府志》卷11《循良传》,见《北京图书馆古籍珍本丛刊》第36册,北京图书馆古籍出版编辑组编,北京:书目文献出版社,1988年,第375页。
③ (西汉)司马迁:《史记》卷130《太史公自序》,见《二十五史》第1册,杭州:浙江古籍出版社,1998年,第298页。
④ (西汉)司马迁:《史记》卷119《循吏列传》,见《二十五史》第1册,杭州:浙江古籍出版社,1998年,第275页。
⑤ (西汉)司马迁:《史记》卷119《循吏列传》,见《二十五史》第1册,杭州:浙江古籍出版社,1998年,第275页。

《史记·循吏列传》对传主的官阶并没有限定,所有奉法循理的官员,皆可被称为循吏,收入循吏传。事实上,《史记·循吏列传》共收录5人,其中孙叔敖、子产、公仪休、石奢4人,皆官至丞相;李离开1人,为狱官。① 这进一步说明《史记》中之"循吏",尚无官阶限定。

《汉书·循吏列传》中,班固释循吏为"谨身帅先,居以廉平,不至于严,而民从化"之官员②,强调循吏具有廉平和化治的执政特点,而并没有明确限定循吏的官阶。事实上,《汉书·循吏列传》收录6人,其中渤海太守龚遂,官至水衡都尉;颍川太守黄霸,官至丞相;北海太守朱邑,以治行第一人为大司农;零陵太守召信臣,官至少府,位列九卿。③ 4人的最终官阶皆较高。

但是,《汉书·循吏列传》中所记汉宣帝对两千石官员在治理国家中特殊地位的评价,对后世循吏概念的衍变产生了极大的影响。汉宣帝"常称曰:'庶民所以安其田里而亡叹息愁恨之心者,政平讼理也。与我共此者,其唯良二千石乎!'以为太守吏民之本也。数变易则下不安,民知其将久,不可欺罔,乃服从其教化。故二千石有治理效,辄以玺书勉厉,增秩赐金,或爵至关内侯,公卿缺则选诸所表以次用之"。④ 唐代颜师古注此"二千石"官员是指"郡守、诸侯相"⑤。正是基于对二千石官员在治理国家方面特殊作用的认识,《汉书·循吏列传》中大量记载了

---

① (西汉)司马迁:《史记》卷119《循吏列传》,见《二十五史》第1册,杭州:浙江古籍出版社,1998年,第275~276页。
② (东汉)班固:《汉书》卷89《循吏列传》,见《二十五史》第1册,杭州:浙江古籍出版社,1998年,第563页。
③ (东汉)班固:《汉书》卷89《循吏列传》,见《二十五史》第1册,杭州:浙江古籍出版社,1998年,第563~564页。
④ (东汉)班固:《汉书》卷89《循吏列传》,见《二十五史》第1册,杭州:浙江古籍出版社,1998年,第563页。
⑤ (东汉)班固:《汉书》卷89《循吏列传》,见《二十五史》第1册,杭州:浙江古籍出版社,1998年,第563页。

传主任职郡守、诸侯相时的政绩,反映出《汉书·循吏列传》对循吏一词的官阶已经具有某种限定性。《后汉书·循吏列传》前言中,范晔指出此类传是将东汉为官良能者"缀集殊闻显迹,以为《循吏篇》",①可见,此处循吏的概念,强调的仍是指传主的政绩,而没有明确限定入传者的官职。但纵观《后汉书·循吏列传》12 名入传者的仕途履历可知,卫飒、任延、王景、秦彭、王涣、许荆、孟尝、第五访、童恢等 9 人皆曾长期担任郡县官,所记传主的主要政绩也发生在郡县官的任期内。② 此类人物约占全部入传者总数的 75%。可见,《后汉书·循吏列传》所用的"循吏"标准,对循吏的官阶已经有所偏重,开始向郡县官倾斜。

但是,在《后汉书·循吏列传》中,这一限定标准还是模糊和不确定的。如《后汉书·循吏列传》收录的刘矩官至太尉,位列三公,官阶很高。③ 而同入《后汉书·循吏列传》的仇香,则由蒲亭长起家,最高官职仅为署考城主簿,④官职则较低。

二十四史中,《三国志》未设循吏类人物列传,随后成书的《宋书》《南齐书》《魏书》虽设有循吏类人物列传,但名称有所变化,《宋书》《魏书》称"良吏列传",《南齐书》则称"良政列传"。

在《宋书·良吏列传》前言中沈约介绍了将"循吏列传"更名"良吏列传"的原因。沈约指出,有宋一代,大体而言,"吏不

---

① (南朝)范晔:《后汉书》卷 76《循吏列传》,见《二十五史》第 1 册,杭州:浙江古籍出版社,1998 年,第 892 页。
② 卫飒,桂阳太守;任延,长期任职地方,历任九真太守、睢阳令、召陵令、颍川太守、河内太守等职;王景,以治水有功,三迁为侍御史,徐州刺史,庐江太守;秦彭,迁山阳太守,颍川太守;王涣,历任温令、兖州刺史、侍御史、洛阳令;许荆,由桂阳太守历官征拜谏议大夫;孟尝,拜徐令,迁合浦太守;第五访,历任新都令、张掖太守、南阳太守;童恢,少仕州郡为吏,历迁丹阳太守。[(南朝)范晔:《后汉书》卷 76《循吏列传第六十六》,见《二十五史》第 1 册,杭州:浙江古籍出版社,1998 年,第 892~895 页。]
③ (南朝)范晔:《后汉书》卷 76《循吏列传》,见《二十五史》第 1 册,杭州:浙江古籍出版社,1998 年,第 895 页。
④ (南朝)范晔:《后汉书》卷 76《循吏列传》,见《二十五史》第 1 册,杭州:浙江古籍出版社,1998 年,第 895 页。

及古，民伪于昔"，汉代意义上的循吏已为罕见，故只能"采其风迹粗著者，以为《良吏篇》云"。① 可见，此处的"良吏"概念，较前代的"循吏"已有变化。它是沈约在乱世之时，《史记》《汉书》意义上的循吏不复存在情况下，退而求其次的选择。事实上，《宋书·良吏列传》中所记良吏们的治民手段确实有异于《史记》《汉书》《后汉书》中所记的循吏们。如《宋书·良吏列传》多处记载良吏们的战迹。良吏杜慧度，值卢循率兵进攻交州，"慧度乃率文武六千人距循于石碕，交战，禽循长史孙建之"。当卢循组织兵力，再次反击时，"慧度悉出宗族私财，以充劝赏……慧度自登高舰，合战，放火箭雉尾炬，步军夹两岸射之。循众舰俱然，一时散溃，循中箭赴水死。斩循及父嘏，并循二子，亲属录事参军阮静、中兵参军罗农夫、李脱等，传首京邑"。高祖之时，杜氏又"率文武万人南讨林邑，所杀过半，前后被抄略，悉得还本。林邑乞降，输生口、大象、金银、古贝等，乃释之"。② 安成太守王镇之值"苻宏寇乱郡境，镇之拒战弥年，子弟五人，并临阵见杀"。③ 这在汉代强调无为而治的"道家型循吏"或强调先富后教的"儒家型循吏"的传记中，颇为罕见。可见，刘宋朝良吏的治民手段确实有异于前代的循吏。沈约还具体评论了此种变化产生的原因："汉世户口殷盛，刑务简阔，郡县治民，无所横扰，劝赏威刑，事多专断，尺一诏书，希经邦邑，龚、黄之化，易以有成。降及晚代，情伪繁起，民减昔时，务多前世，立绩垂风，艰易百倍。若以上古之化，治此世之民，今吏之良，抚前代之俗，则武城弦歌，将有未暇；淮阳卧治，如或可勉。未必今才陋古，

---

① （梁）沈约《宋书》卷92《良吏列传》，见《二十五史》第2册，杭州：浙江古籍出版社，1998年，第528页。
② （梁）沈约《宋书》卷92《良吏列传》，见《二十五史》第2册，杭州：浙江古籍出版社，1998年，第529页。
③ （梁）沈约《宋书》卷92《良吏列传》，见《二十五史》第2册，杭州：浙江古籍出版社，1998年，第529页。

盖化有淳薄也。"① 在沈氏看来，时移世异，原有的奉法循理或化治手段已不足以治理乱世之民，故必须顺应形势，调整治民手段。陈吏部尚书姚察曰："前史有循吏，何哉？ 世使然也。汉武役繁奸起，循平不能，故有苛酷诛戮以胜之。"② 可见，此处良吏的概念中已开始重点强调良吏"能"的执政特点。

《宋书·良吏列传》共收录15人，其中13人的传文主要是记述传主在任职地方的政绩，仅王歆之、王悦2人无任职地方经历，③说明《宋书·良吏列传》中所谓的良吏，主要是指具有良能政绩的地方官。

《南齐书·良政列传》前言中萧子显概论南齐一朝吏治状况道：

> 太祖承宋氏奢纵，风移百城，辅立幼主，思振民瘼。为政未期，擢山阴令傅琰为益州刺史。乃捐华反朴，恭己南面，导民以躬，意存勿扰。以山阴大邑，狱讼繁滋，建元三年别置狱丞，与建康为比。永明继运，垂心治术。杖威善断，犹多漏网，长史犯法，封刃行诛。郡县居职，以三周为小满。水旱之灾，辄加赈恤。明帝自在布衣，晓达吏事，君临亿兆，专务刀笔，未尝枉法申恩，守宰以之肃震。④

在上则材料中，萧子显处处紧扣以郡县为代表的地方吏治状况展开论述，可见，郡县一级的吏治状况在萧氏心目中具有十分重要的地位。随后，萧子显又明确《南齐书·良政列传》的

---

① （梁）沈约《宋书》卷92《良吏列传》，见《二十五史》第2册，杭州：浙江古籍出版社，1998年，第530页。
② （唐）姚思廉：《梁书》卷53《良吏列传》，见《二十五史》第2册，杭州：浙江古籍出版社，1998年，第798页。
③ （梁）沈约《宋书》卷92《良吏列传》，见《二十五史》第2册，杭州：浙江古籍出版社，1998年，第528～530页。
④ （梁）萧子显：《南齐书》卷53《良政列传》，见《二十五史》第2册，杭州：浙江古籍出版社，1998年，第673页。

入传标准为"今取其清察有迹者,余则随以附焉"。①"清"指"清廉","察"指"明察",前者反映官员的道德品行,后者反映官员的执政能力,它表明《南齐书·良政列传》的入传标准为廉能之官员。《南齐书·良政列传》前言中萧子显进一步指出,传主的"位次迁升,非直止乎城邑"。② 可见,《南齐书·良政列传》亦未限定传主的官阶。但是,由于萧氏对郡县吏治重要性有充分认识,故在《南齐书》"良政列传"记述传主生平事迹时,萧子显重点展现的还是传主们任郡县官时的政绩。③ 故综合而言,《南齐书·良政列传》遵行的入传标准仍是重点记述有廉能实迹的郡县官,但对入传人物的最高官阶,仍没有明确加以限定。这一入传标准亦为其后成书的《魏书·良吏列传》遵行。④

唐代贞观十年(636年),《梁书》《陈书》《北齐书》《周书》《隋书》五代史同时撰成,其中《梁书》称"良吏列传",《北齐书》和《隋书》则称为"循吏列传",《陈书》和《周书》中则无该类人物传记。

《梁书·良吏列传》共收录7人,主要仍是以郡县官为代表的地方官,此点与前面正史循吏类列传收录人物的标准大致相同。《梁书·良吏列传》最大的特点是善恶并书、彰善不隐恶。传文中除记载传主大量廉能事迹外,也大量记载了传主的不良政绩或品行。如入传人物丘仲孚,传文中记其年少时"家贫,无以自资,乃结群盗,为之计画,劫掠三吴。仲孚聪明有智略,群盗畏而服之,所行皆果,故亦不发"。"齐末政乱,颇有赃贿,为

---

① (梁)萧子显:《南齐书》卷53《良政列传》,见《二十五史》第2册,杭州:浙江古籍出版社,1998年,第673页。
② (梁)萧子显:《南齐书》卷53《良政列传》,见《二十五史》第2册,杭州:浙江古籍出版社,1998年,第673页。
③ (梁)萧子显:《南齐书》卷53《良政列传》,见《二十五史》第2册,杭州:浙江古籍出版社,1998年,第673~675页。
④ (北齐)魏收:《魏书》卷88《良吏列传》,见《二十五史》第3册,杭州:浙江古籍出版社,1998年,第273~276页。

有司所举,将收之,仲孚窃逃,径还京师诣阙,会赦,得不治"。①良吏庾荜与同乡乐蔼不睦,互相陵竞,乐蔼"为御史中丞,荜始得会稽行事,既耻之矣。会职事微有谴,高祖以蔼其乡人也,使宣旨诲之,荜大愤,故发病卒"。② 清官伏暅因不满当时同著清名的始兴内史何远累见擢升,而自己仅"迁阶而已,意望不满,多托疾居家。寻求假到东阳迎妹丧,因留会稽筑宅,自表解,高祖诏以为豫章内史,暅乃出拜"。③ 文中还长篇录入了治书侍御史虞暘为此事参奏伏暅的奏折,详细指斥伏暅的错误。此外,《梁书·良吏列传》还记述武昌太守何远"性刚严,吏民多以细事受鞭罚者"④。这种善恶并书的记载方式,在其他正史循吏类人物列传中颇为罕见。它反映出《梁书》编纂者不以一眚掩大德、不求全责备的编纂思想。

同样的善恶并书、彰善不隐恶的编纂思想在其他正史中亦有见,如《南史》卷70《循吏列传》记晋寿太守王洪轨,"多昧赃贿,为州所按。大惧,弃郡奔建邺。高帝辅政,引为腹心。建武初,为青、冀二州刺史,悔为晋寿时货赇所败,更励清节"。记杜骥,"魏撤河南戍悉归河北,(到)彦之使骥守洛阳。洛阳城废久,又无粮食,及彦之败退,骥欲弃城走,虑为文帝诛。初,武帝平关、洛,致钟虡旧器南还。一大钟坠洛水中,至是帝遣将姚耸夫领千五百人迎致之。时耸夫政率所领牵钟于洛水,骥乃遣使绐之曰:'虏既南度,洛城势弱,今修理城池,并已坚固,军粮又足,所乏者人耳。君率众见就,共守此城,大功既立,取钟无

---

① (唐)姚思廉:《梁书》卷53《良吏列传》,见《二十五史》第2册,杭州:浙江古籍出版社,1998年,第797页。
② (唐)姚思廉:《梁书》卷53《良吏列传》,见《二十五史》第2册,杭州:浙江古籍出版社,1998年,第796页。
③ (唐)姚思廉:《梁书》卷53《良吏列传》,见《二十五史》第2册,杭州:浙江古籍出版社,1998年,第797页。
④ (唐)姚思廉:《梁书》卷53《良吏列传》,见《二十五史》第2册,杭州:浙江古籍出版社,1998年,第798页。

晚。'耸夫信之,率所领就骥。及至城不可守,又无粮食,于是引众去,骥亦委城南奔。白文帝:'本欲以死固守,姚耸夫入城便走,人情沮败,不可复禁。'上怒,使建威将军郑顺之杀耸夫于寿阳"。① 王洪范南朝宋时为晋寿太守,"多昧赃贿,为州所按。大惧,弃郡奔建邺"。②《北史》中记孟业"志守质素,不尚浮华。为子结婚,为朝肺腑吒罗氏。其子以荫得为平原王段孝先相府行参军,乃令作今世服饰绮襦纨袴。吒罗家又恃姻娅,炫曜矜夸。业知而不禁,素望颇贬"。③《辽史·能吏列传》记杨遵勖"耶律乙辛诬皇太子,诏遵勖与燕哥按其事,遵勖不敢证言,时议短之"。④《晋书·良吏列传》中记良吏邓攸战乱中携子、侄出逃,度不能两全,乃弃子存侄,"其子朝弃而暮及。明日,(邓)攸系之于树而去"。编纂者在后记中评价此事道:"攸以义断恩,弃子存侄,若力所不能,自可割情忍痛,何至预加徽缠,绝其奔走者乎! 斯岂慈父仁人之所用心也? 卒以绝嗣,宜哉! 勿谓天道无知,此乃有知矣。"批评了邓攸的过激行为。⑤ 上述几部记述乱世历史的史书皆不约而同地遵循善恶并书、彰善不隐恶的撰写方式。也许唯有如此,才能更好地反映出乱世时循吏们身上所带有的某些时代特征。

此外,《梁书·良吏列传》中在记载良吏孙谦的事迹后,将

---

① (唐)李延寿:《南史》卷70《循吏列传》,见《二十五史》第2册,杭州:浙江古籍出版社,1998年,第1053页。
② (唐)李延寿:《南史》卷70《循吏列传》,见《二十五史》第2册,杭州:浙江古籍出版社,1998年,第1054页。
③ (唐)李延寿:《北史》卷86《循吏列传》,见《二十五史》第3册,杭州:浙江古籍出版社,1998年,第906页。
④ (元)脱脱等:《辽史》卷105《能吏列传》,见《二十五史》第7册,杭州:浙江古籍出版社,1998年,第119页。
⑤ (唐)房玄龄等:《晋书》卷90《良吏列传》,见《二十五史》第2册,杭州:浙江古籍出版社,1998年,第149~151页。

其从子孙廉附载入传,但其人乃"便辟巧宦"①之辈,将这样的人物附载入循吏类人物列传,实属不妥。它反映出《梁书·良吏列传》的体例尚不尽完善。②

《北齐书·循吏列传》共收录9人,传文重点记述了循吏们在刺史、郡守或县令任期内的政绩,此举表明《北齐书·循吏列传》重点记述的仍为廉能之地方官。但是《北齐书·循吏列传》前言记述该书循吏列传的入传标准云:"齐氏循良,如辛术之徒非一,多以官爵通显,别有列传。"③查辛术传被收入《北齐书》卷38《辛术元文遥赵彦深列传》,辛术为官"勤于所职,未尝暂懈。临军以威严,牧人有惠政"。④ 当属循良之列,但其官至吏部尚书。此处《北齐书·循吏列传》明言辛术虽属循良,但因其官爵通显,不入循吏列传,而另立单传,表明《北齐书》撰者已明确将循吏主要限制在中下级官员层面,而官爵通显的高官则被排除在外。

《隋书·循吏列传》虽未明确其入传标准,但所收录的12人皆为刺史以下级别的地方官,说明《隋书·循吏列传》选人标准仍是以地方官为主。从治理手段上来看,《隋书·循吏列传》特别强调"化治",其前言中指出:"古之善牧人者,养之以仁,使之以义,教之以礼,随其所便而处之,因其所欲而与之,从其所好而劝之。如父母之爱子,如兄之爱弟,闻其饥寒为之哀,见其

---

① (唐)姚思廉:《梁书》卷53《良政吏列传》,见《二十五史》第2册,杭州:浙江古籍出版社,1998年,第797页。
② 《北齐书·循吏列传》宋世良传附其侄宋孝王传。宋孝王亦为"形貌短陋,而好臧否人物,时论甚疾之"之人。[(唐)李百药:《北齐书》卷46《循吏列传》,见《二十五史》第3册,杭州:浙江古籍出版社,1998年,第504页。]《北齐书·循吏列传》将此人入传,亦反映出《北齐书·循吏列传》之体例尚不够严谨。
③ (唐)李百药:《北齐书》卷38《辛术元文遥赵彦深列传》,见《二十五史》第3册,杭州:浙江古籍出版社,1998年,第486页。
④ (唐)李百药:《北齐书》卷38《辛术元文遥赵彦深列传》,见《二十五史》第3册,杭州:浙江古籍出版社,1998年,第486页。

劳苦为之悲,故人敬而悦之,爱而亲之。若子产之理郑国,子贱之居单父,贾琮之牧冀州,文翁之为蜀郡,皆可以恤其灾患,导以忠厚,因而利之,惠而不费。其晖映千祀,声芳不绝,夫何为哉?用此道也。然则五帝、三王不易人而化,皆在所由化之而已。故有无能之吏,无不可化之人。……(梁)彦光等立严察之朝,属昏狂之主,执心平允,终行仁恕,余风遗爱,没而不忘,宽惠之音,足以传于来叶。故列其行事,以系《循吏》之篇尔。"①表明《隋书·循吏列传》上承《史记》《汉书》之传统,主要收录的是那些慈惠廉谨的官员。事实上,《隋书·循吏列传》中也的确重点记载传主"化治"的事迹。如梁彦光任岐州刺史时,"其俗颇质,以静镇之,合境大化,奏课连最,为天下第一"。② 辛公义除岷州刺史,"土俗畏病,若一人有疾,即合家避之,父子夫妻不相看养,孝义道绝,由是病者多死。公义患之,欲变其俗。因分遣官人巡检部内,凡有疾病,皆以床舆来,安置厅事。暑月疫时,病人或至数百,厅廊悉满。公义亲设一榻,独坐其间,终日连夕,对之理事。所得秩俸,尽用市药,为迎医疗之,躬劝其饮食,于是悉差,方召其亲戚而谕之曰:'死生由命,不关相着。前汝弃之,所以死耳。今我聚病者,坐卧其间,若言相染,那得不死,病儿复差! 汝等勿复信之。'诸病家子孙惭谢而去。后人有遇病者,争就使君,其家无亲属,因留养之。始相慈爱,此风遂革,合境之内呼为慈母。"③此等慈惠事迹可与汉代的循吏相媲美。

唐代贞观二十二年(648年)成书的《晋书》亦设《良吏列传》,收录有鲁芝等12人,所记主要虽然仍属传主任郡县地方官时的政绩,但是,某些入传人物的官职却较高。如鲁芝,历迁

---

① (唐)魏征等:《隋书》卷73《循吏列传》,见《二十五史》第3册,杭州:浙江古籍出版社,1998年,第1139页。
② (唐)魏征等:《隋书》卷73《循吏列传》,见《二十五史》第3册,杭州:浙江古籍出版社,1998年,第1139页。
③ (唐)魏征等:《隋书》卷73《循吏列传》,见《二十五史》第3册,杭州:浙江古籍出版社,1998年,第1140页。

大鸿胪;王宏,累迁大司农;邓攸,历官至吏部尚书;吴隐之,官拜度支尚书、太常。① 反映出《晋书·良吏列传》中对传主的官阶仍无明确上限。

《晋书》成书后11年,即唐高宗显庆四年(659年),李延寿《南史》《北史》二书撰成。二书中皆设《循吏列传》,所录主要仍是循良的地方官吏。但是南北朝时期社会动荡,"仍以战功诸将,出牧外藩",②故所录人物,有时是文臣,有时是武将,有时甚至是文臣兼武将,这与以前主要收录地方文臣的循吏类列传大为不同。如循吏申恬,初为骠骑刘道怜长兼行参军,宋受命,辟东宫殿中将军,历下邳、北海二郡太守,又为北谯、梁二郡太守。元嘉十二年(435年),迁督鲁东平济北三郡诸军事,历官至青州刺史,寻加督。"齐地连岁兴兵,百姓凋弊,恬防御边境,劝课农桑,二三年间,遂皆优实"。③杜纂,以积弩将军,从征新野。及南阳平,以功赐爵井陉男,历官至常山太守。④ 此点在其他南北朝时期正史的循吏类人物列传中也有体现,它亦鲜明地体现了乱世时循吏的某些时代特征。

五代后晋开运二年(945年),官修《旧唐书》纂成,内设《良吏列传》。正、附传共收录54人,与前面正史循吏类列传相较,入传人数猛增。《旧唐书·良吏列传》前言中明确指出:"自武德已还,历年三百,其间岳牧,不乏循良。今录其政术有闻,为之立传,所冀表吏师而儆不恪也。"⑤表明入传人物仍为以廉能

---

① (唐)房玄龄等:《晋书》卷90《良吏列传》,见《二十五史》第2册,杭州:浙江古籍出版社,1998年,第149~151页。
② (唐)李百药:《北齐书》卷46《循吏列传》,见《二十五史》第3册,杭州:浙江古籍出版社,1998年,第503页。
③ (唐)李延寿:《南史》卷70《循吏列传》,见《二十五史》第2册,杭州:浙江古籍出版社,1998年,第1053页。
④ (唐)李延寿:《北史》卷85《循吏列传》,见《二十五史》第3册,杭州:浙江古籍出版社,1998年,第905~906页。
⑤ (后晋)沈昫:《旧唐书》卷185《良吏列传上》,见《二十五史》第4册,杭州:浙江古籍出版社,1998年,第328页。

有实迹的牧令官为主,但类传中大量收录了某些位至高官的人物。如崔知温,官至中书令;杨元琰、崔隐甫、袁滋3人,皆累迁刑部尚书;李尚隐,累擢户部尚书、东都留守;吕諲,以本官同中书门下平章事,知门下省事。① 它表明《旧唐书·良吏列传》仍未限定入传人物的最高官阶。

《旧唐书·良吏列传》继承了《梁书》《南史》《北史》善恶并书、彰善不隐恶这一传统,传文中也记载了传主的一些不良言行。如记宋庆礼"好兴功役,多所改更。尝于边险置阱立枪,以邀贼路,议者颇嗤其不切事也"②;潘好礼"又未尝叙累阶勋,服用粗陋,形骸土木,议者亦嫌其邀名"③;范传正"及为廉察,颇事奢侈,厚以财货问遗权贵,视公蓄如私藏,幸而不至甚败"④;吕諲"既为相,用妻父程楚宾为卫尉少卿,子震为员外郎。中官马上言出纳诏命,諲昵之。有纳赂于上言求官者,諲补之蓝田尉。五月,上言事泄笞死,以其肉令从官食之,諲坐贬太子宾客"。⑤ 此种记述方式,便于更全面地反映传主的人品和政绩。

欧阳修在其主持修纂的《新唐书》中,将原《旧唐书》的《良吏列传》改称《循吏列传》,反映出欧阳修等人对《旧唐书》中以"良吏"冠名该传的不认可。《新唐书·循吏列传》主要仍收录卓有政绩的地方官,但其前言中云:"若将相大臣兼以勋阀著者,名见本篇,不列于兹。"表明《新唐书·循吏列传》继承了《北齐书·循吏列传》的传统,也将将、相、勋阀等官爵较高者排除

---

① (后晋)沈昫:《旧唐书》卷185《良吏列传上》,见《二十五史》第4册,杭州:浙江古籍出版社,1998年,第330~332页。
② (后晋)沈昫:《旧唐书》卷185《良吏列传上》,见《二十五史》第4册,杭州:浙江古籍出版社,1998年,第330页。
③ (后晋)沈昫:《旧唐书》卷185《良吏列传上》,见《二十五史》第4册,杭州:浙江古籍出版社,1998年,第331页。
④ (后晋)沈昫:《旧唐书》卷185《良吏列传上》,见《二十五史》第4册,杭州:浙江古籍出版社,1998年,第331页。
⑤ (后晋)沈昫:《旧唐书》卷185《良吏列传上》,见《二十五史》第4册,杭州:浙江古籍出版社,1998年,第331页。

在外，另立单传。事实上，原《旧唐书·良吏列传》中收录的官爵较高的崔知温、杨元琰、崔隐甫、袁滋、李尚隐、吕谭等人，《新唐书·循吏列传》中皆未见收录。但《新唐书·循吏列传》收录的卢弘宣、薛元赏2人，皆官至工部尚书。①唐代，工部尚书为正三品官，官爵仍较高，《新唐书·循吏列传》将官至工部尚书的卢弘宣、薛元赏收录入传，表明在《新唐书·循吏列传》中包含了部分官职较高的朝廷内官。

元朝，在脱脱等的主持下，《辽史》《金史》《宋史》三书陆续问世，三史皆设循吏类列传，《辽史》称《能吏列传》，《金史》《宋史》称《循吏列传》。

《辽史·能吏列传》前言云："汉以玺书赐二千石，唐疏刺史、县令于屏，以示奖率，故二史有《循吏》《良吏》之传。辽自太祖创业，太宗抚有燕、蓟，任贤使能之道亦略备矣。然惟朝廷参置国官，吏州县者多遵唐制。历世既久，选举益严。时又分遣重臣巡行境内，察贤否而进退之。是以治民、理财、决狱、弭盗，各有其人。考其德政，虽未足以与诸循、良之列，抑亦可谓能吏矣。作《能吏列传》。"②此前言一方面表明，《辽史·能吏列传》的收录对象仍为廉能的地方官；另一方面表明，在编纂者看来，此处之所以异名《能吏列传》，是因为入传者的实际政绩尚未足以入诸循、良之列。《金史·循吏列传》前言亦云："金……世宗承海陵凋劫之余，休养生息，迄于明昌、承安之间，民物滋殖，循吏迭出焉。泰和用兵，郡县多故，吏治衰矣。宣宗尚刀笔之习，严考核之法，能吏不乏，而岂弟之政罕见称述焉。"③反映出循吏和能吏间的差异，其内涵的确不尽相同。《辞源》则直释"能吏"

---

① （宋）欧阳修等：《新唐书》卷197《循吏列传》，见《二十五史》第4册，杭州：浙江古籍出版社，1998年，第717页。
② （元）脱脱等：《辽史》卷105《能吏列传》，见《二十五史》第7册，杭州：浙江古籍出版社，1998年，第119页。
③ （元）脱脱等：《金史》卷128《循吏列传》，见《二十五史》第7册，杭州：浙江古籍出版社，1998年，第412页。

为:"有才能的官吏。"①可见,"能吏"的概念不同于"循吏"的概念,它没有对官吏"廉"这方面的道德要求,而只单一强调其执政能力。

《辽史·能吏列传》收录的大公鼎,官拜大理卿;杨遵勖,参知政事,徙知枢密院事,兼门下侍郎、平章事,拜南府宰相,寻拜北府宰相;王棠,入为枢密副使,拜南府宰相。② 三人官阶皆较高,表明《辽史·能吏列传》中也无最高官阶的限定。这一传统为《金史》所继承:《金史·循吏列传》收录的张奕,官至户部尚书;傅慎微,累迁礼部尚书。③ 二人官阶皆较高。

《宋史·循吏列传》前言云:"承平之世,州县吏谨守法度以修其职业者,实多其人。其间必有绝异之绩,然后别于赏令,或自州县善最,他日遂为名臣,则抚字之长又不足以尽其平生,故始终三百余年,循吏载诸简策者十二人。作《循吏列传》。"④此段材料表明,《宋史·循吏列传》表明收录对象需满足两大条件:首先,谨守法度以修其职业者,此点与《史记·循吏列传》所谓"奉法循理"的要求大致相同;其次,传主主要为长期任职地方的州县官,此点在《史记·循吏列传》则没被特别要求。二者的结合表明《宋史·循吏列传》所录主要为政绩卓著的地方官员。这一入传标准亦被《元史·良吏列传》继承。《元史·良吏列传》前言云:"元初风气质实,与汉初相似。世祖始立各道劝农使,又用五事课守令,以劝农系其衔。故当是时,良吏班班可见,亦宽厚之效也。然自中世以后,循良之政,史氏缺于纪载。

---

① 商务印书馆编辑部编:《辞源》,北京:商务印书馆,1980年,第2556页。
② (元)脱脱等:《辽史》卷105《能吏列传》,见《二十五史》第7册,杭州:浙江古籍出版社,1998年,第119页。
③ (元)脱脱等:《金史》卷105《循吏列传》,见《二十五史》第7册,杭州:浙江古籍出版社,1998年,第412~413页。
④ (元)脱脱等:《宋史》卷426《循吏列传》,见《二十五史》第6册,杭州:浙江古籍出版社,1998年,第1244页。

今据其事迹之可取者,作《良吏列传》。"①

上述《元史·良吏列传》前言明言:"然自中世以后,循良之政,史氏缺于纪载。"②而《元史·良吏列传》收录的林兴祖、卢琦、刘秉直、许义夫等人,主要政绩皆在至正时期,应属于元代中后期人物,故此处《元史》不称《循吏列传》而称《良吏列传》,应另有深意。

《明史·循吏列传》收录的也是廉能的地方官,并对入传者的最高官阶加以明确限定。《明史·循吏列传》前言云:"汉史丞相黄霸,唐史节度使韦丹,皆入《循吏列传》中。今自守令超擢至公卿有勋德者,事皆别见,故采其终于庶僚,政绩可纪者,作《循吏列传》。"③可见,《明史·循吏列传》入传范围是终于庶僚的廉能守令官。

《清史稿·循吏传》将《明史》中"以终于庶僚者为断"的标准进一步细化。其前言称:"《明史》所载,以官至监司为限,今从之。尤以亲民为重,其非由守令起家者不与焉。"④表示虽为官廉能、终于监司但非由守起家者仍不予入传,从而进一步将《清史稿·循吏传》收录人物主要限制在政绩卓著之守令官类。

综合以上论述可知,《史记》之后的多部正史中虽设有循吏类传,但与《史记》最初使用的循吏概念相较,后世循吏的概念已发生了变化,总体而言,表现在以下诸方面:

首先,后世循吏概念的范围缩小。表现为两个方面,一是循吏的官阶变低。清代的循吏主要是指以守令官为主体的中下级官吏。如清人郭嵩焘总结道:"窃惟迁史传循吏,叙述孙叔

---

① (明)宋濂等:《元史》卷191《良吏列传一》,见《二十五史》第7册,杭州:浙江古籍出版社,1998年,第945页。
② (明)宋濂等:《元史》卷191《良吏列传一》,见《二十五史》第7册,杭州:浙江古籍出版社,1998年,第945页。
③ (清)张廷玉等:《明史》卷281《循吏列传》,见《二十五史》第8册,杭州:浙江古籍出版社,1998年,第744页。
④ (民国)赵尔巽:《清史稿》卷476,北京:中华书局,1977年,第12968页。

敖、子产、公仪休诸人皆列国名卿也。班史承之,列龚黄循吏。东汉以后,官较崇而名迹较著皆自为传,终身沦滞郡县始以循吏名焉。"①《钦定八旗通志》卷236《循吏传·序》编纂者按语道:"循吏列传,始于《史记》,然名臣如郑之国侨揩拄危疆,扶持孱主,内修政事,外御强邻,仅以循吏目之,无乃隘乎?前后汉书所载,州郡之长吏为多,斯名实相符矣。"②由上可知,郭嵩焘和《钦定八旗通志》的编纂者皆认为应将名列公卿的孙叔敖等人排除在循吏之外,循吏应专指以守令官为主体的中下级官吏。清代循吏方大湜亦云:"余维学与治非二事,三代而下吏治以汉为最,汉法初试为吏,再迁为守令,非徒通习法律而已,为能精求天下之事,下可为循吏,上可为名宦。"③可见,在方氏的眼中,循吏亦是专指中下级官吏,是个与身为上层官员的名宦相对立的概念。循吏专指中下级官吏,这一认识在清代人编纂的循吏类传记中也得到鲜明的体现,如《八旗通志初集·循吏传》的入传标准为:"今按直省咨册所载,旗员名宦,自驻防将军、总督、巡抚、都御史、提督、镇守、总兵官、诸封疆大臣,仍入于名宦列传外;其司、道、府、州、县等官,各采其政绩,作循吏传。"④明确将循吏的范围限制在司、道、府、州、县等中下级官吏范围内。《清史稿·循吏传》的编纂者夏孙桐在拟定《清史稿·循吏传》的入传标准时亦云:"吏治重在亲民,以守令为主。汉之黄霸、唐之韦丹官至丞相节度仍入循吏,《明史》则以终于庶僚者为断,古今各有宜也。今用明史例,量为区别,由守令洊至

---

① (清)郭嵩焘:《养知书屋文集》卷7《重刻历代循吏传序》,见《近代中国史料丛刊正编》第152辑,台北:台湾文海出版有限公司,1966—1995年,第259~263页。
② (清)高宗弘历敕纂:《钦定八旗通志》卷236《循吏传·序》,第7册,长春:吉林文史出版社,2002年,第4345页。
③ (清)方大湜:《平平言·序》,清光绪十六年(1890年)鄂省藩署铅印本。
④ (清)鄂尔泰:《八旗通志初集》卷232《循吏列传》,长春:东北师范大学出版社,1985年,第5269页。

监司而政绩显于郡邑者入循吏，其监司不由守令洊擢及虽由守令而监司任内政绩尤著，皆归臣工列传。"①夏孙桐的这段话不仅概括了循吏概念中官阶逐渐变低的大致演变历程，也表明了《清史稿·循吏传》采用的是清代人通用的循吏概念，即主要收录的是以守令官为主体的中下级官吏。

综合上述诸例可以看出，循吏主要是指中下级地方官，这一认识在清代应具有一定的普遍性。

循吏概念的另一变化是由内外官兼收转为主要指以郡县官为主的外官。《史记》中所收的孙叔敖、子产、公仪休、石奢4人，皆官至丞相，属朝内官。而上文已述清代的循吏是以州县官为主体，当然属地方官，《大清畿辅先哲传·例言》称"诸史循吏、良吏诸传，多录郡县外吏"②，即言此况。而从前文的论述中可知，《汉书·循吏列传》是上述两个变化产生的转折点。

其次，在史家心目中，理想循吏的执政方式有所改变，由早期反对伐功矜能、强调与民休息的化治，即所谓"道家型循吏"，转为廉能兼备、化治和法治相结合的治理方式，即清代人张星徽所总结的——"以法制以导之，教化以柔之。而顽者格，悍者驯，蒸然向化"。③

乾隆《元和县志》中也论及循吏治理手段的上述变化："汉多循吏，班史所谓凡事简易、与民休息，所居民富、所去民思者是也。唐代如阳城何易于之属犹循斯义。后以催科、抚事判而为二，且左牵右掣，救过不遑，虽有恤民之心，而未能径行煦育，求如古人臣之尽职，盖亦难矣，然能于催科之中寓抚字之意，持

---

① （清）夏孙桐：《观所尚斋文存》卷6《清史循吏传编辑大意》，1939年蒲城忤墉本。
② （清）徐世昌：《大清畿辅先哲传·例言》，天津徐氏刊本。
③ （清）张星徽：《历代名吏录》卷4，见《四库全书存目丛书·史部》第126册，济南：齐鲁书社，1996年，第709页。

躬廉洁,听断不枉,则亦未尝无循吏焉。"①

可见,班史所谓的循吏,是强调凡事简易、与民休息的化治。而后世时移事异,单一的化治手段已不足以应付纷繁的催科、抚字事宜,故在强调化治的同时,亦不排除采用强权等法治手段。一般而言,在不同的历史时期,化治和法治各有侧重,社会承平之时,多强调化治。乾隆《淮安府志》云:"淮郡……自三国以迄南北朝,土分宇裂,其时为吏者,皆以捍御牧圉屏藩王室为事,故当日之仕绩异于承平也。唐宋混一,始有意乎牧民之政矣。然自唐裂为藩镇,宋与金分界淮流,则世未平而仕绩又因之以异,沿及元明,天下一统,承流宣化代不乏人。"②

而"廉"和"能"是所有朝代对循吏的共同要求。即使是强调奉法循吏、反对伐功矜能的《史记·循吏列传》亦无例外。康熙《宝庆府志》:"太史公传龚、黄,并以慈惠著声,及吾观其锄抑豪强,逐捕盗贼,曷尝无廪廪之威焉。"③可见,《史记》中强调化治的循吏,也是能吏。

清廉是对官员最基本的要求之一,也是吏治之本。"尝观周官以六计弊群吏之治,皆以廉为言,夫察其治而谓之廉,则吏治以廉为本也"。④ 作为亲民官主体的州县官,更需要廉洁有品者方能胜任。"乾隆二年奉谕旨,道府等官,皆属亲民要职,必才干素著,廉洁自持者方克胜任"。⑤ 清代循吏赵吉士尝言:"盖

---

① (清)许治修、沈德潜等:乾隆《元和县志》卷21《宦绩》,见《续修四库全书》第696册,上海:上海古籍出版社,2002年,第221页。
② (清)卫哲治、叶长扬等:乾隆《淮安府志》卷22《人物·序》,见《续修四库全书》第700册,上海:上海古籍出版社,2002年,第318页。
③ (清)梁碧海、刘应祁:康熙《宝庆府志》卷24《名宦·循良列传》,见《北京图书馆古籍珍本丛刊》第37册,北京:书目文献出版社,1988年,第579页。
④ (宋)费枢:《廉吏列传》卷上《周列国》,见《四库全书》第448册,台北:台湾商务印书馆,1986年,第284页。
⑤ (清)高宗敕撰:《清朝文献通考》卷57《选举十一》,1935年上海商务印书馆影印本,第5385页。

天下既平之日,不患不能变法,而患乎更法而滋弊;不患乎奉法之无才,而患乎有才而不廉。"①而作为州县官之楷模的循吏们,"廉"理应是其基本要求。

"廉"是对循吏的基本要求,但不是唯一要求。清人方大湜尝说:"居官能廉,如妇人贞节,不过妇道一端。若恃贞节,而不孝、不敬、不勤、不慎,岂得谓之贤乎?"②有人甚至这样认为:"廉吏而无才,不如贪吏之能了事。"③可见,居官仅有"廉"这一道德操守是不够的,还得有"才",即"才能","廉""能"兼备方可。

《忠经详解》要求官员:"在官惟明,莅事惟平,立身惟清。官不明则事多欺,事不明则怨难弭,身不清则何以教民。清则无欲,平则不曲,明能正俗,三者备矣,然后可以理人。独清则谨己而已,不达于事;独明则虽察于务,好贿难任;独平则徒均于物,昧浊无堪。天理人者,必三备而后可也。"④"明""平""清"中,"明"和"平"要求的是为官者的行政能力,"清"要求的是为官者的道德品行。故上述三条要求,亦可归结为"廉""能"二点缺一不可,即要求为官者应廉能兼备。雍正皇帝曾于谕旨中详细讨论了"廉""能"之间的关系:

> 居官立身之道,自以操守清廉为本。但封疆大吏,职任甚巨,洪范所称有猷有为有守,三者并重,则是操守者不过居官之一节耳。安民察吏,兴利除弊,其道多端。倘但恃其操守,博取名誉,而悠悠忽忽,于地方事务不能整饬经理,苟且塞责,姑息养奸,贻害甚大。盖此等清官无所取于

---

① (清)徐栋:《牧令书》卷8《大法小廉论》,同治四年(1865年)新宁江忠濬四川刊本。
② (清)国史馆:《清国史·循吏列传》卷10,第12册,北京:中华书局,1993年影印嘉业堂钞本,第202页。
③ (清)刚毅:《牧令须知》卷1《居官》,清光绪十五年(1889年)江苏书局刻本。
④ (汉)马融撰、郑玄注,(明)陶原良详解:《忠经详解》,见《续修四库全书》第933册,上海:上海古籍出版社,2002年,480页。

民,而善良者感之;不能禁民之为非,而豪强者颂之;故百姓之贤不肖皆称之。无所取于属员,亦不能禁属员之不法,故属员之贤不肖者皆安之;大臣之子弟亲戚犯法则姑容而不行参革,地方之强绅劣衿生事则宽待而不加约束,故大臣绅衿皆言其和平而望其久留;甚至胥吏作奸而不能惩,盗贼恣行而不能察,故自胥吏至于盗贼皆乐其安静而不欲其去任;及至事务废弛,朝廷访问加以谴责罢斥,而地方官民人等群然叹息,以为去一清廉上司,为之称屈。此则平日模棱悦众违道干誉之致也。且操守平常者其心既不敢自恃,心怀畏惧,颇能整顿经理事务,不致旷废朝廷,又时时留心访察,一有不善,即加惩戒,而在朝之官员及伊属下之官吏绅衿人等皆伺察其过不肯为之隐讳,是以此等之人贻累地方者尚轻,而洁己沽誉之巧官贻累于地方者更甚。①

在这篇上谕中,雍正虽重点强调"能"对官员的重要性,但他首先强调了居官之道,应以操守清廉为本。故雍正对官员的要求也是廉能兼备。康熙五十三年(1714年)上谕指出:"为官之人,一心为国即为好官。或操守虽清,不能办事,无论谕旨批驳与部驳之事,积年累月概不完结,似此清官亦何裨于国事。"②康熙在上谕中明确指出,操守虽清,但不能办事,也无裨于国事。为官者必须操守清正且能办事,即廉能兼备方可。

而身为亲民之官的循吏们更应如此。"古之言治道者,要在于养民而已。牧令,养民者也,以仁心为之质,而又有其才以佐之,斯利兴弊除,家给人足,而治蒸蒸日上焉。此其道。"③此

---

① (清)高宗敕撰:《清朝文献通考》卷60《选举十四》,1935年上海商务印书馆影印本,第5415页。
② (清)高宗敕撰:《清朝文献通考》卷55《选举九》,1935年上海商务印书馆影印本,第5375页。
③ (清)徐栋辑:《牧令书·序》,同治四年(1865年)新宁江忠濬四川刊本。

处的"仁心"即"善心",即不朘剥小民,保持清廉;此处之"才",即"才能"。综合起来,就是身为牧令官,必须廉能兼备。

综上可知,清代循吏主要是指具有廉能实迹的守令官。

第一章　夏孙桐与《清史稿》

易代修史,是中国悠久的文化传统。民国肇建,一些清朝遗老就开始积极建言,要求延续既有传统,由政府出面,组织纂修清史。北洋政府为笼络前清遗老,聘请赵尔巽为馆长,民国三年(1914年)于故宫东华门内,开清史馆,纂修清史。赵尔巽"聘总纂、纂修、协修,先后百数十人,而名誉总纂、纂修、顾问不计焉"。① 但许多人并未到馆,实际到馆者仅及其半。据关内本《清史稿》所列清史馆职名,他们是——馆长:赵尔巽;兼代馆长总纂:柯劭忞;总纂:王树楠、吴廷燮、夏孙桐、缪荃孙、马其昶、秦树声、吴士鉴;纂修:金兆蕃、章钰、金兆丰、王大钧、邓邦述、姚永朴、万本端、张尔田、陈曾则、唐恩溥、袁励准、王式通、何葆麟、刘师培、夏曾佑;协修:俞陛云、吴怀清、张书云、李哲明、戴锡章、奭良、朱师辙、孟昭墉、张启厚、李岳瑞、韩朴存、朱孔彰、姚永概、黄翼曾、陈敬第、吴昌绶、吴广霈、罗惇曧、骆成昌、胡嗣芬、李景濂、陈田、檀玑、叶尔恺、瑞洵、王崇烈、田应璜、朱希祖、徐鸿宝、蓝钰、刘树屏、杨晋、陈龙怡、方履中、商衍瀛、赵世骏、袁嘉谷、秦望澜、吴璆、史恩培、唐邦治、张仲炘、傅增湘、邵瑞彭、陈曾矩。共69人。另有提调、校勘、收掌总理史稿发刊事

---

① (民国)朱师辙:《清史述闻》卷14《张尔田〈清史稿〉纂修之经过》,北京:三联书店,1957年,第282页。

宜、总理史稿校刻等18人。① 上文所列,"皆曾到馆任事之人,虽其间有未交稿者,或交稿而未用者,然皆为清史馆职员"。② 这些人虽被分别冠以总纂、纂修、协修等不同名目,但事实上,他们"虽有总纂、纂修、协修之名,不过以前清官阶资历,略分等级支薪,而实皆平等,撰述并无统属,各自为政,不相联系"。③ 这样就搭建了一支以前清遗老和文人为主、组织松散的清史编纂班底。

夏孙桐为这一班底的重要成员之一,也是为《清史稿》出力最多之人。曾参与《清史稿》纂修、熟悉《清史稿》纂修详情的朱师辙评价道:"《清史稿》唯闰丈(夏孙桐)④经手最多,而亦最出力。及研究,张君孟劬撰《清史馆(稿)纂修之经过》一文,必征诸闰丈,良有以也。"⑤"先君谢世,师辙继之,勤赴史馆,常与秦(树声)夏(孙桐)二丈、柯(劭忞)王(大均)马(其昶)三老纵谈文史,皆与余善。马、王、秦皆以文著,然于史例则稍疏;柯老经史文兼擅,史事固可主张,然其薄视官书,不置可否,或者知建议馆长,亦不能全采,故墨而不言;而其后渠代馆长,似可有为,又知史稿将结束,亦无补救办法,不得不放任草率成书。凤老⑥乃才高而老于世务者也。(清史)馆中独夏丈(夏孙桐)最热心,用力甚勤。列传手编百卷,得三分之一。常与余谈,谓开馆十年,

---

① (民国)朱师辙:《清史述闻》卷5《〈清史稿〉关内本与关外本》,北京:三联书店,1957年,第82~84页。注:此清史馆馆员名录为《清史稿》主要编纂人员柯劭忞、夏孙桐等人发现金梁关外本"偷将各人之稿增改,复将卷首职名,任意开列"后,召开会议,决定由金雪生执笔撰成,应属可信。

② (民国)朱师辙:《清史述闻》卷5《〈清史稿〉关内本与关外本》,北京:三联书店,1957年,第85页。

③ (民国)朱师辙:《清史述闻·序》,北京:三联书店,1957年,第5页。

④ 夏孙桐将三女纬磷嫁与朱师辙之堂兄朱方饴为妻,故朱师辙称夏孙桐为夏闰丈。详情见刘海峰《〈清史稿〉撰述人及其关系考》,载《史学月刊》,2003年第2期。

⑤ (民国)朱师辙:《清史述闻·序》,北京:三联书店,1957年,第6页。此处"馆"为"稿"字之误。

⑥ 指柯劭忞,字凤孙。

馆中造就史学人才,仅彼一人。其意谓史馆修史之人,而皆不注意研究,盖有为而言。"①朱师辙评价夏孙桐为《清史稿》出力最多之人,其作用甚至超过了曾任代理馆长的柯劭忞及担任总纂的马其昶、秦树声等人。但是,长期以来,学界对《清史稿》编纂人员的研究,更多的是将注意力集中在赵尔巽、柯劭忞、缪荃孙等人身上,夏孙桐的作用则被湮没了。故厘清夏氏在《清史稿》纂修群体中的具体地位和在史稿编纂过程中发挥的具体作用,就显得十分重要。

夏孙桐(1857—1941年),字闰枝,一字悔生,晚号闰庵。先世由浙江会稽迁居江苏江阴,遂为江阴人。光绪十八年(1892年)进士,选翰林院庶吉士,授编修。光绪三十三年(1907年)被授浙江湖州府知府,未及履任,先摄宁波府知府,兼护宁绍台道。未逾年,履湖州府本任。宣统二年(1910年),调署杭州府,不久仍敕回湖州本任。夏孙桐"学问淹洽,文词雅赡,朝章国故,尤所研习",且久任史职,曾"历充会典馆协修、帮总纂、总纂,国史馆协修、纂修,本衙门(刑部)撰文处行走,编书处总纂、提调,叠膺奏奖,优渥有加,兼文渊阁校理",②具有丰富的修书经验,是位非常难得的修史人才。清史馆开馆后,被赵尔巽礼聘入馆,先后担任协修、纂修、总纂之职。夏孙桐勤勤恳恳,将自己全部的学问和热情都倾注在《清史稿》修纂事业上,"晚岁精力,半耗于分纂清史"③。朱师辙记云:"忆《清史稿》将告成之时,一日,闰丈、金雪生、吴莲溪、李星樵诸先生及师辙相会纵谈,闰丈言《明史》成后,多有人记馆中修书之事,今《清史

---

① (民国)朱师辙:《清史述闻》卷2《综核提要第四》,北京:三联书店,1957年,第40~41页。
② 卞孝萱、唐文权:《民国人物碑传集》卷11《江阴夏闰庵先生墓志铭》,北京:团结出版社,1995年,第747页。
③ 夏武康、夏志兰:《悔龛词笺注》附录《〈悔龛词附文存补遗〉跋》,呼和浩特:内蒙古大学出版社,2001年,第270页。

稿》告成，不知将来谁可记馆中佚闻者。众皆谓此事当推闰老。"① 上文记张尔田撰《〈清史稿〉纂修之经过》一文时，"必征诸"夏孙桐，馆中同仁亦共推夏孙桐撰书记述《清史稿》纂修之经过，可见，夏孙桐熟悉馆内情形，在清史馆中的地位和威望较高，此点已得到清史馆同仁的公认。

夏孙桐在《清史稿》纂修中的贡献，具体表现在以下几个方面：

一、修纂《清史稿·循吏传》《清史稿·艺术传》和嘉道咸同四朝《列传》

1914年，清史馆初开，一切皆属草创，因全无条例，人自为战，如一盘散沙，故成稿虽多，但质量参差，体例不符者甚多，能用之稿甚少。后乃议整理，画一条例，并采用分工协作的方式，将史稿的纪、表、传、志分为不同部分，指派专人负责纂修。具体情形夏孙桐在《与张孟劬书》中有着详细描述：

> 窃唯修史经过，约分三期。第一期全无条例，人自为战，如一盘散沙。后乃议整理，先从列传着手，是为第二期。选人任之，始分朝拟定传目，归卷柯凤孙。金兆蕃、奭召南任国初；缪艺风、吴绚斋任顺康，绚斋未到，艺风未毕事而作古，执事后至，即加入此段之内；金兆蕃独任雍乾；弟任嘉道，而王伯荃、朱少滨助之；王晋卿任咸同；马通伯任光宣，而邓效先、雪生助之。当时议定凡例，而有遵有不遵，两年毕事。其中咸同光宣四朝皆不合用，同人公推凤孙与弟再加整理，凤老旋又推诿，改归兆孙。时局纷纭，馆中议论亦不定，弟与兆孙皆未动手。既而时局益乱，经费不给，遂全局停顿。久之，馆长别向军阀筹款，稍有端倪，

---

① （民国）朱师辙：《清史述闻·序》，北京：三联书店，1957年，第6~7页。

于是议重加整顿以求结束，是为第三期。时馆中同事已多他去，留者重行分配。本纪柯凤孙、奭召南、李星樵；志王晋卿、吴莲溪、俞阶青、金雪生、戴海珊、朱少滨；表吴向之；列传弟与金钱孙分任之，钱孙任乾隆以前，弟任嘉庆以后；汇传则弟任循吏、艺术，章式之任忠义，柯凤孙任儒林、文苑、畴人，余皆归钱孙；预定三年告成。甫逾半年，馆长忽欲全稿付印。弟力争为不可，同人附和馆长者多，相持久之，而馆长病矣。病中尤急不可待，袁洁珊力任印稿之事，召金息侯为总校，而事遂决。弟所任各朝中咸同事最繁重，王君之稿，核之实录，牴牾太多，且立传太滥，卷帙太繁，直是重作。期限既促，光宣两朝断不能兼，推归他手，亦无人肯接，遂由金息侯一手为之。①

上文表明，《清史稿》的嘉道咸同四朝大臣列传和循吏、艺术两类传皆出自夏孙桐之手。其中"循吏""艺术"两类传为夏孙桐独自纂成，嘉道咸同四朝列传，由他人协助完成。核诸张尔田的《清史馆馆员录》，我们可以更清楚地看到夏孙桐承担的具体工作。该文于所开列的清史馆馆员名字下，注明其负责修纂的具体内容。该文作者张尔田记述道："此《清史馆馆员录》，从章式之先生手写过录。先生开馆时，即预擘画，所录皆初次敦聘者。今补录续聘诸人，其每人所任馆课，就所知者，亦分注之。断自民国十年为止，复请夏君闰之看过，中有改补数处，即夏君笔也。"②该文复经朱师辙以所藏清史馆功课簿核对补充后，被收录于朱氏所著《清史述闻》一书中。《清史馆馆员录》先后历经章式之、张尔田、夏孙桐、朱师辙四人纂辑、校补、考订而成，此四人皆曾亲自参与《清史稿》之修纂，为清史馆成员，熟悉馆内情形，所记内容应属可信。

---

① （民国）夏孙桐：《观所尚斋文存》卷6《与张孟劬书》，1939年蒲城忭墉本。
② （民国）朱师辙：《清史述闻》卷14《张尔田〈清史稿〉纂修之经过》，北京：三联书店，1957年，第284~295页。

《清史馆馆员录》中，与夏孙桐承担的《循吏传》《艺术传》和嘉道咸同四朝大臣列传相关的内容有：夏孙桐闰枝，张尔田注"任嘉道朝列传、循吏传、艺术传"，夏孙桐补"修正咸同列传"；王大钧伯荃，张尔田笼统注为"任列传"，夏孙桐增补"嘉庆"二字；王树楠晋卿，张尔田注"任各朝大臣传"，夏孙桐改"各朝"为"咸同朝"；朱师辙少滨，张尔田注为"后来艺文志，归其整理"。朱师辙按："余继先君任咸光同列传，各朝亦有撰述。"朱孔彰仲我，夏孙桐补"任列传"，朱师辙按云："先君到馆，任咸同朝列传，撰稿甚多，月赴馆二三次，必辙侍往，调查书籍。"

由《清史馆馆员录》，结合夏孙桐之自述，可知《清史稿》中"循吏""艺术"二列传应为夏孙桐独立完成。嘉道咸同四朝列传中，嘉庆朝列传由王大钧协助完成，道光朝为夏孙桐独立完成，咸同二朝有朱孔彰、朱师辙、王树楠之助。但朱孔彰到馆未久，即行离去，由朱师辙继任。而王树楠所撰之稿，"核之实录，牴牾太多，且立传太滥，卷帙太繁，直是重作"，故咸同二朝列传中绝大部分工作也是由夏孙桐完成的。夏孙桐记云："咸同两朝兵事始终，人才最盛，初稿繁杂，删除归并，约计以五十卷为度，原稿事实泛取家乘野记，核之官书，多有舛牾，名为修正，实同重撰。"①此外，他还与张尔田一起修"定康熙朝大臣传目"。②且在纂修过程中，夏孙桐一直居于主导地位。在关外本和关内本《清史稿》所附"清史馆职名"中，夏孙桐皆被冠以"总纂"头衔。③

众所周知，《清史稿》成书仓促，质量欠佳。事实上，史稿尚未付印，国民政府组织审查《清史稿》的专家组即列举了《清史

---

① （民国）夏孙桐：《观所尚斋文存》卷6《清史馆上赵馆长书》，1939蒲城忤墉本。
② （民国）朱师辙：《清史述闻》卷14《张尔田〈清史稿〉纂修之经过》，北京：三联书店，1957年，第288页。
③ （民国）朱师辙：《清史述闻》卷5《纂改更正第九》，北京：三联书店，1957年，第82～85页。

稿》"反革命、蔑视先烈、体例不合、简陋错误"等19项罪名。①史稿付刊后,更是屡招非议,其中以傅振伦所撰《〈清史稿〉评论》尤为突出。该文详细分析评论《清史稿》之利病得失,为批评《清史稿》的代表性著作。容庚云:"近人评此书(《清史稿》)之失者,莫详于傅振伦君之《〈清史稿〉评论》。"②傅振伦在《〈清史稿〉评论上》中,将《清史稿》之失概括为以下诸款:"书之内容与序例牴牾者""断限参差不齐""叙事之方法不明""无时间观念""不奉民国正朔""违反史家详近略远之原则""重复者""烦冗者""漏略者""全书除时宪志外均无图像""采摭不广""难于征信""曲笔之失""生人入传之失""无史识之陋""标题之失""称谓之失""称谓歧出之例""编次之失""无载记之体""互见之失"等,共21项。并于每项条目下,列举出《清史稿》正文中具体谬误之处,作为例证,以明《清史稿》之失,十分详尽。这些例证散布于《清史稿》本纪、表、传、志各个部分,如史稿之本纪、舆服志、艺文志、食货志、地理志、礼志、属国志、天文志、交通志、邦交志、儒林传、文苑传、列女传等,皆遭指斥。其中仅列传部分谬误,就被列出"百二十多条"。③唯夏孙桐编纂《循吏传》和《艺术传》得以幸免。④它从一个侧面反映出夏孙桐编纂的《循吏传》和《艺术传》在整体质量欠佳的《清史稿》中,尚属上乘。傅振伦在《〈清史稿〉评论下》中,"依其书原来次第,逐篇概论,

---

① (民国)朱师辙:《清史述闻》卷15《傅振伦〈清史稿〉评论上》,北京:三联书店,1957年,第302页。
② (民国)朱师辙:《清史述闻》卷18《容庚为检校〈清史稿〉者进一言》,北京:三联书店,1957年,第249页。
③ (民国)朱师辙:《清史述闻》卷16《傅振伦〈清史稿〉评论下》,北京:三联书店,1957年,第360页。
④ (民国)朱师辙:《清史述闻》卷15《傅振伦〈清史稿〉评论上》,北京:三联书店,1957年,第301~339页。因嘉道咸同四朝列传为夏孙桐与他人合作完成,难以明晰责任,故不予讨论。

并略摘其瑕疵"。① 他评《循吏传》道:"此传所载,取法《明史》,以官至监司为限。循吏如武亿则入《儒林传二》,恽敬、李兆洛则入《文苑传二三》。盖从吴士鉴议,颇为得体。"② 称赞《循吏传》选人得体。至于《艺术传》,虽被指责"所述范围较窄,其于工艺及雕虫末技,尤为疏忽",③ 但对于仓促成书、疵陋甚多的《清史稿》来说,能够做到如此,已殊属不易。

二、拟定《清史稿》"循吏""忠义"诸传纂修体例和"列传"书法凡例

"修史而不先求画一,必散乱无纪。故前数篇已屡言画一之要矣……众手所撰,尤不能不先为之例",④ 这是朱师辙在经历了《清史稿》纂修之经过后,根据自己的亲身体会总结的修史经验。"清史经过,得一实验,知纪、传、表、志,非有专任之人,画一体例,不足以言撰述",⑤ 朱氏还用一个形象的比喻来说明画一条例的重要性:"夫兵事,将虽勇,无计画浪战,结果必败,而撰史亦然。聚多数能文者于一堂,而无总纲组织,使各人私自秉笔,则各逞意见,人异其旨。其所撰等于私集之碑铭,纵其文虽佳,而合之已不成体裁,固不足以言史。史者先有体要,褒

---

① (民国)朱师辙:《清史述闻》卷15《傅振伦〈清史稿〉评论下》,北京:三联书店,1957年,第338页。
② (民国)朱师辙:《清史述闻》卷16《傅振伦〈清史稿〉评论下》,北京:三联书店,1957年,第367页。
③ (民国)朱师辙:《清史述闻》卷16《傅振伦〈清史稿〉评论下》,北京:三联书店,1957年,第368页。
④ (民国)朱师辙:《清史述闻》卷4《画一条例第七》,北京:三联书店,1957年,第65页。
⑤ (民国)朱师辙:《清史述闻》卷3《撰述流弊第五》,北京:三联书店,1957年,第44页。

贬得失详略，取去寓于其中，不必轻评妄颂，使事实明而人知已。"①朱师辙强调，史书有其特定的体例，修史不同于私家撰修之墓碣碑铭。众手修史，若缺乏统一条例，无总纲组织，各人私自秉笔，各逞意见，人异其旨，所成之书也会因此前后体例迥异，不符合史书体例，而不成为史。事实上，清史馆开馆之初，确实遭遇过这一问题。当时虽经费充足，人员众多，成稿数量大，但因缺乏统一体例，所成之稿能用者不多。夏孙桐也将清史馆初开之际这一混乱局面归因为"全无条例，人自为战，如一盘散沙"。② 由此可见，对于成于众手的《清史稿》来说，能否画一条例甚至直接关系着《清史稿》纂修之成败。

夏孙桐富于修史经验，自然明白画一条例之重要性。朱师辙回忆道："余家父子参预修史，而余佐先君赴馆，调查考证。后继先君任协修，常与夏闰丈商略史例。"③夏孙桐还亲自执笔，撰写《〈清史·循吏传〉编辑大意》《拟〈清史·忠义传〉办法说帖》《拟〈清史·艺文志〉讨论办法说帖》《〈清史〉列传画一书法凡例》等文，提纲挈领，指授纂修方针，为《清史稿》"循吏""忠义"诸传和"艺文志"等确立入传标准、资料构成、纂修方法及书写体例，以统一标准，便于遵行。对推动《清史稿》的成书具有重大意义，下文逐一予以分析。

1.《〈清史·循吏传〉编辑大意》④

《清史稿·循吏传》由夏孙桐独力完成，《〈清史·循吏传〉编辑大意》为其纂修《清史稿·循吏传》之总纲。在该文中，夏孙桐确立了《清史稿·循吏传》的入传人数、资料搜求、入传标

---

① （民国）朱师辙：《清史述闻》卷3《撰述流弊第五》，北京：三联书店，1957年，第43页。
② （民国）夏孙桐：《观所尚斋文存》卷6《与张孟劬书》，1939蒲城忏墉本。
③ （民国）朱师辙：《清史述闻·张序》，北京：三联书店，1957年，第6页。
④ （民国）夏孙桐：《观所尚斋文存》卷6《〈清史·循吏传〉编辑大意》，1939年蒲城忏墉本。

准和编纂体例等基本原则。

关于《清史稿·循吏传》的资料来源及结构,夏孙桐主张:

》《国史·循吏列传》于道光中进呈四卷二十人,附一人;光绪五年进呈二卷六人,附三人;后又进呈四卷十人,附一人;至光绪末年续办画一传增至二百十四人,附十人;连前三次进呈者均收入,仅有定稿未缮清本。史馆档案不全,历来奉旨宣付者,光绪一朝尚有案据,以前则无可稽考。详加寻绎,第一次进呈四卷大半出于采访,颇为矜慎;二三次进呈者似多出于宣付,尚有范围;祁文端奏请政绩卓著者准其宣付立传,本属旷典,至光绪初限制官吏殁后三十年始准请祀名宦,以防冒滥,而宣付立传未有年限,于是疆吏陈奏日益繁多,遂致漫无限制。又旧例一二品始为立传,三品以下之外吏一经陈请,概入循吏。末年续办画一,采访亦复从宽,自脱稿后数年之内又增宣付者四十七人,附九人;采访者十六人,附八人;统计旧稿所收共三百零四人之多。今存正传五十人附传略等不过三分之一。此外尚有应入他传者,列目详情以待审核……一代私家纂辑彭氏绍升《良吏述》、钱氏仪吉《续良吏述》,专取慈惠廉谨之吏;李氏元度《先正事略》兼取事功干及之才,规模较备;钱氏《碑传集》、李氏桓《耆献类征》益为浩博,皆可补官书之未备而证其异同;各省志乘及近人文集今并酌采,必从矜慎;碑传每多溢美之辞,宜视作者学识;章疏不免铺张之习,必核当时事情,其有毁誉互歧者,参证诸说,折衷求是;同光以后益少载籍,时代较近,间可征之舆论,故所采加慎。

夏孙桐首先确立了《清史稿·循吏传》以《国史·循吏传》为基础,以彭绍升《良吏述》、钱仪吉《续良吏述》、李元度《国朝先正事略》、钱仪吉《碑传集》、李桓《国朝耆献类征》为辅助,以各省志乘、近人文集和官书为补充的资料来源及组成结构方式。可见,在夏孙桐拟定的构架下,《清史稿·循吏传》的资料来源非常全面,要求纂修者需要搜罗官修史书和私人著述,收集国家档案和地方文献,甚至要"征之舆论"。此外,他还仔细分析了不同材料的利弊得失,提出"碑传每多溢美之辞",宜视作者学识而定;章疏又过事铺张。要求纂修人员在选择运用史料时,态度必须矜慎,合理取舍,核诸事实,"参证诸说,折衷求是"。

关于《清史稿·循吏传》之选人标准,夏孙桐提出:

> 吏治重在亲民,以守令为主。汉之黄霸、唐之韦丹,官至丞相节度仍入《循吏》;《明史》则以终于庶僚者为断,古今各有宜也。今用《明史》例,量为区别。由守令洊至监司而政绩显于郡邑者入《循吏》;其监司不由守令洊擢,及虽由守令而监司任内政绩尤著,皆归《臣工列传》。有清循吏可传者如施润章、庄享阳、武亿、恽敬、李兆洛、朱次琦诸人,兼擅文学;翁运标孝行卓绝;强克捷忠义昭著;已分入儒林、文苑、孝友、忠义各传。蒋伊、谢济世、金溶、尹耕云、何金寿诸人皆以直言敢谏名于世,入《臣工列传》言官之列较为妥协……至所采大旨,凡廉谨而少实政,及过事武健仅称能吏者,皆所在略。

夏孙桐确立《清史稿·循吏传》的入传标准——要求入传人物必须同时符合以下几个条件:其一,官阶以终于监司为限;其二,主要政绩是发生在守令官任内;其三,政绩必须满足廉、能两大条件,缺一不可。夏氏同时指出,若传主在其他领域成绩更为卓著,则相应归入其他类别,《清史稿·循吏传》不予收录。这一入传标准,将《明史·循吏列传》"以终于庶僚者为断"的标准进一步细化,保证《清史稿·循吏传》收录人物主要限制在政绩卓著之守令官类。傅振伦曾称赞夏孙桐精心设计的这一选人标准"颇为得体"。

关于《清史稿·循吏传》之纂修体例,夏氏指出:

> 旧传（国史馆循吏传）中祖孙父子并入者皆以最初者为正传，而子与孙附焉。龚景瀚治绩最著，而附其祖其裕传后。今改以景瀚为正传，其先三世皆叙于传首。李氏慈铭尝论儒林传惠氏三世应以士奇为正传，而周惕叙于传首，今从之，此亦同例。
>
> 历代循吏迁史班书仅收数人，盖其慎也。唐宋不过一二十人，《明史》正传三十人，附见八十余人。今正传五十人，附见较少于《明史》。《明史》所附或略识数语，或仅见姓名籍贯，不尽具事实也。今附传之例大都同一行省，时代相近，其或取事类相属者，必于传中标明大意，所采事迹初稿，主于详实，以杜滥入。

夏孙桐确立了《清史稿·循吏传》的入传人数以及正、附传结合的编纂体例。他拟定《清史稿·循吏传》入传人数为正传50人，附传80人左右；正、附传结合的标准是同一省份、时代相近、事迹相近的人。若祖孙父子并皆入传，以治绩最著之人为正传，其余为附传。正、附传的区分，以传主事迹确定，不以辈分为标准，这就打破了国史馆《循吏传》以传主辈分来确定其正、附传资格的标准，更符合《循吏传》表彰贤能的本质。夏孙桐还鉴于《明史·循吏列传》附传人物或略识数语，或仅见姓名籍贯、不尽具事实之弊病，要求《清史稿·循吏传》附传人物"必于传中标明大意，所采事迹初稿，主于详实，以杜滥入"。此纂修原则被富于修史经验的朱师辙评为"所说颇当"。①

在夏孙桐编纂的《清史稿·循吏传》中，这些标准和原则皆得到了切实的实施。《清史稿·循吏传》总体以时间为线索，在此基础上，又兼顾到"同一省份，时代相近，事迹相近"等原则。如夏孙桐在撰述白登明时，便依照"同一行省，时代相近"之原

---

① （民国）朱师辙：《清史述闻》卷4《画一条例第七》，北京：三联书店，1957年，第69页。

则,将当时在江南之良吏汤家相、任辰旦、于宗尧三人列为其附传;①在纂骆钟麟时,将与骆氏时代相近且亦为官常州、政声卓著的崔宗泰和祖进朝列为其附传;②遵循"事迹相近"之原则,将同在赈济方面表现突出的李毓昌列为张吉安的附传;③将同著有官箴书的徐栋列为刘衡的附传。④ 此种处理方式使得《清史稿·循吏传》的内部结构更为明晰。

2.《拟〈清史·忠义传〉办法说帖》⑤

朱师辙记云:"《忠义传》十九备于国史,复经众手补辑,间有国史外增补者。后由章式之总辑,其去取久而未决。"⑥夏孙桐亦云:"《忠义传》历经数手,迄无就绪,亟宜商定办法,方能着笔。"⑦可见,纂修中的《清史稿·忠义传》,因缺乏统一体例,编纂者面临着无从取舍、无法下笔的困境。为此,夏孙桐撰成《拟〈清史·忠义传〉办法说帖》一文,确定《清史稿·忠义传》之入传标准和纂修方法,详列如下:

> 国史原传人数猥多,所见嘉庆朝三省教匪一案内即四百余人。国家劝忠之典宁滥无遗,与正史千秋论定,宗旨迥殊。此时无所用其瞻顾,即守举莫敢废之义,仅可依《新

---

① (民国)赵尔巽:《清史稿》卷476《循吏一》,北京:中华书局,1977年,第12969页。
② (民国)赵尔巽:《清史稿》卷476《循吏一》,北京:中华书局,1977年,第12982页。
③ (民国)赵尔巽:《清史稿》卷478《循吏三》,北京:中华书局,1977年,第13039页。
④ (民国)赵尔巽:《清史稿》卷478《循吏三》,北京:中华书局,1977年,第13058页。
⑤ (民国)夏孙桐:《观所尚斋文存》卷6《拟〈清史·忠义传〉办法说帖》,1939年蒲城忤墉本。
⑥ (民国)朱师辙:《清史述闻》卷4《画一条例第七》,北京:三联书店,1957年,第71页。
⑦ (民国)夏孙桐:《观所尚斋文存》卷6《拟〈清史·忠义传〉办法说帖》,1939年蒲城忤墉本。

唐书·孝友传》例,于序载明某案若干人某某等等。人名能全列固善,如竟多至不胜载,或云某某等若干人,择其特异者入传,庶有限制。

武官死绥,乃其职分,临阵捐躯,勇怯共之。国史可从混同,正史必应区别。非有勇烈实迹,未可滥收;文官守土殉难,差可从宽,亦宜酌合情节。盖其中尽有当时无下落者,一概请恤。其后隐名不出,而见于他书记载,倘仍入传,大书特书,何以传信以后世。

以上二条,就国史原传去取。

忠义不应专属兵事,如国初敦达礼之殉太宗,应列传首。此类皆国史原传所未载,其他以死勤事者,皆可搜采。直言贾祸者,凡属言官,别有建白,应归列传,非言官者亦当入此。

《新唐书》忠义三十三人而当时未死难者居其八,类此者亦国史原传所未收,拟搜采补入。惟军营积劳病故者原传间有附入,为清末最滥之典,断宜剔除。

《明史》于鼎革殉节者所载最详,辛亥之变殉国诸人,颇有记载,采尤列传,附见宜详,勿致遗漏。惟身入民国,出入仕途后,复借口希名者宜有鉴裁。

以上三条,在国史原传为增辑。

见在办法,先将国史原传遍阅,酌定去取。其应取者分两种办法,一归忠义本传,一提出就事归入列传。拙辑嘉庆道光咸丰三朝已就事归入多人,盖兵事所关,得此较为详晰。而忠义本传分出多人,稍减其繁。至其原传外应增者,官私诸书博采确核,期无遗滥。如此则祛冒滥、阐潜幽,庶此传不致黯然无色。

夏孙桐于《拟〈清史·忠义传〉办法说帖》中,首先确定了《清史稿·忠义传》入传人物应包括以下几类:"武官死绥""文官守土殉难""以死勤事者""(非言官而)直言贾祸者""辛亥之变殉国诸人"。这就打破了国史馆"忠义传"专记兵事的框架，明确提出了"忠义不应专属兵事"的主张，并据此将"以死勤事者""（非言官而）直言贾祸者""辛亥之变殉国诸人"这三类人物增补入忠义传，从而为《清史稿·忠义传》设定了统一的入传标准，扩大了入传类别，方便了材料的甄选。其次，提出了《忠义传》的材料来源和纂修方法：夏孙桐明确指出"武官死绥""文官守土殉难"这两类人物可由国史馆纂修的《忠义传》去取；"以死勤事者""（非言官而）直言贾祸者""辛亥之变殉国诸人"这三类人物则在国史馆"忠义传"外增辑。他还充分参考了《新唐书·孝友传》的体例成果，指出若某案死事者太多，则可依照《新唐书·孝友传》之例，在序中载明某案若干人某某等等。若人数过多，载不甚载，可记为某某等若干人，将事迹突出者入传。入传标准、纂修方法和书法体例的确定，为编纂者提供了精当且切实可行的编纂方案，有力地推动了《清史稿·忠义传》的纂修进程。有了夏氏此文，"（章）式之则据以编纂"①，《忠义传》终于得以顺利完成。可以说，《清史稿·忠义传》虽由章式之秉笔完成，但其基本框架和原则是由夏孙桐设计确立的。

3.《拟〈清史·艺文志〉讨论办法说帖》②

《清史稿·艺文志》总录清人著述，为清代著述总目性著作。该志先"经吴绹斋先生撰长编，章式之先生分类修正，纂辑十余年"，③成《清史稿·艺文志》稿。但是，若想以一两个人的微薄之力，短期内纂成反映有清一代著述详情之《艺文志》，殊非易事。夏孙桐云："唯兹事体大，非一二人于短期中所能考求

---

① （民国）朱师辙：《清史述闻》卷4《画一条例第七》，北京：三联书店，1957年，第71页。
② （民国）夏孙桐：《观所尚斋文存》卷6《拟〈清史·艺文志〉讨论办法说帖》，1939年蒲城忭墉本。
③ （民国）朱师辙：《清史述闻》卷3《改纂〈清史·艺文志〉说帖》，北京：三联书店，1957年，第47页。

完备者。盖四库著录,仅至乾隆中叶,又藏书家目录偏重古籍,于当代著述忽略者多,成书者不能尽有刊本,已刊者不必尽能通行,近三十年来刊布较多藏稿亦时时发见,未必人皆属目。"范希曾亦云:"撰《清史·艺文志》,而但志当代,复弗考注版本,事易集矣。然而亦非甚易,盖《四库总目》,可据而不可尽据。且止乾隆以前,《皇朝文献通考》《经籍考》、黄本骥《皇朝经籍志》无足观。方志所载书目,犹猥乱不足据。势必博稽有清一代公私簿录,证之目睹,加以整齐,乃可有成也。书名卷数,撰人与夫撰人时代之先后,书籍门类之出入,亦须详考博校,免滋来者之惑,其事亦琐碎而繁复。"① 故章式之所成之《清史稿·艺文志》稿,质量差强人意,急需修正。馆内同仁各抒己见,朱师辙撰《改纂〈清史·艺文志〉说帖》,详细指明该《艺文志》稿本之缺失,如稿本经部未增辑佚类、史部立国史类等,并提出许多具体的修改意见;② 吴伯宛亦"创议宜邀集一讨论会,合馆内馆外同志耆宿,谙熟旧闻,后进亦饶新识,各就所长,分类讨论,一月数叙,即以初稿为底本,随加签注,仍由原纂自行修正,集思广益,裨补应多。斯事原无涯河治治涘,纵不能毫无舛漏,而经当代众论之推求,他日书成,庶免遗议"。③ 夏孙桐积极支持吴伯宛之建议,撰成《拟〈清史·艺文志〉讨论办法说帖》,指出"学者往往各有偏重,交易知识乃能互相补助……当提倡为之"。并以《明史》成功之先例,劝谏馆长组织讨论:"他山之助原无畛域,昔明史馆借助于馆外者不少,所知如刘继壮、王昆绳等皆曾与闻之,公开之研究更胜于床头之捉刀下走,事非专责,敢为邪许之乎耳。"因朱师辙《改纂〈清史·艺文志〉说帖》一文所述方

---

① (民国)朱师辙:《清史述闻》卷17《范希曾评〈清史稿·艺文志〉》,北京:三联书店,1957年,第372页。
② (民国)朱师辙:《清史述闻》卷3《改纂〈清史·艺文志〉说帖》,北京:三联书店,1957年,第47~51页。
③ (民国)夏孙桐:《观所尚斋文存》卷6《拟〈清史·艺文志〉讨论办法说帖》,1939年蒲城忭墉本。

案较为得当,馆内安排由朱氏接手续纂《艺文志》,后因史稿付印仓促,时间有限,《艺文志》没能按照朱氏预先的设想纂成,朱师辙只是将章式之的《艺文志》稿本稍加补正即行付印,朱师辙回忆道:"余所编《艺文志》,仅用旧稿,改组其体例,稍加补正,删其重复,未能照余所拟条例纂辑,时日急迫使然也。"①这也造成了《清史稿》付刊后,《艺文志》质量较差,迭招非议的命运。范希曾和蠡州先后撰文,指陈《艺文志》的缺失。②

4.《〈清史〉列传画一书法凡例》③

清史馆开馆之初,因全无条例,人自为战,如一盘散沙。1922年春,史馆同仁召开会议,"专为统一列传起见。预议者柯凤孙、王晋卿、夏闰枝、马通伯、姚仲实、奭召南、金钺、张孟劬、金雪生、王伯荃等十余人,议决办法十余条,邵伯䌹记录"。④会后,夏孙桐根据会议决议,秉笔撰成《〈清史〉列传画一书法凡例》,交由众人遵守执行。⑤

《〈清史〉列传画一书法凡例》内容详尽具体,全文分八个部分,对《清史稿》"列传"纂修中经常涉及的传主名字姓氏籍贯、世系出身、升擢差遣、降革谴罪、升衔勇号花翎赏赉及诸荣典、赠谥恤典祠祀、著述轶事、年月日等内容,画一书法,统一体例,以便于众人遵守执行。此处试举"名字姓氏籍贯例"和"升擢差遣例"两例:

其"名字姓氏籍贯例"条云:

---

① (民国)朱师辙:《清史述闻》卷4《时势迫促第八》,北京:三联书店,1957年,第75页。
② (民国)朱师辙:《清史述闻》卷17《范希曾评〈清史稿·艺文志〉》《蠡州评朱师辙〈清史稿·艺文志〉》,北京:三联书店,1957年,第370~391页。
③ (民国)夏孙桐:《观所尚斋文存》卷6,1939年蒲城忏盦本。
④ (民国)朱师辙:《清史述闻》卷3《撰人变迁第六》,北京:三联书店,1957年,第54页。
⑤ (民国)朱师辙:《清史述闻》卷4《画一办法第七》,北京:三联书店,1957年,第65页。

改名者书后名,曰某某,原名某某;其因避御名改者曰避某帝名改某名;或身后因避御名改书同音之字者,仍从原名;近代人字与号无大分别,用其通称较著者;旗籍者书姓曰某某氏;旧传一姓,译音间有不同,考定画一。汉人有冒他姓者或归宗或不归宗,均著之。籍贯曰某省某县人。县有后改隶他省者,仍从当时省名,有后析置他县者,仍从当时县名,有书原籍者,以本省改籍为断,旗籍者曰满洲蒙古汉军某旗人,宗室觉罗省满洲字,驻防曰某地驻防,有抬旗者曰升隶某旗。

"升擢差遣例"条云:

升转曰迁,侍郎由右转左略不书,晋阶曰擢,越级曰超擢(凡历官多者未必在职皆有可纪之事,酌曰累迁或累擢某官);由京而外曰出,为由外而京者,其晋阶曰内擢,同级以下曰召授;行取者曰行取,授某官,文武互改曰改授;兼官曰兼,补官曰补,先署后补曰旋实授,量移曰调,未补官者升阶曰晋秩;五等爵曰封,世职曰予;入阁曰拜某殿阁大学士,协办曰以某官协办大学士;宫衔曰加,晋衔曰晋,身后曰赠;军机大臣总理各国事务大臣曰命为(军机大臣有学习行走,迄未即真者,依原旨书之,其于即真者可浑书以归简),章京曰充;大将军经略钦差大臣曰授;督办会办军务河工及查办事件曰命(查办事件曰按事);口外换防曰充,各馆修书自总裁以下皆曰充;乡会试主考曰典试,房考曰分校,学差曰督某省学政;京差有定额者皆曰充,无定额者皆曰命。

上文中,夏孙桐对传主"名字姓氏籍贯"和"升擢差遣"等项之记载内容、记录方法和具体用词等作出了详细的约定,明确而具体。《〈清史〉列传画一书法凡例》中其他各项,如传主世系出身、降革谴罪、升衔勇号花翎赏赉及诸荣典、赠谥恤典祠祀、著述轶事、年月日等,亦类皆如此。这样就为编纂人员提供了详细具体而又切实可行的编纂凡例,便于统一遵守执行,避免"撰述则不致有繁简失当、前后参差之弊",①保证成于众手的《清史稿》成书后,全书体例行文不致过于杂乱。

夏孙桐有着丰富的修史经验、渊博的学识素养,故其撰成的《〈清史·循吏传〉编辑大意》《拟〈清史·忠义传〉办法说帖》《拟〈清史·艺文志〉讨论办法说帖》及秉笔完成的《〈清史〉列传画一书法凡例》等文自然成为讨论史例的上乘之作,顾廷龙评价云:"今文存中讨论史例诸作,可与《鲒埼亭集》相颉颃。"②由其秉笔完成的《〈清史〉列传画一书法凡例》,在我国传统正史纂修史中,更是具有开创性意义,朱师辙评价道:"众手修史,自《晋书》以降,至于明,讨论日密。虽有枝节之论例,而无画一之条文。有之,自清史馆始。"③

综上所述,夏孙桐在《〈清史·循吏传〉编辑大意》等中,确立了《清史稿》"循吏传""忠义传"和"艺文志"的资料来源及结构、入传标准、纂修体例及纂修方法,画一了《清史稿》"列传"的书法,为纂修人员提供了详尽具体且切实可行的编纂凡例,有力地推动了《清史稿》的纂修进程,在《清史稿》成书过程中发挥了关键性作用。

三、反对将《清史稿》仓促付刊

1917年,《清史稿》全稿略具,馆长赵尔巽以时局纷扰、年高齿迈,亟思告竣,拟将史稿仓促付印。而其时,史稿尚"未综

---

① (民国)朱师辙:《清史述闻》卷2《综核提要第四》,北京:三联书店,1957年,第39页。
② 夏武康、夏志兰:《悔龛词笺注》附录《〈悔龛词附文存补遗〉跋》,呼和浩特:内蒙古大学出版社,2000年,第270页。
③ (民国)朱师辙:《清史述闻》卷4《画一条例第七》,北京:三联书店,1957年,第65页。

核,遗漏牴牾之处尚多,仍宜加以修正"①。夏孙桐面谏赵尔巽,反对将史稿仓促付刊。意见未被采纳后,夏孙桐又上书赵氏,撰成《清史馆上赵馆长书》,力主其议:"前日馆中会议执事(赵尔巽)欲以史稿付印,同人赞之,独不佞(夏孙桐)期期以为不可,力阻其议。遵意未肯回也,面语未能详尽,请为批沥陈之。"②他写道:

> 去年秋间执事(赵尔巽)因筹款粗有端绪,定计赳期修正史稿,约以两年,鄙(夏孙桐)意谓三年有成,即为至速,桐与金钱孙分任列传全部,钱孙任乾隆以前,桐任嘉庆以后,俟完毕再分任各汇传。迄今半年以来,桐所任者嘉道两朝已毕写呈清稿,以后咸同两朝兵事始终,人才最盛,初稿繁杂,删除归并约计以五十卷为度。原稿事实泛取家乘野记,核之官书,多有舛牾,名为修正,实同重撰,即此两朝,非经年不能就绪。至于光宣两朝,一代结局,关系尤重,国史本传不如先朝之矜慎,私家议论又多党派之偏私,所谓定哀之间,尤难着笔。初稿去取未允,详略未当,尤应慎加论定,非可草草。桐与钱孙约脱稿后互相校阅,以资改错,数卷之后即未实行,将来仍拟互勘一次,方为审慎。此就所经手者言之。
>
> 其他本纪表志内容如何,未知其详。偶有寓目,本纪初稿太繁,现办修正书法体例未能画一,诸志以刑法、乐二志较为简当,地理志秦宥横初稿用十年心力,详甚矣。见其稿经三易,先详后简,详者约成十之七,简者约成十之三,今宥横已逝,修正者非原手,闻将从其多数之详者,然其所据之书,若不彻底重考,则改简为详,又何从着手,此

---

① (民国)朱师辙:《清史述闻》卷5《篡改更正第九》,北京:三联书店,1957年,第79页。
② (民国)夏孙桐:《观所尚斋文存》卷6《清史馆上赵馆长书》,1939年蒲城忏墉本。

愚之所不解也。外交志规模大、资料多，初稿迄无定旨，亦未完具，仓促从事，其难更倍，势必不得要领。食货志各门多袭国史旧志，道光以后之事，诸稿多未详载，应补者甚多，不知如何处置。此就桐所见言之，其一隅之大略而已。

去年初议修正，桐曾力请增延总阅一人，否则编成，绝无一人得见全稿，其中重复牴牾挂漏何由得知。虽称曰史稿，原自谓未成之书，然良工不示人以璞，何必以此供人姗笑乎！执事之急于付印者，以时局变迁可虑，高年希冀观成耳。窃谓天下事之成否自有定数，非可强为，况十余年来时局之扰乱，经费之支绌，作辍不常，其过不尽在执事。修史是大事，且是难事，不可如寻常官书，但求速成塞责。此稿之未臻美善，不必讳言，其过当由编纂同人分负之，若一经付印，则其过全归执事，监修者一人难逃天下后世之责备，此桐以为断断不可冒昧行之者也。

为今之计，惟有仍依前议实事求是，逐加修正，务延总阅，全体讨论，以期详审，期以三年集事。纵使时局有变，竟致中辍，而得尺则尺，得寸则寸，修正之稿自待后来之采择，即公家不能保全，编纂诸人各有底本，未尝不可供访求，执事之苦衷毅力，世人终能见谅，胜于草草印成，徒以召谤者多多矣。数年来辱执事知爱，不以愚陋见弃，用敢竭诚而言，千秋之名，所系甚重，愿三思，切勿轻率举事，幸甚幸甚！①

夏孙桐清醒地看到了清史稿本的诸多不足及修正之必要性，并以史稿内容尚多牴牾错漏之事实，动之以情，晓之以理，劝谏赵尔巽不可冒昧付刊，建议赵氏延请总阅，组织力量，修正史稿。

---

① （民国）夏孙桐：《观所尚斋文存》卷6《清史馆上赵馆长书》，1939年蒲城忏墉本。

不久,赵尔巽病重,刊印史稿之意愈加迫切。他拒绝了夏孙桐的忠告,接受袁金铠"刊稿待正之议",①委托袁氏总理发刊事宜,并聘夏孙桐总司排纂。夏孙桐拒绝了赵尔巽的聘请,"封还聘书"。② 因赵尔巽病重,夏孙桐未敢过事争论,于是转而致书袁金铠,希望通过他再次向赵尔巽申述自己的观点,并表达自己愿意为史稿事务奔走效劳的决心:"前日馆长病重焦急,未敢过事争论。退而与枚岑兄略谈大概,俟馆长病间面请收回成命。目前仍赶办列传,以免中断。至诸公有相商者,必謦欬以对,用被采择。祈将下情便中婉达馆长,幸甚。"③

遗憾的是,赵尔巽没有采纳夏孙桐的谏言,《清史稿》最终被仓促付印。夏孙桐记云:"至秋馆长逝世,柯凤孙前辈代摄馆事。袁君(袁金铠)即日检稿付印,定于次年端阳前竣事,余以期促,仅能修正咸同两朝列传,光宣两朝交出请付他人,卒无受者,即由总校金君息侯意为增删,此外皆未与闻。诸稿初犹呈代馆长一流览,后则竟由总校,催索付印,并无人涉目矣。及党军至,全馆交收印刷事已由金君(金梁)一手告成。"④这一切为《清史稿》屡遭诟病埋下了隐患。

《清史稿》未经修正,即被仓促付刊。袁金铠等"名所刊书曰《清史稿》,犹王鸿绪之于《明史》,言修正尚有所待云"。⑤ 这就表明史稿发刊者也清楚地认识到《清史稿》本身疵病颇多。这样的《清史稿》问世后,果不出夏孙桐所料,屡遭非议。傅振

---

① (民国)朱师辙:《清史述闻》卷18《容庚〈清史稿〉解禁议》,北京:三联书店,1957年,第424页。
② (民国)夏孙桐:《观所尚斋文存》卷6《清史馆上赵馆长书》,1939年蒲城忏墉本。
③ (民国)夏孙桐:《观所尚斋文存》卷6《与袁洁珊书》,1939年蒲城忏墉本。洁珊为袁金铠(1870—1947年)之字。
④ (民国)夏孙桐:《观所尚斋文存》卷6《清史馆上赵馆长书》,1939年蒲城忏墉本。
⑤ (民国)朱师辙:《清史述闻》卷18《容庚〈清史稿〉解禁议》,北京:三联书店,1957年,第424页。

伦《清史稿评论》、范希曾《评〈清史稿·艺文志〉》、蠡州《评朱师辙〈清史稿·艺文志〉》、吴承仕《〈清史稿·礼志丧服章〉书后》等文,或综论《清史稿》全篇,或专论《清史稿》某一部分,指出了《清史稿》诸多疵病。吴承仕评《清史稿·礼志丧服章》云:"然有妄意删革、无可解说者;有荒忽已甚、全不检照者;有省改字句、文理不通者;诸此纰戾,盖僮竖胥吏之所不为。而作者竟自命史官,奋笔无怍,真所谓惑而乘骥、狂而操吴干将、鲁莽灭裂,振古所无有也",①用词相当激烈。孟森虽撰文反对政府禁锢《清史稿》,但也不得不承认史稿"文有详略不副人意之处,及纪、表、志传,间有自相抵牾者"。② 在传统正史系列中,《清史稿》质量较差,已为学界共识。沿至今日,政府需要组织力量,重新纂修《清史》。这一切,与《清史稿》之仓促付刊不无关系。朱师辙回忆道:"馆长最初,本有多则五年,少亦三年之议。未久,赵馆长病,始议速付刊,期以一年。继以馆长病故,北伐日亟,又缩为十个月蒇事。匆促排比,故夏闰老(孙桐)将光宣推出,余所编'艺文志',仅用旧稿,改组其体例,稍加补正,删其重复,未能照余所拟条例纂辑,时日急迫使然也。则他人之稿,亦可类推。"③朱师辙因时间紧迫,无法按事先拟定之条例纂辑《艺文志》,只能将旧稿稍加补正,草草付刊。并指出,"则他人之稿,亦可类推"。这一来,《清史稿》之质量自然无法保证。中华书局本《清史稿》点校说明评价道:"由于成于众手,彼此照应不够,完稿后又未经仔细核改,刊行时校对也不认真,是以体例不一,繁简失当,以至年月、事实、人名、地名的错误往往可见。"④

---

① (民国)朱师辙:《清史述闻》卷17《吴承仕〈清史稿·礼志丧服章〉书后》,北京:三联书店,1957年,第393页。
② (民国)朱师辙:《清史述闻》卷18《〈清史稿〉应否禁锢之商榷》,北京:三联书店,1957年,第397页。
③ (民国)朱师辙:《清史述闻》卷4《时势迫促第八》,北京:三联书店,1957年,第75页。
④ (民国)赵尔巽:《清史稿·出版说明》,北京:中华书局,1977年,第1页。

将《清史稿》之疏漏归结为完稿后未经仔细核改、刊行时校对也不认真之过。从根源上来说,这一切,皆是赵尔巽没能接受夏孙桐谏言去组织力量修正史稿,反而将史稿仓促付刊之故。

夏孙桐情系《清史稿》,十分关心并积极参与和《清史稿》相关的各项事宜。他指责柯劭忞态度敷衍,朱师辙记云:"凤老不负责任,夏丈屡言之,以余征诸事实,所语非虚。"①此外,他还积极投身到反对金梁私自刻印篡改史稿的活动中。袁金铠总理《清史稿》发刊事宜后,"以时有政治往还,不克常居史馆,乃以私人约金梁帮忙"。1928年,国民政府北伐,"金梁乃乘时局纷扰之际,恣其伎俩,偷将各人之稿增改,复将卷首职名,任意开列;又私作校刻记,窃称总阅,具未呈明馆长核准,任意发刊,皆无人知之"。②夏孙桐等人得知后,遂召集会议,商讨对策。朱师辙记云:"是日到者,柯馆长、王晋老、夏闰老、金雪生、张书云、戴海珊、奭召南诸先生及余(朱师辙),众皆主张窃改者抽换。其卷首职名,经众商定,由金雪生先生秉笔,书就交余(朱师辙)重印。"③夏孙桐也是与会者之一,此次会议直接导致《清史稿》"关内本"的产生。

四、留心《清史稿》撰述经过之研究

《清史稿》历十四年纂成,其间事务芜繁。若能得"通达史例、始终其事、深知史馆大概情形者"④将这一过程整理记录下来,既可为后人了解《清史稿》纂修之经过提供可靠资料,亦可

---

① (民国)朱师辙:《清史述闻》卷3《撰述流弊第五》,北京:三联书店,1957年,第45页。
② (民国)朱师辙:《清史述闻》卷5《窜改更正第九》,北京:三联书店,1957年,第79~80页。
③ (民国)朱师辙:《清史述闻》卷5《篡改更正第九》,北京:三联书店,1957年,第81页。
④ (民国)朱师辙:《清史述闻·序》,北京:三联书店,1957年,第6页。

"使后之修史者,有所借镜,不致再蹈前弊,可收事半功倍之效"①,意义重大。富于修史经验的夏孙桐自然能认识到其中之意义,他亲笔修正了张尔田《〈清史稿〉纂修之经过》一文之疏漏,并鼓励清史馆同仁撰书记录馆中详情。

1. 修正张尔田《〈清史稿〉纂修之经过》一文之疏漏

《〈清史稿〉纂修之经过》一文,为张尔田据章式之遗墨撰成,文中记述了《清史稿》修纂中清史馆各成员的具体分工情况。但章式之遗墨所录皆清史馆开馆初期之情形,而张尔田本人亦于民国十年(1921年)离开史馆,不了解其后馆内人员变动情况。张尔田担心记述有误,故将该文初稿呈送夏孙桐过目,请其指正。夏孙桐对张尔田的原稿逐条加以签注,并回书张尔田:"执事讲授生徒,将来传播即成掌故,兹特详布十余年馆中沿革,以备采择……执事为个中人,言论所及,后生将据为典要,不可不表明真象,以免伪传也。"②他不仅亲自校订了张氏原稿之舛误,且要求张尔田必需于言论所及表明真相,以为后世留下可信史,态度极其认真。

现将张尔田原稿所记和夏孙桐的改动,列表(表1-1)对照如下:③

表1-1 张尔田原稿所记和夏孙桐的改动对照表

馆员姓名	所成之稿	
	张尔田原稿	夏孙桐补正
郭曾炘	"未到馆,初印本不载。"	补"到馆数年方去,未有成稿"。
缪荃孙	"定传目,任儒林、文苑传及各朝大臣传,土司传似亦其原稿。"	改"各朝"为"康熙朝",删"似"字。

---

① (民国)朱师辙:《清史述闻·序》,北京:三联书店,1957年,第7页。
② (民国)夏孙桐:《观所尚斋文存》卷6《与张孟劬书》,1939年蒲城忤墉本。
③ 本表据张尔田《〈清史稿〉纂修之经过》一文制成。[(民国)朱师辙:《清史述闻》卷14,北京:三联书店,1957年,第285～293页。]表中"/"所示为张尔田原稿中缺以待考者。

续表

李家驹	"未到馆,初印本不载。"	补"数年方去,未有留稿"。
金兆蕃	"任太祖、太宗、顺治朝列传,今史稿中后妃传亦其重纂。"	于"顺治"下,添"康熙、雍正、乾隆"六字。
吴士鉴	"任地理志蒙古,宗室世系表。"	补"艺文志初稿"。
袁励准	/	补"任列传,全未用"。
万本端	"任列传。"	补"任礼志舆服志",删"列传"。
王大均	"任列传。"	于"列传"上添"嘉庆"二字。
章钰	"任乾隆朝列传、忠义传、艺文志。"	删"乾隆朝列传"五字。
王式通	"任刑法志,未作。由张采田纂修,只成一卷,今史稿中则又另一人重纂,非本来面目矣。"	补"未有留稿"。
张仲炘	"未到馆。"	补"到馆即去,未有留稿"。
袁金铠	/	补"未有留稿,后复到,总司校刊"。
吴怀清	"任列传。"	改"列传"为"志"。
张书云	"任列传、礼志。"	删"列传"二字。
张启后	"任食货志、列传、礼志。"	删"食货、列传、礼志",补"任选举志、交通志"。
韩朴存	"任地理志东三省。"	补"属国传,系其一手所作"。
陈敬第	/	补"到馆,未有留稿"。
袁嘉谷	"地理志云南,关外本不载。"	补"未有留稿"。
蓝钰	"任地理志云南,关外本不载。"	补"未有留稿"。
叶尔恺	"任外交志,初印本不载。"	删"任外交志",补"未到馆"三字。
田应璜	/	补"到馆,未有留稿"。
李景濂	"任列传。"	补"中途去,稿未用"。
傅增湘	/	补"未留稿"。
徐鸿宝	/	补"未见留稿"。
金兆丰	"任地理志、选举志。似初任地理志,不记何省。"	删去张氏所记,补"任职官志,光宣朝列传"。
李哲明	"任列传。"	补"修正国初本纪"。
朱方饴	"到馆未久,病故,初印本不载。"	补"无留稿"。
马其昶	"任咸同朝大臣传,儒林、文苑传,亦归其整理。"	改"咸同"为"光宣"。

续表

唐恩溥	"任地理志广东。"	补"任列传"。
夏曾佑	"任外交志。"	补"无留稿,仅作王文韶一篇,未用"。
王树楠	"任各朝大臣传。"	改"各朝"为"咸同朝"。
夏孙桐	"任嘉道朝列传、循吏传、艺术传。"	补"修正咸同列传"。
奭良	"任列传。"	补"校订本纪"。
姚永概	"任食货志盐法。食货志子目甚多,亦系每人分纂者,其详待考。初印本不载。"	删"初印本不载"四字,补"任忠义传、未有留稿"八字。
戴锡章	/	补"任邦交志"。
邵瑞彭	/	补"未有留稿"。
刘树屏	"到馆未久,病故。"	补"任邦交志,未有留稿"。
何震彝	"到馆未久,病故。两刻本均不载。"	补"未有留稿"。
陈曾则	/	补"任列传,稿未用"。
朱孔彰	/	补"任列传"。
唐邦治	"关外本不载。"	补"任年表"。
吕钰	"初印本不载。"	补"无稿"。
王以慜	"初印本不载。"	补"未到"。

表1-1中,夏孙桐逐条补正了张尔田原稿之疏谬,经其补正者达43人之多,约占张尔田的原稿总人数131人的1/3。其补正内容主要集中在以下几方面:其一,订正张尔田原稿之错谬。张尔田原稿中所记郭曾炘、李家驹、万本端、章钰、张仲炘、叶尔恺、金兆丰、马其昶等人的信息,存在错谬,夏孙桐逐一予以订正。其二,补充张尔田原稿之缺失。张尔田原稿中袁励准、袁金铠、田应璜、傅增涵、徐鸿宝、戴锡章、邵瑞彭、陈曾则、朱孔彰等人皆只见姓名,其事迹缺以待考。夏孙桐一一予以补充。另有金兆蕃、吴士鉴、蓝钰、李景濂、李哲明、朱方饴、唐恩溥、夏孙桐、奭良、姚永概、刘树屏、何震彝、唐邦治、吕钰、王以

憨等人的事迹,张尔田原稿虽有记载,但不全面,夏孙桐也逐一加以补充。其三,明晰张尔田原稿之笼统记述。张尔田的原稿中虽记有缪荃孙、王大均、王树楠的事迹,但过于笼统,不够明晰,夏孙桐一一予以了补正。

夏孙桐长期任职使馆,且担任总纂之职,熟悉馆内详情,故其改动较为可信。张尔田云:"《(清)史稿》结束时,夏君(夏孙桐)曾预其事,且在馆最久,所改补数条,自较可信。"①张尔田原作、夏孙桐补正之《〈清史稿〉纂修之经过》一文,复被朱师辙加上按语后,收录于朱氏所著《清史述闻》中。在该文中,夏孙桐补正之43人中,有30人的材料朱师辙未加按语,表明夏孙桐对这30人的补正,朱师辙无异议。另有13人被朱师辙加上了按语。现将张尔田、夏孙桐、朱师辙三人所记同一人物之材料列表(表1-2)对照如下:②

表1-2 张尔田、夏孙桐、朱师辙三人所记同一人物对照表

馆员姓名	所成之稿		
	张尔田原稿	夏孙桐补正	朱师辙按语
吴士鉴	"任地理志蒙古,宗室世系表。"	补"艺文志初稿"。	"艺文志长编,公主表,皇子世表,地理志贵州、新疆各一卷。未撰蒙古,蒙古乃吴廷燮撰。"
吴怀清	"任列传。"	改"列传"为"志"。	"有地理志陕西一卷、食货志征榷。"
张书云	"任列传、礼志。"	删"列传"二字。	"舆服、选举志,亦归补辑。"
蓝钰	"任地理云南,关外本不载。"	补"未有留稿"。	"有地理志云南一卷。"

---

① (民国)朱师辙:《清史述闻》卷14《张尔田〈清史稿〉之纂修经过》,北京:三联书店,1957年,第295页。
② 本表据张尔田《〈清史稿〉纂修之经过》一文制成。[(民国)朱师辙:《清史述闻》卷14,北京:三联书店,1957年,第285~293页。]表中"/"所示为张尔田原稿中缺以待考者。

续表

叶尔恺	"任外交志,初印本不载。"	删"任外交志",补"未到馆"三字。	"有宗教志喇嘛基督回教各一卷,初印本有其名,张、夏此误。"
田应璜	/	补"到馆,未有留稿"。	"有地理志山西一卷。"
金兆丰	"任地理志、选举志。似初任地理志,不记何省。"	删去"似初任地理志,不记何省",补"任职官志,光宣朝列传"。	"查功课簿,曾有地理志浙江一卷。"
李哲明	"任列传。"	补"修正国初本纪"。	"有食货志田志一卷。"
马其昶	"任咸同朝大臣传,儒林、文苑传,亦归其整理。"	改"咸同"为"光宣"。	"通伯(马其昶之字)儒林、文苑修改稿,余曾见之,后馆中仍用缪筱珊原稿。"
唐恩溥	"任地理志广东。"	补"任列传"。	"地理志广东、湖南二省。"
姚永概	"任食货志盐法。食货志子目甚多,亦系每人分纂者,其详待考。初印本不载。"	删"初印本不载"四字,补"任忠义传,未有留稿"八字。	"盐法乃其兄仲实所撰。"
朱孔彰	/	补"任列传"。	"先君到馆,任咸同列传,撰稿甚多。月赴馆二、三次,必辙侍往。调查书籍,年羹尧传亦先君所补,两刻本均载。"
唐邦治	关外本不载	补"任年表"。	"军机大臣年表。"

表1-2中所列13人中,朱师辙对吴士鉴、吴怀清、张书云、金兆丰、李哲明、马其昶、唐恩溥、姚永概、朱孔彰、唐邦治等10人的按语,和夏孙桐的补正意见一致,有的按语甚至直接为夏孙桐的补充提供了进一步的资料证实。如张尔田记吴士鉴"任地理志蒙古,宗室世系表",夏孙桐补任"艺文志初稿",朱师辙按:有"艺文志长编,公主表,皇子世表,地理志贵州、新疆各一卷"。

上表朱师辙的按语中,和夏孙桐补正意见不一致的有蓝钰、叶尔恺、田应璜3人。张尔田原稿记蓝钰"任地理云南,关外本不载",夏孙桐补"未有留稿",朱师辙按"有地理志云南一卷"。张尔田原稿记叶尔恺"任外交志,初印本不载",夏孙桐删"任外交志",补"未到馆"三字,朱师辙按"有宗教志喇嘛基督回教各一卷,初印本有其名,张、夏此误"。田应璜在张尔田原稿缺以待考,夏孙桐补"到馆,未有留稿",朱师辙按"有地理志山西一卷"。

朱师辙曾长期任职清史馆,且喜留意馆内事务,他撰有《清史述闻》一书,专记《清史稿》之修纂详情,故其按语所记应属可信。而夏孙桐补正的43人,仅有3人与朱师辙记载有异,占总数不到7%,即夏孙桐所补正93%以上的内容皆被朱师辙证明为正确的。这些可靠的补正材料,为我们了解《清史稿》之纂修详情提供了许多珍贵资料。

2. 鼓励朱师辙撰书记录《清史稿》纂修过程

朱师辙在回忆自己编纂《清史述闻》一书的源起时说:"忆《清史稿》将告成之时,一日,闰丈、金雪生、吴莲溪、李星樵诸先生及师辙相会纵谈,闰丈言《明史》成后,多有人记馆中修书之事,今《清史稿》告成,不知将来谁可记馆中佚闻者。众皆谓此事当推闰老,闰老曰:'余老矣,又谋生计忙(时徐东海约闰丈总纂《清儒学案》事),恐精力不逮,当望之诸君。'众以余年最壮,且喜留意馆中事,谓可成此编。余答以有志而才力恐不足。尹石公、邵次公闻之,并谓余曰:'清史馆之掌故,唯子独知,曷不著录而传之。'"上述材料表明,夏孙桐在《清史稿》尚未结束之时,即已意识到需要留下相关材料,以便后人了解《清史稿》之纂修详情。但夏氏因本人精力有限,无法顾及,故鼓励熟悉馆中详情的同仁撰写。《清史稿》成书后,随着时间的流逝,夏孙桐眼见着一些参纂人员日益老去,熟悉馆中详情之人越来越少,便再次敦促朱师辙撰书记载《清史稿》的纂修经过。朱师辙回忆道:"(民国)二十八年春,余自成都回上海养疴,冬返北平,晤闿丈。时柯凤老、王晋老、吴莲溪、金雪生、李星樵诸先生皆逝世,闿丈谓余曰:'昔日史馆同事,零落殆尽。余老病衰颓,东华旧事,唯子可以记之。'余应曰:'唯。'"①后朱师辙撰成《清史述闻》一书,"以《清史稿》为范围,借以发挥史例,述修史之经验,与官书众手所修之缺点,而论其利弊,使后之修史者有所借镜,不至再蹈前弊,可收事半功倍之效。"②《清史述闻》为我们了解《清史稿》的纂修过程提供了大量宝贵资料,为后世修史提供了诸多有益借鉴,而该书的成稿,直接源自于夏孙桐的提议和推动。

由上可知,夏孙桐情系《清史稿》,十分关心并积极参与《清史稿》的各项相关事宜,是《清史稿》的重要编纂人员之一,也是为《清史稿》出力最多之人。他纂修了《循吏传》《艺术传》和嘉道咸同四朝《列传》,撰写了《〈清史·循吏传〉编辑大意》《拟〈清史·忠义传〉办法说帖》《拟〈清史·艺文志〉讨论办法说帖》《〈清史〉列传画一书法凡例》等文,为《清史稿》"循吏""忠义"诸传和"艺文志"等确立入传标准、资料构成、纂修方法及书写体例。他反对仓促付刊《清史稿》,留心《清史稿》撰述经过之研究,在推动《清史稿》顺利成书过程中发挥了关键性作用。

---

① (民国)朱师辙:《清史述闻·序》,北京:三联书店,1957年,第6~7页。
② (民国)朱师辙:《清史述闻·序》,北京:三联书店,1957年,第7页。

第二章 《清史稿·循吏传》考异

《清史稿·循吏传》由夏孙桐独自秉笔完成,与《清史稿》其他部分相较,《循吏传》部分质量尚佳。但因赵尔巽拒绝夏孙桐的谏言,将史稿仓促付刊,导致编纂人员无暇仔细校订,《清史稿》疏漏甚多,《循吏传》部分亦不能幸免,下文将逐一予以考订。《清史稿》问世后,出现了多家版本,目前流传最广的是中华书局1977年8月出版的标点本《清史稿》,故拟以该版本作为《清史稿·循吏传》考订之底本。

一、《清史稿·循吏传》入传人物考异

1. 白登明

复令大开刘河六十里,于是震泽在北诸水悉导入海。(四十三·一二九六九)①

震泽东北诸水悉导入海。②

于是震泽东北诸水并得入海。③

---

① 此处"四十三"和"一二九六九"分别指此段材料在中华书局版《清史稿》中的册数和页码,下文同。
② (清)国史馆:《清国史·循吏传》卷1,第12册,北京:中华书局,1993年影印清嘉业堂钞本,第8页。
③ (清)李元度:《国朝先正事略》卷49《循良》,长沙:岳麓书社,1991年,第1209页。

震泽东北诸水悉导入海。①

　　于是震泽东北诸水并得入海。②

　　于是震泽东北诸水并得入海。③

　　于是震泽东北诸水并得入海。④

　　于是震泽东北之水,并得入海。⑤

　　于是震泽东北诸水并得入海。⑥

按:"在北"为"东北"之误。上述材料中,唯《清史稿》记"震泽在北诸水",《清国史》《国朝先正事略》《清史列传》《八旗通志初集》《钦定八旗通志》《清代吏治丛谈》《增广尚友录统编》等皆记为"震泽东北诸水",与《清史稿》异。因《清国史》等有多种材料可互为印证,而《清史稿》为孤证,且所记内容,本身词意上不通,故《清国史》等所记应更为可信。查谭其骧《中国历史地图集》清代册可知,⑦刘河确实位于震泽东北部,结合上述诸材料,此处当为"震泽东北诸水",《清史稿》误"东北"为"在北"。

　　刘河北支有朱泾者,宋范仲淹新塘遗迹也,久淤塞。登明请于上官,疏凿五十里。巡按李森先知其能,复令大开刘河六十里,于是震泽在北诸水悉导入海,旱涝有备,为

---

① 王钟翰点校:《清史列传》卷74《循吏》,北京:中华书局,1987年,第6086页。
② (清)鄂尔泰:《八旗通志初集》卷234《循吏传三》,长春:东北师范大学出版社,1985年,第5302页。
③ (清)高宗弘历敕纂:《钦定八旗通志》卷238《人物志一一八》,第7册,长春:吉林文史出版社,2002年,第4380页。
④ (民国)伍承乔:《清代吏治丛谈》卷1,见《近代中国史料丛刊正编》第12册,台北:台湾文海出版社,1966—1995年,第23页。
⑤ (清)彭绍升:《良吏述》卷4,见《丛书集成续编》第31册,上海:上海书店出版社,1994年,第156页。
⑥ (清)应祖锡:《增广尚友录统编》卷21,清光绪二十八年(1902年)鸿宝斋石印本。
⑦ 谭其骧:《中国历史地图集》清代卷,北京:中国地图出版社,1982年,第58~59页。

一郡利。(四十三·一二九六九)

既浚刘河六十里,不两月工竣,实为东南七郡水利。①
继浚刘河六十里。不两月工竣,实为东南七都水利。②

按:《清史稿》记白登明疏浚刘河之举"为一郡利",嘉庆《直隶太仓州治》和《江苏省通志稿》则记为东南七郡水利,与《清史稿》异。刘河位于太仓境内,治理刘河就发生在白登明太仓知州任内,故《直隶太仓州治》所记应更为可信。嘉庆《直隶太仓州治》卷一九《水利中》载康熙年间江苏巡抚马祜报疏浚刘家港、吴淞江之奏疏亦云:"苏属刘河、松属吴淞江,乃江南苏松常、浙江杭嘉湖六府诸水汇归入海之咽喉,疏则六府同其利,塞则六府同其害。"③可见,刘河水情可直接影响到"江南苏松常、浙江杭嘉湖"地区。换言之,刘河和"江南苏松常、浙江杭嘉湖六府"属同一个水利系统,一损俱损,一荣俱荣,疏浚刘河绝不仅关系着太仓一州之利。也正因如此,白登明在筹划疏浚刘河时,曾要求昆山、嘉定等资助太仓修河之举。嘉庆《直隶太仓州治》保存了"白登明议覆督抚按略":"刘河自娄城西关以至海口,计七十五里,里长一百八十丈,共长一万三千五百丈。前云难开者必依故额广阔,应费七十余万金……今查与嘉定连界之处,应嘉定浚二千五百丈,已经移文,有该县甘认之牒……所谓昆山之当协济者,缘昆邑地洼,值淫雨田畴尽淹,犹为剥肤之灾,今秋水潦,昆绅多移书本州请开朱泾新坝,以泄狂流,赖以成熟。兹值按院临州,昆绅相率吁请,则协济为万不容已之役。按府志昆邑额田一万一千顷有奇,每顷出夫一名,即有一万一

---

① (清)王昶:嘉庆《直隶太仓州志》卷10《名宦》,见《续修四库全书》第697册,上海:上海古籍出版社,2002年,第180页。
② (民国)缪荃孙、冯煦:民国《江苏省通志稿》人物志第8《名宦八》,南京:江苏古籍出版社,1991年,第176页。
③ (清)王昶:嘉庆《直隶太仓州志》卷一九《水利中》,见《续修四库全书》第697册,上海:上海古籍出版社,2002年,第305页。

千夫，自昆至州不远三十里，拨太仓近关十里易河，浚之不过一月之劳，便享百年之利，视太仓五十里之劳费，不啻倍蓰也；若不起夫，只议贴费，催之不应，何计于事！东作将兴，安能姑待！倘刘河之开因昆而阻，大可惜矣！应请立敕该县照顷拨夫委官，绅耆督率前来划地分方、刻期起工者也，所谓苏松各属宜量派水利银两以代娄赋者。盖本州前开朱泾五十里，用民镪三万六千两，今兴大役又须十余万两，一州独茹其苦，各邑安享其利，非人心之平也。如苏之长洲、吴县、常熟、吴江于刘河最为关切；如松之华亭、上海、青浦、娄县，虽有黄浦一河，亦赖刘河分泄太湖之水；若议起夫不堪远役，若待金钱解足又成画饼，其势不得不令太仓独任其劳，然太仓前后两役所费不赀，为国家开百年之，如顺治十年一潦，蠲两郡正赋已十数万，则念娄民之劳，题请蠲本年正赋之半以少苏民困，谅圣朝必垂轸恤。但军兴孔亟，司农仰屋恐蠲赋未必能允，合先题明将以上八邑每亩量加水利银几厘，以代太仓十四年正赋之半。在八邑不过一年之加，而食无穷之利，不为厉也。刘河虽与崇明无涉，然刘河既开，崇明一航可达州郡，宜量助千金。"①上述材料清楚表明，疏浚刘河关系着长洲、吴县、常熟、吴江、华亭、上海、青浦、娄县甚崇明等多处地方的利益。故《清史稿》所记"为一郡利"，误，应为"东南七郡利"。

2. 任辰旦

顺治十三年进士。（四十三·一二九七零）

任辰旦……顺治十三年进士。②

顺治丁酉以第四人举于乡……丁未会试，以策论中

---

① （清）王昶：嘉庆《直隶太仓州志》卷19《水利中》，见《续修四库全书》第697册，上海：上海古籍出版社，2002年，第304～305页。
② （清）孙星衍、莫晋：嘉庆《松江府志》卷43《名宦》，见《续修四库全书》第688册，上海：上海古籍出版社，2002年，第319页。

式,殿试成进士。①

顺治丁酉举经魁,从外氏籍,曰韩灿。丁未成进士,复姓名。②

顺治丁酉举于乡,从外氏籍,曰韩灿,丁未成进士。③

任辰旦……康熙丁未进士,以外氏籍榜名韩灿,后复姓改今名。④

任辰旦,以韩灿姓名成进士,授上海令。⑤

任辰旦,字待庵,顺治丁酉以第四人举于乡,以外氏籍名韩灿成进士,复姓改今名。⑥

予(毛奇龄)与任君待庵名辰旦读书城东草堂,期为管乐,不期为董□也,既而遭鼎革,予避物去,而待庵以第四人举于乡,丁未成进士。⑦

顺治丁酉以第四人举于乡,先是,君母韩太君以君封孺人,待赠安人者吉安推官韩公女也,君以外氏籍名韩灿附绍兴学,至是以韩灿名谒公车门,值朝议改八比,取士易

---

① (清)李桓:《国朝耆献类征》卷141《郎署三》,清光绪十年(1884年)湘阴李氏刊本。
② (清)任辰旦:《介和堂集·待庵任公传》,不分卷,清代抄本,见《天津图书馆孤本秘籍丛书》第13册,中华全国图书馆文献缩微复制中心,1999年,第758页。
③ (清)齐召南:《宝纶堂文钞》卷7《任待庵传》,见沈云龙主编《近代中国史料丛刊正编》第40辑第394册,台北:台湾文海出版社,1966—1995年,第388页。
④ (清)秦瀛:《己未词科录》6,见《续修四库全书》第537册,上海:上海古籍出版社,2002年,第207页。
⑤ (清)秦瀛:《己未词科录》6,见《续修四库全书》第537册,上海:上海古籍出版社,2002年,第207页。
⑥ (清)秦瀛:《己未词科录》6,见《续修四库全书》第537册,上海:上海古籍出版社,2002年,第207~208页。
⑦ (清)毛奇龄:《西河合集·集课记》,清嘉庆元年(1796年)萧山陆凝瑞堂补刊印本。

策论,丁未会试以策论中式,殿试成进士,遂奉旨复改今名。①

康熙六年进士,授江苏上海县知县。②

按:此处顺治丁酉为顺治十四年,丁未指康熙六年。上述材料中,《清史稿》、嘉庆《松江府志》记任辰旦为顺治十三年进士,《国朝耆献类征》《介和堂集》《宝纶堂文钞》《西河合集》《西河集》皆记其为"丁未"进士。此处虽未指明具体年号,但结合任辰旦生活的时代可知,此处之丁未应指康熙丁未即康熙六年。这就与《清史稿》所记有异。查《明清进士题名碑录索引》可知,顺治十三年没有开科,故《清史稿》所记任辰旦为"顺治十三年进士",必误。持"康熙六年"说诸材料中,《西河合集》的作者毛奇龄,与任辰旦为少年同窗,情深谊笃。《介和堂集·待庵任公传》称:(任辰旦)"幼奇慧,与同里毛奇龄、王先吉、韩世昌学同师,称四杰,俱以文名。"③且有《国朝耆献类征》《介和堂集》《宝纶堂文钞》《己未词科录》等为证,故其所记当属可信。核诸《国朝历科题名碑录初集》,"康熙六年丁未科"名单下,虽未见"任辰旦"其名,但有"韩辰旦":"浙江绍兴府萧山县人"。④结合《介和堂集》《宝纶堂文钞》和《己未词科录》所记"从外氏籍"的论述可知,"任辰旦"科考时曾易姓为"韩",则康熙丁未科下所系之"韩辰旦"应就是"任辰旦",因从外氏籍改姓而已。故任辰旦应为"康熙六年"进士,《清史稿》作"顺治十三年",误。

---

① (清)毛奇龄:《西河集》卷112《大理寺丞前兵科掌印给事中任君行状》,见《四库全书》第1321册,台北:台湾商务印书馆,1986年,第235页。
② 王钟翰点校:《清史列传》卷74,北京:中华书局,1987年,第6100页。
③ (清)任辰旦:《介和堂集·待庵任公传》,清代抄本,不分卷,见《天津图书馆孤本秘籍丛书》第13册,中华全国图书馆文献缩微复制中心,1999年,758页。
④ (清)李周望:《国朝历科题名碑录初集》,见《北京图书馆古籍珍本丛刊》第116册,北京:书目文献出版社,1988年,第526页。

3. 宋必达

顺治八年进士。（四十三·一二九七一）

顺治八年进士。①

顺治八年进士。②

顺治八年进士。③

顺治八年进士。④

顺治八年进士。⑤

顺治八年进士。⑥

顺治甲午乡举，辛丑进士。⑦

顺治辛丑进士。⑧

顺治十八年进士。⑨

顺治辛丑进士。⑩

---

① （清）国史馆：《清国史·循吏传》卷1，第12册，北京：中华书局，1993年影印清嘉业堂钞本，第11页。

② 王钟翰点校：《清史列传》卷74，北京：中华书局，1987年，第6090页。

③ （清）应祖锡：《增广尚友录统编》卷17，清光绪二十八年（1902年）鸿宝斋石印本。

④ （民国）伍承乔：《清代吏治丛谈》卷1，见《近代中国史料丛刊正编》第2辑第12册，台北：台湾文海出版社，1966—1995年，第35页。

⑤ （清）彭绍升：《二林居集》卷20，见《续修四库全书》第1461册，上海：上海古籍出版社，2002年，第467页。

⑥ （清）李元度：《国朝先正事略》卷49，长沙：岳麓书社，1991年，第1210页。

⑦ （清）李桓：《国朝耆献类征》卷219《守令五》，清光绪十年（1884年）湘阴李氏刊本。

⑧ （清）谢旻：《江西通志》卷65，见《四库全书》第515册，台北：台湾商务印书馆，1986年，第285页。

⑨ （清）曾国藩、刘坤一：光绪《江西通志》卷133《宦绩》，见《续修四库全书》第659册，上海：上海古籍出版社，2002年，第407页。

⑩ （清）仁宗敕撰：嘉庆《重修大清一统志·黄州府二》之《人物》，见《四部丛刊续编·史部》第36册，上海：上海书店出版社，1984年。

顺治辛丑进士。①

按：顺治甲午为顺治十一年，顺治辛丑为顺治十八年。上述材料中，《清史稿》《清国史》《清史列传》《国朝先正事略》《清代吏治丛谈》《二林居集》《增广尚友录统编》等皆记宋必达为"顺治八年进士"，《江西通志》、嘉庆《重修大清一统志》和《碑传集》记为"顺治十八年"进士，与《清史稿》异。查《明清进士题名碑录索引》可知，"顺治六年己丑科"下，即为"顺治九年壬辰科"，顺治八年未开科。宋必达系于"顺治十八年辛丑科"下②，为顺治十八年进士。可见《清史稿》《清国史》《清史列传》《国朝先正事略》《清代吏治丛谈》《二林居集》《增广尚友录统编》等这些清代常见人物传著中，宋必达中进士的时间记述皆有误，脱"十"字，宋氏应为"顺治十八年进士"。

4. 陆在新

陆在新，字文蔚，江南长洲人。（四十三・一二九七二）

陆在新，字蔚文，长洲人。③

陆在新，字蔚文，长洲人。④

陆在新，字蔚文，江南长洲人。⑤

---

① （清）钱仪吉：《碑传集》卷91《宁都县知县宋君必达墓志铭》，见《清代碑传全集》，上海：上海古籍出版社，1987年，第458页。

② 朱保炯、谢沛霖：《明清进士题名碑录索引》下册，上海：上海古籍出版社，1980年，第2652页。汪宗衍《清史稿考异》按语亦云："（顺治）八年未开科，《进士碑录》系于'十八年'，乃脱'十'字。"（汪宗衍：《清史稿考异》，香港：香港文会书舍，1985年，第152页。）

③ （清）赵弘恩、黄之俊：《江南通志》卷140，见《四库全书》第511册，台北：台湾商务印书馆，1986年，第117页。

④ （民国）缪荃孙等：《江苏省通志稿》卷17，南京：江苏古籍出版社，2000年，第392页。

⑤ （清）应祖锡：《增广尚友录统编》卷19，清光绪二十八年（1902年）鸿宝斋石印本。

陆君在新,字蔚文,江南长洲人。①
陆君在新,字蔚文。②
陆蔚文名在新,江南长洲人。③
先生讳在新,字蔚文,号圭庵。④
庐陵令陆在新,字蔚文,号圭庵,长洲人也。⑤
陆在新,字文蔚,长洲人,举人。⑥

按:上述材料中,仅《江西通志》与《清史稿》同,记陆在新"字文蔚",《国朝先正事略》《国朝耆献类征》《南畇文稿》《留溪外传》《江南通志》《江苏通志稿》《清代吏治丛谈》和《增广尚友录统编》等皆记陆氏"字蔚文",与《清史稿》异。这其中既有来自陆氏家乡的地方志材料,也有好友弟子为其撰述之碑传文材料。其中《南畇文稿》陆在新墓志铭撰者彭定求,为陆氏弟子,该墓志铭文开篇即称"我师圭庵陆先生",文中详细记载他和陆氏的深情厚谊,且有多种材料印证,所记当属可信。《清史稿》记陆在新"字文蔚"误,应为"字蔚文"。《江西通志》亦误。

5. 陈汝咸

陈汝咸,字华学,浙江鄞县人。(四十三·一二九七四)

---

① (清)李元度:《国朝先正事略》卷49,长沙:岳麓书社,1991年,第1217页。
② (民国)伍承乔:《清代吏治丛谈》卷1,见《近代中国史料丛刊正编》第2辑,第12册,台北:台湾文海出版社,1966—1985年,第49页。
③ (清)李桓:《国朝耆献类征》卷220《守令六》,清光绪十年(1884年)湘阴李氏刊本。
④ (清)彭定求:《南畇文稿》卷7《庐陵知县陆先生墓志铭》,见《四库全书存目丛书·集部》第246册,济南:齐鲁书社,1996年,第723页。
⑤ (清)陈鼎:《留溪外传》卷7《庐陵令传》,见《丛书集成续编》第30册,上海:上海书店出版社,1994年,第570页。
⑥ (清)谢旻等:《江西通志》卷61,见《四库全书》第515册,台北:台湾商务印书馆,1986年,第161~162页。

陈汝咸,字莘学,浙江鄞县人。①

先生姓陈名汝咸,字莘学,号悔庐,浙江鄞县人。②

陈汝咸,字莘学,号悔庐,又号心斋。③

陈汝咸,国朝,字莘学。④

公姓陈氏,讳汝咸,字莘学,别字悔庐。⑤

陈汝咸,字莘学,又称悔庐。⑥

陈汝咸,字莘学,号心斋,浙江鄞县人。⑦

陈汝咸,字莘学。⑧

陈莘学,名汝咸。⑨

公讳汝咸,字莘学,号心斋。⑩

---

① (民国)缪荃孙:《循良传稿》,稿本,不分卷,见《北京大学图书馆馆藏稿本丛书》第22册,天津:天津古籍出版社,1991年,第429页。

② (清)蓝鼎元:《鹿洲初集》卷7《月湖先生传》,见《四库全书》第1327册,台北:台湾商务印书馆,1986年,第661页。

③ 钱仲联:《广清碑传集》卷6《陈汝咸传》,苏州:苏州大学出版社,1999年,第372页。

④ (清)应祖锡:《增广尚友录统编》卷4,清光绪二十八年(1902年)鸿宝斋石印本。

⑤ 钱仲联:《广清碑传集》卷6《大理悔庐陈公神道碑铭》,苏州:苏州大学出版社,1999年,第370页。

⑥ (清)钱林:《文献征存录》卷8,见《续修四库全书》第540册,上海:上海古籍出版社,2002年,第362页。

⑦ (民国)苏树蕃:《清朝御史题名录·康熙五十年》,见《近代中国史料丛刊正编》第4辑第136册,台北:台湾文海出版社,1966-1995年,第214页。

⑧ 钱维乔、钱大昕:乾隆《鄞县志》卷17《人物》,见《续修四库全书》第706册,上海:上海古籍出版社,2002年,第372页。

⑨ (清)彭绍升:《良吏述》1卷,见《丛书集成续编》第31册,上海:上海书店出版社,1994年,第164页。

⑩ (清)李桓:《国朝耆献类征》卷64《卿贰二十四》,清光绪十年(1884年)湘阴李氏刊本。

> 陈汝咸，字莘学，号心斋，鄞县人。①
> 陈汝咸，字华学，鄞县人。②

按：上述12种材料中，仅嘉庆《重修大清一统志》记陈汝咸"字华学"，与《清史稿》同；余皆记"字莘学"，与《清史稿》异，其中包括《广清碑传集》等碑传文材料、来自陈氏家乡的乾隆《鄞县志》和历官地《漳州府志》等地方志材料。而《国朝耆献类征》陈氏传记文作者蔡世远，与陈汝咸私交甚好，文中自称"世远受知最深，亦知公最深者"。另《鹿洲初集》的陈汝咸传文作者蓝鼎元，亦为陈氏弟子，视陈氏为恩师。他在为陈汝咸文集《兼山堂遗稿》作序时写道："《兼山堂遗稿》，吾师四明廷尉陈先生（陈汝咸）作也。"蓝鼎元年少即受知陈氏，《兼山堂遗稿序》云："余（蓝鼎元）小子童年应试即遭先生（陈汝咸）赏识，期许甚奢，经济事业亦有厚望。"③蓝鼎元和蔡世远又皆记陈汝咸"字莘学"，当属可信。且"华"字的繁体字作"華"，与"莘"字的字形相近，《清史稿》和嘉庆《重修大清一统治》误作"华"字，陈汝咸应为"字莘学"。

> 粮户自封投纳，用滚单法轮催，以三百户为一保，第其人口多寡供役。（四十三·一二九七五）
> 定三百亩为一户，令民具亲供，计丁口产业自封投，纳粮多者为首，行滚单法，以次轮催，均保甲，以三百家为一保，第其口多寡借以供役，五年一编丁而役法平。④

---

① （清）沈定均、吴联薰：光绪《漳州府志》卷26《宦绩》，见《中国地方志集成·福建府县志辑》第29册，上海：上海书店出版社，2000年，第529～530页。
② （清）仁宗敕撰：嘉庆《重修大清一统志·宁波府三》之《人物》，见《四部丛刊续编》史部第32册，上海：上海书店出版社，1984年。
③ （清）蓝鼎元：《鹿洲初集》卷4《兼山堂遗稿序》，见《四库全书》327册，台北：台湾商务印书馆，1986年，第627页。
④ （民国）缪荃孙：《循良传稿》，稿本，不分卷，见《北京大学图书馆馆藏稿本丛书》第22册，天津：天津古籍出版社，1991年，第430页。

定三百亩为一户,令民计产为亲供,自立征户,粮多者为户长,以次轮催。由是吏无追呼,民无逋税。均保甲,以三百家为一保,第其口多寡,借以供役,五年一编丁而役法平。①

县中赋役,故责户长为主办,丁粮版籍,岁久混淆,胥役因援为奸,汝咸念编审为赋役大政,躬自覆算,编粮均户,人丁各归现在之籍,定三百亩为一户,令民计具亲供,计丁口产业自封投,纳粮多者为首,行滚单法,以次轮催。均保甲,以三百家为一保,第其口多寡,借以供役,五年一编丁而役法平。②

其为漳浦立百世之利,犹在编审一事。旧例世家有盈数千亩为一户者,下姓有数十亩为一户者,每族置户长,地丁籍以征纳,强后弱先,小顽大颔。乃定三百亩为一户,令民亲供实产,粮多者为户长,以次伦。雇丁亦如之。催科自此不扰。以都鄙之民,其分保有大小不一,则奸匪亦匿,而公务不均。乃定二百家为一保,无所颇焉。③

值编审,上户或数千亩,下户止数十亩,旧者议粮长者,计户不计田,上户逸而下户常劳,又都鄙分保,大小不均。汝咸定三百亩为率,上户分之,下户合之,轮当粮长。保则限以二百家,无少赢缩。④

县中赋役故责户长为主办,黠者援为奸利,莘学定三百亩为一户,令民计产为亲供,自立征户,粮多者为户长,

---

① (清)李元度:《国朝先正事略》卷51《循良》,长沙:岳麓书社,1991年,第1232页。
② (清)国史馆:《清国史·循吏传》卷3,第12册,北京:中华书局,1993年影印清嘉业堂钞本,第52页。
③ (清)全祖望:《鲒琦亭集》卷16,见《续修四库全书》第1429册,上海:上海古籍出版社,2002年,第93页。
④ (清)钱维乔、钱大昕:乾隆《鄞县志》卷17《人物》,见《续修四库全书》第706册,上海:上海古籍出版社,2002年,第373~374页。

以次轮催，由是吏无追呼，民无逋税。均保甲，以二百家为一保，第其口多寡，借以供役，五年一编丁而役法平。①

公定三百亩为一户，令民各具亲供，计实产自立征户，粮多者为户长，以次轮催，丁亦如之，催科不扰而国赋早完，又念乡邑民居保分有大小，则奸匪易匿，公务有不均之叹，定二百家为一保，画一平均，至今赖之。②

以浦邑赋役不均，定而二百家为一保，保二十甲户，实其丁口编审，日通计阖县城丁若干，匀编足额，立亲供单，每户田粮各填注实产，限自封投柜根，租一田三主，详定大租，量给价值，田归业主，于是奸胥无所飞洒，强宗巨猾无所隐占诡寄包收，衰户孱民无所赔累，自明季来百余年积弊一清。③

县中赋役，故责户长为主办，丁粮版籍，岁久混淆，胥役因援为奸，汝咸念编审为赋役大政，躬自覆算，编粮均户，人丁各归现在之籍，定三百亩为一户，令民计具亲供，计丁口产业自封投，纳粮多者为首，行滚单法，以次轮催。均保甲，以二百家为一保，第其口多寡，借以供役，五年一编丁而役法平。④

康熙三十九年知县陈汝咸重加编定，以每十家为一甲，每二十甲为一保，计一保之中，除绅衿衙役兵丁老弱鳏寡外凡可以任役者实二百户，多寡悉均，守望相助，人皆称

---

① （清）彭绍升：《良吏述》1卷，见《丛书集成续编》第31册，上海：上海书店出版社，1994年，第165～166页。
② （清）李桓《国朝耆献类征》卷64《卿贰二十四》，清光绪十年（1884年）湘阴李氏刊本。
③ 沈定均、吴联薰：光绪《漳州府志》卷26《宦绩》，见《中国地方志集成·福建府县志辑》第29册，上海：上海书店出版社，2000年，第529～530页。
④ 王钟翰点校：《清史列传》卷74，北京：中华书局，1987年，第6144页。

善,合东西南北四隅为保共一百六十有六。①

按:上述材料对陈汝咸实施的赋役制度的具体内容的记载不一。《清史稿》记为"以三百户为一保",《循良传稿》《国朝先正事略》《清国史》记为"以三百家为一保",《鲒琦亭集》《良吏述》《国朝耆献类征》、乾隆《鄞县志》、光绪《漳州府志》记为以"二百家为一保"。而光绪《漳浦县志》记为"以每十家为一甲,每二十甲为一保",计算可知,每保应为二百家,与《鲒琦亭集》等记载相同。《清史列传》虽记为以"二百家为一保",但王钟翰校勘记云:此处"'二'原误作'三'。今据耆献类征卷二二八页五上改。"②可见,上述材料所记陈汝咸施行的赋役制度的具体内容,十分混乱。因光绪《漳浦县志》续志之赋役部分,为陈汝咸亲手所撰,陈氏亲手撰写的光绪《漳浦县志·凡例》云"唯赋役志系余(陈汝咸)手自编辑",③且有光绪《漳州府志》等相印证,应更可信。故每保应为二百家。《循良传稿》《国朝先正事略》《清国史》记为"以三百家为一保",误。

另据光绪《漳浦县志》陈氏之记述:"以每十家为一甲,每二十甲为一保,计一保之中,除绅衿衙役兵丁老弱鳏寡外,凡可以任役者实二百户,多寡悉均,守望相助。"则每保有二百家,而每保"除绅衿衙役兵丁老弱鳏寡外,凡可以任役者实二百户",则每保肯定多于二百户,则此处"家"和"户"肯定不是一个概念。由上文中《鲒琦亭集》《良吏述》《国朝耆献类征》《清史列传》等所记定"三百亩为一户",可知此处"户"是以拥有土地的多少为划分依据的,而"家"一般是以家庭人口为划分依据的,二者迥

---

① (清)陈汝咸、施锡卫:光绪《漳浦县志》卷20《续志·赋役》,见《中国地方志集成·福建府县志辑》第 31 册,上海:上海书店出版社,2000 年,第 221 页。

② 王钟翰点校:《清史列传》卷 74《循吏传一》"校勘记三一",北京:中华书局,1987 年,第 6162 页。

③ (清)陈汝咸、施锡卫:光绪《漳浦县志·凡例》,见《中国地方志集成·福建府县志辑》第 31 册,上海:上海书店出版社,2000 年,第 8 页。

异。故《清史稿》"以三百户为一保"之记载有误,应为"以二百家为一保"。

归诚书院,乃黄道周讲学地,为僧据,逐而新之。(四十三·一二九七五)

尤服膺黄道周之学,东郊归诚书院,故道周讲学所,有僧据焉,汝咸逐僧,以黄氏子孙主之……邑城隍庙功曹祠旁有鬼卒,相传能祸福人,汝咸命隶毁其像,隶悚惕不敢,汝咸怒,自鞭而碎之……月湖先生传。①

尤服膺黄道周之学,东郊归诚书院,故道周讲学所,久为僧据,汝咸逐之,而主以黄氏子孙。②

东郊明诚书院故黄石斋先生讲学之所,秃厮寄寓,渐忘其故,几为浮屠窟宅,先生撤佛像,尽逐僧徒,以黄氏子孙主之。③

石斋故有明诚书院,为浮屠所据,理而出之。④

漳故有黄道周诚明书院。⑤

按:有关黄道周讲学书院的具体名称在上述材料中的记载不尽相同。《清史稿》《循良传稿》《清史列传》皆记"归诚书院",《鹿洲初集》和《广清碑传集》记为"明诚书院",乾隆《鄞县志》则记为"诚明书院"。《循良传稿》"乃缪荃孙为国史馆所撰的循良

---

① (民国)缪荃孙:《循良传稿》,稿本,不分卷,见《北京大学图书馆馆藏稿本丛书》第22册,天津:天津古籍出版社,1991年,第430~431页。
② 王钟翰点校:《清史列传》卷74,北京:中华书局,1987年,第6144页。
③ (清)蓝鼎元:《鹿洲初集》卷7,见《四库全书》第1327册,台北:台湾商务印书馆,1986年,第662页。
④ 钱仲联:《广清碑传集》卷6《大理悔庐陈公神道碑铭》,苏州:苏州大学出版社,1999年,第371页。
⑤ (清)钱维乔、钱大昕:乾隆《鄞县志》卷17,见《续修四库全书》第706册,上海:上海古籍出版社,2002年,第373页。

类人物传记的未刊本稿本"。① 《清史稿》在编纂中,曾调阅了史馆大库所撰各朝人物传记,循吏传自然也属其列。《清史稿》重要参纂成员朱师辙回忆《清史稿》史料来源时表示,他们在《清史稿》纂修中曾调阅了清国史馆所纂"满汉臣工传、又忠义、儒林、文苑、循吏、列女等传"。② 可见,《循良传稿》可能是《清史稿·循吏传》的重要史料来源之一。比较二书中陈汝咸传记文可知,两者行文相同的地方甚多,可能存在因袭关系。《循良传稿》中,纂者缪荃孙在多篇传稿中皆注明自己的材料来源,在陈汝咸传文中缪氏明确标明有关"归诚书院"的材料来自《鹿洲初集》收录的蓝鼎元自撰的《月湖先生传》。此处《鹿洲初集》云:"东郊明诚书院,故黄石斋先生讲学之所,秃厮寄寓,渐忘其故,几为浮屠窟宅,先生撤佛像,尽逐僧徒,以黄氏子孙主之。"③《循良传稿》云:"东郊归诚书院,故道周讲学所,有僧据焉,汝咸逐僧,以黄氏子孙主之……月湖先生传。"④对照可知,二者行文也确实非常相似,只是《循良传稿》将蓝鼎元传文中的"明诚书院"改为"归诚书院",疑为传抄中出错。核诸陈汝咸亲手撰写的《明诚书院记》⑤,该文开篇即云:"明诚书院者,石斋先生讲学处也",文中详细介绍了"明诚"二字之内涵和书院建造经过(详见下文《明诚书院记》),表明此"明诚书院"即《清史稿》所记之"归诚书院"。而该则材料为陈汝咸亲手撰成,且有《鹿洲初集》《广清碑传集》等碑传文材料印证,当属可信。可见,《循良传稿》将

---

① 缪荃孙:《循良传稿》,见《北京大学图书馆馆藏稿本丛书》第22册,天津:天津古籍出版社,1991年,第398页。
② 朱师辙:《清史述闻》卷1《搜罗史料第二》,北京:三联书店,1957年,第6~7页。
③ 蓝鼎元:《鹿洲初集》卷7,见《四库全书》第1327册,台北:台湾商务印书馆,1986年,第662页。
④ 缪荃孙:《循良传稿》,稿本,不分卷,见《北京大学图书馆馆藏稿本丛书》第22册,天津:天津古籍出版社,1991年,第430~431页。
⑤ 陈汝咸、施锡卫:光绪《漳浦县志》卷18《明诚书院记》,见《中国地方志集成·福建府县志辑》第31册,上海:上海书店出版社,2000年,第202页。

《鹿洲初集》之"明诚书院"改为"归诚书院",应为传抄中出错。《清史稿》在纂修中,参考了《循良传稿》的内容,也因袭了这一错误,将"明诚书院"记为"归诚书院",误。《清史列传》同误。乾隆《鄞县志》作"诚明书院",亦误。

《明诚书院记》陈汝咸

明诚书院者,石斋先生讲学处也。昔子思子以自明诚为教属学知利行以下一流人,盖性本天命,无妄流行,诚则真实,无妄复于性之本体,然非有明善之功,断无由尽性以达天,是乃圣门之学也。明时正嘉而后,士大夫讲学每好语自然,若曰汝耳自聪,汝目自明,无事穷理致知以求反躬实践,是趋简旷乐闲,便不免流为异学,亦大异于明诚之旨矣。先生天姿高,平时深辨宋儒气质之性之非直,提性善有似孟子七篇,乃其讲学之堂,犹以明诚名,何与?盖性之善,虽非气质所得,而杂而学问思辨以穷理致知,是圣学之不可阙者,不如是则所谓真实无妄皆入于窈冥昏默,不但学知利行以下者无揩以入道,将并生知安行者而诬之矣。先生故以是名堂,其为世道虑不甚深且远乎。堂在邑东郊二里,崇祯十七年构,前后各三楹,今于前奉瞿云,有僧居焉,后祀先生神主,盖非复当时旧制矣。窃念浦中力学,自周陈而后得先生,而其风为之大畅,今海内无不仰先生为泰山乔岳。独此堂居先生桑梓地,昔年与郡邑有司乡大夫士会业歌诗拜献,迄今如可复焉,未几而讲堂空寂,行客过之不知者,等诸野寺荒台,即知者亦仅从竺乾氏,一寻先生祠宇具瞻拜谒,感叹唏嘘,其不至湮没而不彰者几何哉!余因尽撤佛像,另募附近之民居之,俾得晨夕洒扫,行将置义田延师其中以训士,远近就学者庶几共仰先生遗风,以期不负此堂之命名,则先生之意虽千载不没可也。

土寇伏七里洞,将入海,发兵击之,走山中。密招贼

党,诱擒其渠曾睦等,余党悉散。(四十三·一二九七五)

有奸匪百余人潜伏七里洞,将入海,发兵击之,走平和山中,谋再至漳浦,汝咸遣人密致贼党林大札,啖以重利,诱擒巨魁曾睦及其从蒋卿、江贵等,奸徒悉散。①

有奸匪百余人潜伏七星洞,将入海,发兵击之,走平和山中,谋再至漳浦,汝咸遣人密致贼党林大札,啖以重利,诱擒巨魁曾睦及其从蒋卿、江贵等,奸徒悉散。②

有奸匪百余人潜伏七星洞,招党入海,发兵追捕,遁,聚丹灶山,掩击之,走平和山中,竖旗集聚谋再至浦,先生遣乡长黄利见密致贼党林大札,啖以重利,诱擒巨魁曾睦及其从蒋卿、江贵等,奸徒悉散。③

壬午夏,有贼党数百潜伏县之七星洞。④

按:《清史稿》《清史列传》记贼党伏"七里洞",而《鹿洲初集》《循良传稿》《广碑传集》皆记为"七星洞",与《清史稿》异。如上文所述,《循良传稿》是《清史稿》"循吏传"的重要史源之一,《循良传稿》记该洞名为"七星洞",且明确标注材料来源于蓝鼎元的传文,故此处《清史稿》的史料更早的源头是蓝鼎元的记录,且蓝氏记录有《广清碑传集》的碑传文材料相印证,故此处应从蓝氏所记,《清史稿》《清史列传》之"七里洞"应为"七星洞"之误。

汝咸任漳浦凡十有八年,大吏因南靖多盗,调使治之,县民请留不得,构生祠曰月湖书院,岁时祀之。(四十三·

---

① 王钟翰点校:《清史列传》卷74,北京:中华书局,1987年,第6145页。
② (民国)缪荃孙:《循良传稿》,稿本,不分卷,见《北京大学图书馆馆藏稿本丛书》第22册,天津:天津古籍出版社,1991年,第432页。
③ (清)蓝鼎元:《鹿洲初集》卷7,见《四库全书》第1327册,台北:台湾商务印书馆,1986年,第662页。
④ 钱仲联:《广清碑传集》卷6《大理悔庐陈公神道碑铭》,苏州:苏州大学出版社,1999年,第370页。

一二九七五)

公自(康熙)丙子岁由翰林出知漳浦,十有三年调南靖。①

(陈汝咸)由翰林出宰吾邑十有三年。②

宰漳浦十三年,循绩惠政,不可殚纪。③

在浦十三年,改调南靖。④

公自(康熙)丙子岁由翰林出知漳浦。⑤

(康熙)丙子夏出宰漳浦。⑥

陈汝咸,鄞县人,康熙三十五年知漳浦县。⑦

余(陈汝咸)自(康熙)丙子承乏于浦,窃不自揆,有志民生利病,不敢因循积习,苟具文书,时按图索志推求为政之要。⑧

岁(康熙)戊子,制抚以南靖难治,调公南靖。⑨

(康熙)戊子六月调任欧察,去前修志之时又十载矣,

---

① (清)蓝鼎元:《鹿洲初集》卷18,见《四库全书》第1327册,台北:台湾商务印书馆,1986年,第843页。
② (清)蓝鼎元:《鹿洲初集》卷4《兼山堂遗稿序》,见《四库全书》第1327册,台北:台湾商务印书馆,1986年,第627页。
③ (清)徐珂:《清稗类钞·吏治类》第3册,北京:中华书局,1984—1986年,第1231页。
④ (清)仁宗敕撰:嘉庆《重修大清一统志》之《漳州府·名宦》,见《四部丛刊续编·史部》第40册,上海:上海书店出版社,1984年。
⑤ (清)蓝鼎元《鹿洲初集》卷18,见《四库全书》第1327册,台北:台湾商务印书馆,1986年,第843页。
⑥ (清)蓝鼎元:《鹿洲初集》卷7,见《四库全书》第1327册,台北:台湾商务印书馆,1986年,第661页。
⑦ (清)仁宗敕撰:嘉庆《重修大清一统志》之《漳州府·名宦》,见《四部丛刊续编·史部》第40册,上海:上海书店出版社,1984年。
⑧ (清)陈汝咸、施锡卫:光绪《漳浦县志·序》,见《中国地方志集成·福建府县志辑》第31册,上海:上海书店出版社,2000年,第5页。
⑨ (清)李桓:《国朝耆献类征》卷64《卿贰二十四》,清光绪十年(1884年)湘阴李氏刊本。

因复为续志一卷,聊记大略。①

按:《清史稿》记"汝咸任漳浦凡十有八年",而《鹿洲初集》《清稗类钞》和嘉庆《重修大清一统志》皆记为"十三年",与《清史稿》异。康熙丙子为康熙三十五年,据此,《鹿洲初集》、嘉庆《重修大清一统志》、光绪《漳浦县志》所记陈汝咸始任漳浦的时间一致,皆为康熙三十五年。因光绪《漳浦县志》为陈氏自记,且有《鹿洲初集》和嘉庆《重修大清一统志》印证,当属可信,故陈汝咸始任漳浦的时间为康熙三十五年无疑。康熙戊子为康熙四十七年,由《国朝耆献类征》、光绪《漳浦县志》、光绪《漳州府志》可知,陈汝咸离任漳浦的时间为四十七年。故陈氏任职漳浦的时间应为康熙三十五年至康熙四十七年,共十三年。此点在光绪《漳州府志》和光绪《漳浦县志》中得到充分印证。光绪《漳州府志》云:"康熙……三十五年由翰林院庶吉士出知漳浦……在浦十三年,始终一节,橐无余财,家无蓄产,四十七年改调南靖。"②光绪《漳浦县志》云:"上岁二月,总制浙闽梁公大中丞张公以南靖地杂山涧、溪谷,萑苻不时窃发,廉公才守,上于朝,调公南靖。浦人相率赴宪请留,既不可,则归取田器塞县门,署门桔槔耰锄山积,公(陈汝咸)出则必呼于道曰:'公毋去,公毋去。'公感百姓之厚也,揭示通衢曰:'吾在浦十三年,无善政以及民,今又烦苦我父老子弟心甚弗忍。'……相率追送十里许,与公泣别而归……公莅浦以来,凡百艰辛备尝之,劲节凌霜久而不变,十三年素丝不染,白璧无瑕。"③此处陈汝咸在漳浦所贴之告示中明确载明自己在漳浦的任期为十三年,该文作者蔡

---

① (清)陈汝咸、施锡卫:光绪《漳浦县志·凡例》,见《中国地方志集成·福建府县志辑》第31册,上海:上海书店出版社,2000年,第8页。

② (清)沈定均、吴联薰:光绪《漳州府志》卷26《宦绩》,见《中国地方志集成·福建府县志辑》第29册,上海:上海书店出版社,2000年,第529~530页。

③ (清)陈汝咸、施锡卫:光绪《漳浦县志》卷22《月湖书院碑记》,见《中国地方志集成·福建府县志辑》第31册,上海:上海书店出版社,2000年,第291页。

世远亦持此议。光绪《漳浦县志》"职官志"记载陈汝咸始任漳浦知县的时间为康熙三十五年,其继任者汪培祖接任时间为(康熙)四十七年,①前后正好为十三年,与上述诸材料记载相合。据此,陈汝咸任职漳浦的时间应为"十三年",《清史稿》作"十有八年",误。

  (康熙)四十八年,内迁刑部主事,擢御史。疏言:"商船出海,挂号无益,徒以滋累。"又言:"海贼入内地,必返其家。下海劫掠,责之巡哨官;未下海之踪迹,责之本籍县令;当力行各澳保甲。"会海盗陈尚义乞降,汝咸自请往抚。圣祖命郎中雅奇偕汝咸所荐阮蔡生往,尚义率其党百余人果就抚,擢通政使参议。(四十三·一二九七六)

  命郎中雅奇偕汝咸所荐阮蔡生抚之。②

  (康熙)四十八年,内迁刑部主事,旋擢广西道监察御史。上言:"商船出海口,挂号无益。"又言:"海贼入,必返其家。下海劫掠,责之巡哨官;未下海之踪迹,责之本籍县令;当力行各澳保甲。"上嘉纳之。海盗陈尚义乞降,汝咸自请入海往抚。上以御史近臣,不宜亲涉海,命郎中雅奇偕汝咸所荐阮蔡生抚之,卒降尚义及其党百余人。月湖先生传。③

  是冬,海贼陈尚义遣周锦赴兵部求抚,先生谓尚义必系礼字号贼目陈老大。当年海贼徐荣称该贼久在海上肆劫,今就其求抚,请率举人候选知县阮蔡文千总王三、骆南、左其彪等往铁山凤城岛入海抚之,谕旨慰劳,以风涛不测,但驻凤城,着蔡文等前往,不必亲自下海,复以兵部郎

---

① (清)陈汝咸、施锡卫:光绪《漳浦县志》卷21《职官》,见《中国地方志集成·福建府县志辑》第31册,上海:上海书店出版社,2000年,第238页。
② 王钟翰点校:《清史列传》卷74,北京:中华书局,1987年,第6146页。
③ (民国)缪荃孙:《循良传稿》,稿本,不分卷,见《北京大学图书馆馆藏稿本丛书》第22册,天津:天津古籍出版社,1991年,第432页。

中雅奇为副,未几,飓风大作,骆南等船飘失无踪,蔡文一船飘折大桅。先生驰至天桥厂,遣舟往会文、南等,具至尽山花鸟,遇陈尚义并其党百余人,皆招致。①

乃自请行,且荐江西举人阮蔡文。得旨许携蔡文等前往金州卫铁山之隍城岛招抚。陛辞,圣祖谓公曰:汝乃近御之臣,不可下海。风涛不测,所当惧也。但令蔡文往可也。②

自请行,且荐福建举人蔡文与同往铁山凤城岛招纳,陛辞,圣祖面谕近御之臣不可蹈险,但令蔡文入海尔,驻辽左以待,蔡文果抚尚义,并令集未来余党。③

按:上述材料中,《清史稿》《清史列传》记陈汝咸所荐举者为"阮蔡生",《循良传稿》记为"阮葵生",《鹿洲初集》《广清碑传集》记"阮蔡文",乾隆《鄞县志》称之为"蔡文",不尽相同。可见,陈氏所荐之人的具体姓名在相关材料的记载中十分混乱。因《循良传稿》为《清史稿》重要史源,而该书陈汝咸传文后明确附注该部分材料来自蓝鼎元所撰《月湖先生传》,故依照《月湖先生传》所述,《清史稿》"阮蔡生"应为"阮蔡文"之误。蓝鼎元另撰有《阮骠骑蔡文传》,记云:"壬辰冬十月,海贼陈尚义遣其党赴兵部乞降,时陈汝咸为御史,奏请自往招抚,荐(阮蔡)文与俱。"④文中亦记有招抚详情,内容与《清史稿》所记阮蔡生的事迹相合,故《清史稿》《清史列传》之"阮蔡生"应为"阮蔡文"之误。另乾隆《鄞县志》记为"蔡文",是省略了他的姓氏。《良吏

---

① (清)蓝鼎元:《鹿洲初集》卷7,见《四库全书》第1327册,台北:台湾商务印书馆,1986年,第663~664页。
② 钱仲联:《广清碑传集》卷6《大理悔庐陈公神道碑铭》,苏州:苏州大学出版社,1999年,第372页。
③ (清)钱维乔、钱大昕:乾隆《鄞县志》卷17《人物》,见《续修四库全书》第706册,上海:上海古籍出版社,2002年,第373页。
④ (清)钱仪吉:《碑传集》卷115《阮骠骑蔡文传》,见《近代中国史料丛刊正编》第927册,台北:台湾文海出版社,1965-1995年,第5349页。

述》:"乃令郎中雅奇率莘学所荐阮生、蔡生同往。"①《国朝先正事略》:"乃令郎中雅奇率君所荐阮生、蔡生同往。"衍一"生"字,这就将本为一人的"阮蔡生"误作"阮生、蔡生"两人,误。

《循良传稿》记"阮葵生",清代确有"阮葵生"其人,据《国朝耆献类征》②和《国朝诗人征略初编》③所录阮葵生之碑传文材料可知,他与"阮蔡文"绝非同一人,且与此事毫无关系,故《循良传稿》亦误。

6. 缪燧

(康熙)五十六年,卒于定海。(四十三·一二九七七)

(康熙)岁在丙申,公骑箕白云,士民哀慕……余与蓉浦先生同里闬兼世戚。尝忆总角时登先生之堂,见有"定海父母"匾额悬诸楣(木字右边加上无),心窃仪之。甲子春余奉檄权理兹土,甫下车即访求先型政绩,至今称颂勿衰……江阴后学殷起瀛拜书。④

(康熙)丙申公摄篆□川,忽转身逝……治下后学黄敏谨叙。⑤

康熙五十五年丙申,公年六十有七,织部孙公命作法华洞,序甫脱草病益甚,复陈请乞休,不许。公故只身赴任,至是黄孺人来诀,痛甚。二月讳前一日准辞镇篆,三月

---

① (清)彭绍升:《良吏述》1卷,见《丛书集成续编》第31册,上海:上海书店出版社,1994年,第165页。
② (清)李桓:《国朝耆献类征》卷96《卿贰五十六》,清光绪十年(1884年)湘阴李氏刊本。
③ (清)张维屏:《国朝诗人征略初编》卷340,清道光至咸丰间刻本。
④ (清)佚名:《定海遗爱录·重刊遗爱录序》,不分卷,见《丛书集成续编》第31册,上海:上海书店出版社,1994年,第706页。
⑤ 刘家平、苏晓君:《中华历史人物别传集》第32册,北京:线装书局,2003年,第345页。

甲午朏公易簀。①

缪燧……（康熙）五十五年三月卒于镇海署。②

公又字蓉浦，康熙乙亥任定海令，至丙申。自乙亥至五十五年丙申凡二十二年。③

按：康熙丙申为康熙五十五年。《清史稿》记缪燧卒年为"康熙五十六年"。上述《定海遗爱录》《中华历史人物别传集》收录由不同人物撰写的多篇文章所记缪燧之卒年皆为"康熙丙申"或"康熙五十五年"，与《清史稿》异。因《定海遗爱录》本身为缪燧各类材料之汇编，且各人所记的缪燧卒年皆为"康熙五十五年"，故缪燧卒于"康熙五十五年"，当属可信。另《定海遗爱录》还收录有缪燧《衣冠墓碑记》一文，该文记载了缪燧衣冠冢的安葬过程，文中记道："乃岁在（康熙）丙申公（缪燧）倏在白云之乡，竟不在日出之所，一时山川失色，远近无归。"文末署明该文撰写时间为康熙五十五年。④ 可见，《清史稿》所记（康熙）"五十六年，卒于定海"，必定有误，缪燧卒年应为"康熙五十五年"。

7. 黄贞麟

黄贞麟，字振侯，山东即墨人。顺治十二年进士。（四十三·一二九七九）

黄贞麟撰，贞麟字方振，号振侯，又号石步，即墨人，顺

---

① （清）佚名：《定海遗爱录·行略》，不分卷，见《丛书集成续编》第31册，上海：上海书店出版社，1994年，第723页。

② （清）佚名：《定海遗爱录·定海厅志名宦列传》，不分卷，见《丛书集成续编》第31册，上海：上海书店出版社，1994年，第721页。

③ （清）佚名：《定海遗爱录·缪公衣冠墓》，不分卷，见《丛书集成续编》第31册，上海：上海书店出版社，1994年，第725页。

④ （清）佚名：《定海遗爱录·衣冠墓碑记》，见《丛书集成续编》第31册，上海：上海书店出版社，1994年，第713页。

治乙未、戊戌进士。①

黄贞麟,字振侯,即墨人。顺治乙未进士。②

顺治十二年进士。③

按:顺治乙未为顺治十二年,顺治戊戌为顺治十五年。《清史稿》《清国史》和文渊阁四库本《山东通志》皆记黄贞麟为"顺治十二年进士",宣统《山东通志》则记为"顺治乙未、戊戌进士",即顺治十二年和顺治十五年合科进士。查《国朝历科题名碑录初集》,顺治十二年和顺治十五年会试并未合科举行,黄贞麟明确系于"顺治十五年进士戊戌科"下,④应属"顺治十五年进士",故《清史稿》《清国史》和文渊阁四库本《山东通志》作"顺治十二年进士",皆误。

8. 祖重光

先钟麟守常州者,祖重光、崔宗泰,皆有名。其后有祖进朝,政声尤著。重光官至天津巡抚。(四十三·一二九八二)

按:此处提及的骆钟麟、祖重光、崔宗泰、祖进朝四人,骆钟麟、崔宗泰、祖进朝三人皆有详细传文,唯祖重光之传文仅"重光官至天津巡抚"一句话,过于简略。夏孙桐于《清史循吏传编辑大意》中确立《清史稿·循吏传》正附传之编纂原则为:"《明

---

① (清)杨士骧、孙葆田:宣统《山东通志》卷132《艺文志》,第3册,上海:上海古籍出版社,1934年商务印书馆影印本,第3642页。
② (清)岳浚、杜诏:《山东通志》卷28,见《四库全书》第540册,台北:台湾商务印书馆,1986年,第855~856页。
③ (清)国史馆:《清国史·循吏传》卷1,第12册,北京:中华书局,1993年影印清嘉业堂钞本,第18页。
④ (清)李周望:《国朝历科题名碑录初集》,见《北京图书馆古籍珍本丛刊》第116册,北京:书目文献出版社,1988年,第507页。此点汪宗衍《清史稿考异》中亦有考订。详见《清史稿考异》,香港:香港文会书舍,1985年,第153页。

史》所附或略识数语,或仅见姓名籍贯,不尽具事实也。今附传之例大都同一行省、时代相近,其或取事类相属者,必于传中标明大意,所采事迹初稿,主于详实,以杜滥入。"①此处《清史稿·循吏传》祖重光的传文显然背离了这一原则精神,似嫌不妥。

9. 张瑾

(康熙)十九年,授云南昆明知县。(四十三·一二九八五)

(康熙)十九年,授云南昆明知县。②

(康熙)十九年,授云南昆明知县。③

张瑾,南城人,康熙二十九年知昆明县……四载卒官。④

(康熙)癸卯举于乡,庚午县昆明。⑤

(康熙庚午)为昆明县知县。⑥

按:康熙庚午为康熙二十九年。上述材料中,嘉庆《重修大清一统志》《国朝耆献类征》和《碑传集》皆记张瑾授昆明知县的时间为"康熙二十九年",《清史稿》《清史列传》和《清国史》则记为"康熙十九年"。《清国史》与《清史列传》张瑾之传文,不仅内容完全相同,且文末皆注明材料来源于焦循《雕菰楼集》,而《碑传集》张瑾之传文作者正是焦循,该文记云:"焦子(焦循)曰:余

---

① (民国)夏孙桐:《观所尚斋文存》卷6《〈清史·循吏传〉编辑大意》,1939年蒲城忤墉本。
② (清)国史馆:《清国史·循吏传》卷2,第12册,北京:中华书局,1993年影印清嘉业堂钞本,第28页。
③ 王钟翰点校:《清史列传》卷7,北京:中华书局,1987年,第6109页。
④ (清)仁宗敕撰:嘉庆《重修大清一统志》之《云南府二·名宦》,见《四部丛刊续编·史部》第43册,上海:上海书店出版社,1984年。
⑤ (清)李桓:《国朝耆献类征》卷220《守令六》,清光绪十年(1884年)湘阴李氏刊本。
⑥ (清)钱仪吉:《碑传集》卷92《张君瑾治昆明记》,见《清代碑传全集》,上海:上海古籍出版社,1987年,第461页。

家藏张畏斋学博元贞书,先君曰:'此循吏张涤园子也。异日倘作吏,宜效涤园。'因以张氏家乘二卷示循。载行状、家传、墓志铭、轶事状及昆明人所作奠章碑文甚详,足以互相考证……因次序为此篇……涤园名瑾,字去瑕。"①可见,该篇传文是以张瑾的行状、家传、墓志铭、轶事及昆明人所作之奠章碑文等材料互相考证而成,内容应十分可信,而该文记张瑾授昆明知县的时间为"康熙二十九年",故张瑾授昆明知县的时间应为"康熙二十九年",《清史稿》误为"康熙十九年"。

另:嘉庆《重修大清一统志》载张瑾昆明知县任期为"四年",《清史稿》《国朝耆献类征》和《碑传集》皆记为"三年"。《清史稿》:"居三年,病卒。"《国朝耆献类征》:"以举人为县,三年卒。"②《碑传集》:"治昆明三年,以劳卒于官。"③

由上文可知,《碑传集》张瑾之传文材料十分可信,且有《清史稿》和《国朝耆献类征》可印证,而嘉庆《重修大清一统志》则为孤证,故张瑾昆明知县任期应为"三年",嘉庆《重修大清一统志》误为"四年"。

10. 贾朴

(康熙)四十年,诏举廉吏,(彭)鹏特疏荐,授江南苏州知府。(四十三·一二九八九)

(康熙)四十年,诏举品行清廉实心爱民之官,鹏特疏荐朴,有不纵苛敛、不收陋规之语。上召问,擢江南苏州知府。④

---

① (清)钱仪吉:《碑传集》卷92《张君瑾治昆明记》,见《清代碑传全集》,上海:上海古籍出版社,1987年,第460~461页。
② (清)李桓:《国朝耆献类征》卷220《守令六》,清光绪十年(1884年)湘阴李氏刊本。
③ (清)钱仪吉:《碑传集》卷92《张君瑾治昆明记》,见《清代碑传全集》,上海:上海古籍出版社,1987年,第460~461页。
④ (民国)徐世昌:《大清畿辅先哲传》卷31《贤能四》,天津徐氏刊本。

贾朴,故城人,康熙四十五年知苏州府。①

贾朴,□□人,康熙四十三年知苏州府。②

(康熙)丙戌五月,上以广西巡抚彭鹏保举,得旨召问 澹宁居,即擢知苏州府,越数月迁江常分巡道。③

按:康熙丙戌为康熙四十五年。《壬癸志稿》和《国朝耆献类征》皆记贾朴"康熙四十五年"知苏州知府,互为印证,且《国朝耆献类征》详细记录了提拔事件的前因后果,当属可信。唯嘉庆《直隶太仓州志》记为"康熙四十三年",为孤证,不足采信。此处从《壬癸志稿》等所记,贾朴知苏州知府应为"康熙四十五年"。另《清史稿》的记述方式,极易让人理解为贾朴任苏州知府为"康熙四十年",不妥。

康熙二十三年,授广西柳州同知。(四十三·一二九八八)

康熙三十三年由明经例授广西柳州同知。④

贾朴,直隶故城人,贡生,康熙三十四年任(广西柳州同知)。⑤

按:《清史稿》记贾朴授广西"柳州同知"的时间为"康熙二十三年",《大清畿辅先哲传》则记为"康熙三十三年",与《清史稿》异。乾隆《柳州府志》虽未记贾朴授广西柳州同知的具体时间,但记载贾朴"康熙三十四年"赴柳州同知任。因乾隆《柳州府志》为贾朴任职之地的地方志,其《秩官》部分详细载有本地

---

① (清)钱宝琛:《壬癸志稿》卷1《名宦》,清光绪六年(1880年)太仓钱氏存素堂刊本。
② (清)王昶:嘉庆《直隶太仓州志》卷10《名宦》,见《续修四库全书》第697册,上海:上海古籍出版社,2002年,第177页。
③ 李桓:《国朝耆献类征》卷209《监司五》,清光绪十年(1884年)湘阴李氏刊本。
④ (民国)徐世昌:《大清畿辅先哲传》卷31《贤能四》,天津徐氏刊本。
⑤ (清)王锦、吴光昇:乾隆《柳州府志》卷21《秩官》,见《故宫珍本丛刊》第197册,海口:海南出版社,2001年,第161页。

历任地方官的任职时间,且考虑到广西地处偏远,从授官到赴任确实需要较长的时间,则贾朴康熙三十三年授柳州同知,三十四年赴任是合乎情理的,故贾朴任柳州同知的时间为康熙三十三年应更可信。而若依《清史稿》所记贾朴康熙二十三年授官,至三十四年方才赴任,显然不合常理,故《清史稿》记"康熙二十三年,授广西柳州同知",误。贾朴授柳州同知为"康熙三十三年"。

11. 周中铉

康熙中为江南崇明县丞。崇明故重镇,兵籍千人,欲预取军食于官,不获,毂刃哗噪。官吏咸避匿,中铉独挺身前,宣布顺逆利害,感切耸动,众皆投械散。擢华亭知县,民有被诬杀人久系狱,中铉立出之,而坐其实杀人者。提标兵庇盗,前令莫敢问,中铉捕治置诸法,境内乂安。(康熙)四十三年秋,大霪雨以风,海水骤溢,漂数县。乃具衣糗棺椁救恤之,又为请赈蠲租,活民甚众。(四十三·一二九九三至一二九九四页)

康熙三年秋大霪雨,以风胡(天游)撰墓志海水骤溢,漂数县。①

康熙三年秋大霪雨,以风胡(天游)撰墓志海水骤溢,漂数县。②

甲辰秋,会大霪雨,以风鼓海骤溢,巨防盪蹴数百里。③

周中铉……雍正二年,邑被水灾,力请赈济,多所

---

① (清)国史馆:《清国史·循吏传》卷3,第12册,北京:中华书局,1993年影印清嘉业堂钞本,第55页。
② 王钟翰点校:《清史列传》卷74,北京:中华书局,1987年,第6148页。
③ (清)胡天游:《石笥山房集》卷6《特赠太仆卿周公墓志铭》,见《续修四库全书》第1425册,上海:上海古籍出版社,2002年,第433页。

苏全。①

雍正二年秋,会大淫雨,烈风鼓海骤溢,巨防盪蹴数百里,民漂溺不可胜数,没败稻获,县用凋匱,中铉约束吏勿追求,吊恤死疾,力请赈,多所苏全……石笥山房集参齐苏勒传。②

按:有关华亭发生大霪雨的具体时间,清代周中铉的传记资料记载十分混乱。《清史稿》记华亭大淫雨的时间为"四十三年",承接前文可知,此处年号应为"康熙",即《清史稿》记华亭发生大淫雨的时间为"康熙四十三年";《清国史》《清史列传》则记为"康熙三年";嘉庆《重修大清一统志》和嘉庆《松江府志》记为"雍正二年";《石笥山房集》笼统记为"甲辰",没有指明具体帝王年号,但根据周中铉的生活年代,这个"甲辰"只可能为"康熙三年"或"雍正二年"。各材料所记时间不仅与《清史稿》有异,且彼此之间也不尽相同。然而上述材料的共同点是它们皆表明周中铉是先任江南崇明县丞,后任华亭县令的。在嘉庆《直隶太仓州志》中记载着周中铉任江南崇明县丞的材料:"周中铉,山阴人,康熙五十四年任值镇标,兵士给饷稍迟,相聚鼓噪,僚吏瑟宿,中铉单骑驰晓大义,即投戈散,乃收其渠而戮之,一镇肃然。"③可见,周氏任崇明县丞时已经是康熙五十四年。嘉庆《松江府志》记载了周氏任华亭县令的具体时间:"周中铉……康熙六十一年,诏下所部择贤才吏胜治剧者,大吏以中铉名上,召见奏对称旨,授华亭知县。"周中铉任华亭县令已经为康熙六十一年,而华亭大淫雨就发生在其华亭县令任期,即

---

① (清)仁宗敕撰:嘉庆《重修大清一统志》之《松江府二·名宦》,见《四部丛刊续编·史部》第19册,上海:上海书店出版社,1984年。
② (清)宋如林、孙星衍等:嘉庆《松江府志》卷43《名宦四》,见《续修四库全书》第688册,上海:上海古籍出版社,2002年,第329~330页。
③ (清)王昶:嘉庆《直隶太仓州志》卷12,见《续修四库全书》第697册,上海:上海古籍出版社,2002年,第204页。

康熙六十一年之后,故《清国史》《清史列传》记载为"康熙三年",误。另《清国史》和《清史列传》周中铉传记中明确载明该部分材料来源于胡天游所撰周中铉墓志铭。该墓志收在胡天游《石笥山房集》中,原文为:"甲辰秋,会大淫雨,以风鼓海骤溢,巨防盗蹴数百里。"①我们看到,胡氏传记只笼统记载该事发生的时间为"甲辰",前面没加上帝王年号。但结合周中铉的生活时代,此处的"甲辰"年只可能是"康熙三年"或"雍正二年"。而在上文的分析中,"康熙三年"的可能性已被排除,故此处胡天游所指华亭大淫雨的"甲辰"年只可能为"雍正二年"。嘉庆《松江府志》和嘉庆《重修大清一统志》"雍正二年"的记载也印证了这一分析。故华亭大淫雨的时间应为"雍正二年",《清史稿》记为"康熙四十三年",误。《清国史》《清史列传》记为"康熙三年",亦误。

12. 廖冀亨

(康熙)四十七年,授江苏吴县知县。(四十三•一二九九七)

(康熙)四十六年,选授江苏吴县知县……冀亨以四十七年三月接任。②

(康熙)丁亥谒选授江苏吴县知县。③

(康熙)丁亥二月掣签得某缺,因特放扣除。余(廖冀亨)仍在京候选,十月选江苏吴县,十一月引见,十二月领

---

① (清)胡天游:《石笥山房集》卷6《特赠太仆卿周公墓志铭》,见《续修四库全书》第1425册,上海:上海古籍出版社,2002年,第433页。
② (民国)缪荃孙:《循良传稿》,稿本,不分卷,见《北京大学图书馆馆藏稿本丛书》第22册,天津:天津古籍出版社,1991年,第437页。
③ 刘家平、苏晓君:《中华历史人物别传集》第32册,北京:线装书局,2003年,第264页。

凭,戊子三月抵江苏吴县任。①

按:康熙丁亥为康熙四十六年,戊子为康熙四十七年。《清史稿》记廖冀亨授吴县知县时间为"康熙四十七年",《中华历史人物别传集》和《循良传稿》则记为"康熙四十六年",其实际赴任时间为"康熙四十七年",与《清史稿》异。因《中华历史人物别传集》收录之《求可堂自记》为廖冀亨自撰,且有《循良传稿》等印证,当属可信。故廖氏授吴县知县应为"康熙四十六年",《清史稿》记为"四十七年,授江苏吴县知县",误。

13. 陆师

康熙四十年进士。(四十三·一三零零零)

康熙四十年进士,授河南新安知县。②

康熙四十年进士,出知兖州、新安、仪征等县,累官监察御使。③

康熙庚辰进士。④

陆师:字麟度,浙江归安人,康熙三十九年进士,官兖宁道。⑤

按:康熙庚辰为康熙三十九年。上述材料中所记陆师中进士不尽相同,《清史稿》《国朝先正事略》和《增广尚友录统编》记陆师为"康熙四十年进士",《清朝御史题名录》和《国朝诗人征略》则记为"康熙三十九年进士",与《清史稿》等异。据《国朝历

---

① 刘家平、苏晓君:《中华历史人物别传集》第32册,北京:线装书局,2003年,第275页。
② (清)李元度:《国朝先正事略》卷51,长沙:岳麓书社,1991年,第1235页。
③ (清)应祖锡:《增广尚友录统编》卷19,清光绪二十八年(1902年)鸿宝斋石印本。
④ (清)苏树蕃:《清朝御史题名录·康熙六十年》,见《近代中国史料丛刊正编》第14辑第136册,台北:台湾文海出版社,1966—1995年,第214页。
⑤ (清)张维屏:《国朝诗人征略》卷18,清刊本。

科题名碑录初集》可知,康熙四十年未开科,陆师名字系于"康熙三十九年庚辰科"下:"陆师,浙江湖州府归安县人。"属康熙三十九年进士。① 故《清史稿》《国朝先正事略》《增广尚友录统编》记"康熙四十年进士",误。②

14. 陈德荣

(乾隆)十一年,迁安徽布政使,赈凤、颍水灾,流移获安。(四十三·一三零零五)

(乾隆)丙寅四月调安徽藩司,其治一如在黔时,方一载而卒于官,年五十九岁。③

(乾隆)十一年,调安徽布政使。④

(乾隆)十一年,升安徽布政使。⑤

(乾隆)十一年调安徽布政使,适凤、颍水灾,田庐漂没,急请发仓振恤,流民得以安集。建阳明书院,以实学开群士。⑥

乾隆十年十一月,内调安徽布政使。⑦

按:(乾隆)丙寅为乾隆十一年。上述《清史稿》《青溪集》《清国史》《大清畿辅先哲传》、光绪《畿辅通志》皆记陈德荣"乾

---

① (清)李周望:《国朝历科题名碑录初集》,见《北京图书馆古籍珍本丛刊》第116册,北京:书目文献出版社,1988年,第554页。
② 汪宗衍考辨了《清史稿》陆师传文中的错误,但《国朝先正事略》《增广尚友录统编》传文中的错误未见提及。详见汪宗衍:《清史稿考异》,香港:香港文会书舍,1985年,第153页。
③ (清)程廷祚:《青溪集》卷12《安徽布政使司布政使安州陈公行状》,1914至1916年蒋氏慎修书屋《金陵丛书乙集》铅印本。
④ (清)李鸿章、黄彭年:光绪《畿辅通志》卷232《列传》,见《续修四库全书》第638册,上海:上海古籍出版社,2002年,第476页。
⑤ (清)国史馆:《清国史·循吏传》卷4,第12册,北京:中华书局,1993年影印清嘉业堂钞本,第67页。
⑥ (民国)徐世昌:《大清畿辅先哲传》卷31《贤能四》,天津徐氏刊本。
⑦ 秦国经:《清代官员履历档案全编》第1册,上海:华东师范大学出版社,1997年,第502页上。

隆十一年"迁安徽布政使,唯《清代官员履历档案全编》记为"乾隆十年",与《清史稿》等异。查《清实录·高宗纯皇帝实录》"乾隆十年乙丑十一月":"安徽布政使李学裕故,调贵州布政使陈德荣为安徽布政使。"①《清代职官年表·布政使年表》亦记陈德荣于乾隆十年十一月由贵州布政使移任安徽布政使。② 可见,陈德荣调安徽布政使的时间应为"乾隆十年十一月",《清史稿》记为"乾隆十一年",误。《青溪集》《清国史》《大清畿辅先哲传》、光绪《畿辅通志》同误。

15. 叶新

康熙五十一年,顺天举人。(四十三·一三零一一)

康熙五十一年,顺天举人。③

叶新,字维一,浙江金华人。以康熙五十一年举顺天乡试。④

叶新,江西金华府金华县人,年三十四岁,康熙五十九年举人,候选知县。⑤

臣叶新系浙江金华府金华县人,年三十四岁,由廪膳生中康熙五十九年庚子科举人。⑥

按:《清史稿》《增广尚友录统编》《颜氏学记》皆记叶新为"康熙五十一年举人",而《清代官员履历档案全编》叶新自填履

---

① 《清实录·大清高宗纯皇帝实录》卷252"乾隆十年十一月",伪满洲"国务院"本。
② 钱实甫:《清代职官年表》,第3册,北京:中华书局,1980年,第1830页。
③ (清)应祖锡:《增广尚友录统编》卷21,清光绪二十八年(1902年)鸿宝斋石印本。
④ (清)戴望:《颜氏学记》卷10,见《丛书集成续编》第77册,上海:上海书店出版社,1994年,第1015页。
⑤ 秦国经:《清代官员履历档案全编》第10册,上海:华东师范大学出版社,1997年,第574下。
⑥ 秦国经:《清代官员履历档案全编》第10册,上海:华东师范大学出版社,1997年,第577下。

历和由别人代写的履历皆记为"康熙五十九年庚子科举人",因《清代官员履历档案全编》本身为官员履历档案资料,属于第一手资料。其中一条材料又为叶新亲手填注,且两条材料互为印证,当属可信,叶新应为"康熙五十九年举人",《清史稿》作"康熙五十一年"举人,误。

> 雍正五年,以知县拣发四川,授仁寿县。(四十三·一三零一一)

> 雍正五年,就吏部拣选,往四川试用知县,既署理华阳县事,寻补仁寿。①

> 叶新,字维一……雍正五年以知县试用四川,既至,权华阳,寻补仁寿。②

> 雍正五年,以知县试用四川。既至,权华阳,寻补仁寿。③

> 雍正五年,就吏部拣选,往四川试用知县。既署理华阳县事,寻补仁寿。④

> 叶新,字惟一……雍正五年,出知华阳县。⑤

> 叶新,金华人,雍正七年知仁寿县。⑥

按:上述《清史列传》《颜氏学记》《国朝先生事略》《清代七百名人传》皆记明叶新以知县发四川,曾先署华阳县,后补仁

---

① 王钟翰点校:《清史列传》卷75,北京:中华书局,1987年,第6169页。
② (清)戴望:《颜氏学记》卷10,见《丛书集成续编》第77册,上海:上海书店出版社,1994年,第1015页。
③ (清)李元度:《国朝先正事略》卷52,长沙:岳麓书社,1991年,第1242页。
④ 蔡冠洛:《清代七百名人传》第一编,北京:中国书店出版社,1984年,第159页。
⑤ (清)应祖锡:《增广尚友录统编》卷21,清光绪二十八年(1902年)鸿宝斋石印本。
⑥ (清)仁宗敕撰:嘉庆《重修大清一统志·资州直隶州·名宦》,见《四部丛刊续编·史部》第39册,上海:上海书店出版社,1984年。

寿。《增广尚友录统编》、嘉庆《重修大清一统志》所记叶新任职两地的具体时间亦为上述材料所记提供了辅证。《清史稿》的记述方式,容易让人理解为叶新发四川后,被直接授仁寿知县,不妥。

16. 陈庆门

雍正元年进士。(四十三·一三零一三)

雍正元年进士。①

雍正元年进士。②

雍正元年进士。③

臣陈庆门,陕西西安府盩厔县人,年四十八岁,雍正二年进士,候选知县,今掣得江南庐州府庐江县知县缺。④

按:上述《清史稿》《清史列传》《国朝耆献类征》《国史贤良循吏儒林传》皆记陈庆门为"雍正元年进士",唯《清代官员履历档案全编》记为"雍正二年进士",与《清史稿》等异。《清代官员履历档案全编》为陈庆门自撰履历,应属可信。《国朝历科题名碑录初集》中,陈庆门亦系于"雍正二年甲辰科"下:"陈庆门,陕西西安府盩厔县人。"⑤属雍正二年进士。⑥ 故《清史稿》《国史贤良循吏儒林传》《国朝耆献类征》《清史列传》记陈庆门"雍正元年进士",皆误,应为"雍正二年进士"。

---

① 王钟翰点校:《清史列传》卷74,北京:中华书局,1987年,第6183页。
② (清)李桓:《国朝耆献类征》卷227《守令三》,清光绪十年(1884年)湘阴李氏刊本。
③ (清)国史馆:《国史贤良循吏儒林文苑传·国史循吏传》卷1,清光绪刻本。
④ 秦国经:《清代官员履历档案全编》第11册,上海:华东师范大学出版社,1997年,第226页下。
⑤ (清)李周望:《国朝历科题名碑录初集》,见《北京图书馆古籍珍本丛刊》第116册,北京:书目文献出版社,1988年,第585页。
⑥ 此点汪宗衍《清史稿考异》亦有记述。详见汪宗衍:《清史稿考异》,香港:香港文会书舍,1985年,第153页。

17. 李渭

雍正二年，出为湖南岳州知府，诏许密折奏事。（四十三·一三零一八）

雍正二年，授岳州府知府。①

雍正二年四月原任刑部尚书励廷仪等保举，升授刑部云南司主事，四年正月引见，记名一等，升授湖南岳州府知府。②

岳州知府：李渭，直隶高邑进士，雍正四年任。③

雍正二年，司寇高公励公应诏举公能胜道府之任，授岳州府知府。④

按：上述诸材料所记李渭任岳州知府的时间不尽相同，《清史稿》和《大清畿辅先哲传》记李渭出授湖南岳州知府时间为"雍正二年"，而《清代官员履历档案全编》则记李渭"雍正四年正月"后才升授湖南岳州知府，与《清史稿》异。光绪《湖南通志》虽未载明其"升授"时间，但记其赴任时间为"雍正四年"。因《清代官员履历档案全编》为官员履历档案资料，很多材料都是由官员本人填写而成，为第一手资料，当属可信。而《清代官员履历档案全编》中明确交代雍正二年，李渭升授的官职为"刑部云南司主事"，而非湖南岳州知府。另光绪《湖南通志》作为李渭任职地湖南的地方志，亦记李渭"雍正四年"赴岳州知府。且如果如《清史稿》所记，李渭雍正二年即出为湖南岳州知府的话，没有什么特别的理由让他迟至雍正四年方才赴任。综上所

---

① （民国）徐世昌：《大清畿辅先哲传》卷31《贤能四》，天津徐氏刊本。
② 秦国经：《清代官员履历档案全编》第15册，上海：华东师范大学出版社，1997年，第778页下。
③ （清）卞宝第、曾国荃：光绪《湖南通志》卷121《职官》，见《续修四库全书》第664册，上海：上海古籍出版社，2002年，第240页。
④ （清）钱仪吉：《碑传集》卷83《山东布政使李公渭墓志铭》，见《清代碑传全集》，上海：上海古籍出版社，1987年，第422页。

述,李渭任岳州知府的时间应为"雍正四年"。《清史稿》"雍正二年,出为湖南岳州知府",有误。据此,《碑传集》墓志铭"雍正二年,司寇高公励公应诏举公能胜道府之任,授岳州府知府",此处"雍正二年"应理解为李渭被保举时间,而非授岳州知府时间。

18. 牛运震

> 乾隆元年,召试博学鸿词,不遇。(四十三·一三零二一)

雍正十三年,举博学鸿词科。东抚岳公引荐,省试十一次,书、经、诗赋以及天文、地理、水道、兵法、诸子百家之文,皆条晰明畅,每呈文,即击节称快,谓:"鸿博无出其右者。"(乾隆)丙辰,召试,竟以赋长策多典故被落。①

(雍正)十三年诏举博学鸿词,巡抚岳浚以运震应廷试,以文逾格报罢。②

世宗十三年,诏举博学宏词,山东巡抚岳浚选君(牛运震)以应,先策试以山东分星地势海防河渠之学,君对以魏陈卓星度,为西法入中国所改,不合于古。及禹贡职方之所以异议,以山东形势要害,在青州穆陵青石二关,海防巡外洋,不如守内洋,河防宜筹沁黄交斗,及决漕通淮之害,皆稽合图志,通晓时务,东方硕学,无出其右,至都,以文逾格报罢。③

---

① 蒋致中:《牛运震年谱》附录《行状》,台北:台湾商务印书馆,1933年。
② (清)国史馆:《清国史·循吏传》卷5,第12册,北京:中华书局,1993年影印清嘉业堂钞本,第88页。
③ (清)孙星衍:《岱南阁集》卷2《清故赐进士出身荐举博学宏词平番县知县牛君墓表》,见《丛书集成初编》第2524册,上海:商务印书馆,1935—1937年排印本,第54~55页。

按：上述材料所记牛运震被召试博学鸿词的时间不尽相同，《牛运震年谱》《清国史》和《岱南阁集》皆记为"雍正十三年"，唯《清史稿》记为"乾隆元年"。因前者不仅有年谱和碑传资料，且可互为印证，当属可信。而《清史稿》所记本身为孤证，故牛运震召试博学鸿词的时间应为"雍正十三年"，《清史稿》记为"乾隆元年"，误。

19. 邵大业

（乾隆）十六年，高宗南巡，御舟左右挽行，名蝦须纤。大业语从臣，除道增纤必病民，非所以宣上德意，遂改单纤。（四十三·一三零二三）

乾隆十六年，高宗幸江南，大业条具巡方事宜，不遗不扰，御舟左右分两岸挽行，名蝦须纤。而苏城水狭民稠，议者欲毁两岸田庐以便双行，大业请于向导大臣得改单纤。①

（乾隆）辛未，今皇上初幸江南，咸究鲜据，属君条具，列上颁行之。御舟左右分两岸挽行，名虾须纤，君语向导大臣曰："除道增纤则必毁庐舍、平田塍、伐桑柘、梁支河、塞汊港，若此非所以宣上德意也。"遂改单纤。②

十六年，高宗幸江南，御舟左右分两岸挽行，名虾须纤。大业语从臣曰，除道增纤，必毁庐舍，平田畴，伐桑柘、梁支河、塞汊港，非所以宣上德意也，遂改单纤。③

按：上述材料中，《清史稿》和《大清畿辅先哲传》记为"蝦须纤"，《碑传集》和《清代七百名人传》则记为"虾须纤"，与《清史稿》等异。

---

① （民国）徐世昌：《大清畿辅先哲传》卷21《文学三》，天津徐氏刊本。
② （清）钱仪吉：《碑传集》卷105《江南徐州府知府邵公大业家传》，见《清代碑传全集》，上海：上海古籍出版社，1987年，第514页。
③ 蔡冠洛：《清代七百名人传》第一编，北京：中国书店出版社，1984年，第22~23页。

《辞源》释"䲞":①大。方言一:"戎秦晋之间凡物壮大谓之䲞。"②福。③古代祭祀,祝(执事人)为尸(受祭者)向主人致福叫䲞。① 这三层语意,无论哪一条放入《清史稿》所云"䲞须纤"这一具体语言环境中,皆令人难以理解。

"虾""须"二字联用,用以形容"御舟左右分两岸挽行",状如虾子的长须,生动而形象。可见,《清史稿》之"䲞须纤"应为"虾(其繁体字为"蝦")须纤"之误。

(乾隆)二十八年,授徐州知府。(四十三·一三零二四)

(乾隆)壬午驾南幸,徐州为入境首程,守数更替,事多废阙,乃以君摄郡事,驾至即真授。②

(乾隆)二十七年上三幸江南,徐州为入境首程,守数更替,事多废阕,乃以大业摄之,驾至,召实授。③

邵大业,直隶人,年三十三岁,由进士原任湖北知县,行取注册候升主事。乾隆二十七年二月内用江苏徐州府知府。④

乾隆辛巳,皇帝下诏于明年南巡狩,而重念彭门河防要地,将再幸,大业于是冬奉檄摄郡事。⑤

按:乾隆辛巳为乾隆二十六年,乾隆壬午为乾隆二十七年。上述材料所记邵氏授徐州知府的时间不尽相同,《清史稿》记为"乾隆二十八年";《碑传集》《大清畿辅先哲传》和《清代官员履历档案全编》皆记为"乾隆二十七年";而《清文汇》记为乾隆二

---

① 商务印书馆编辑部:《辞源》,北京:商务印书馆,1979年,第545页。
② (清)钱仪吉:《碑传集》卷105《江南徐州府知府邵公大业家传》,见《清代碑传全集》,上海:上海书店出版社,1987年,第514页。
③ (民国)徐世昌:《大清畿辅先哲传》卷21《文学三》,天津徐氏刊本。
④ 秦国经:《清代官员履历档案全编》第2册,上海:华东师范大学出版社,1997年,第70页上。
⑤ (民国)沈粹芬:《清文汇·甲集》卷60《重修徐州府苏堤碑记》,北京:北京出版社,1996年,第1411页。按:该文为邵大业所撰。

十六年冬。因后者《清文汇》所录材料为邵大业自记材料,在上述所有材料中,可信度最高。故邵氏授徐州知府的准确时间应为"乾隆二十六年冬",《清史稿》作"乾隆二十八年",误。

> 府城三面濒黄河,西北隅尤当冲,虽有重堤,恃韩家山埧为固。大业按视得苏公旧堤,起城西云龙山,迄城北月堤,长三里,湮为民居,复其旧。(四十三·一三零二四)

按:《清史稿》直接表述此堤为"苏公旧堤"。邵大业曾撰《重修徐州府苏堤碑记》一文,专门考证了该堤的修筑历史,文中明确指出"今堤之建于苏公,真伪不可知",①故《清史稿》这种直表述为"苏公旧堤"的提法,似嫌不妥。

> (乾隆)三十四年,坐妖匪割辫事罢职,谪戍军台。(四十三·一三零二四)

> (乾隆)三十四年循例引见,还道闻讹言妖匪割辫事,至即坐是落职,谪戍军台。②

> (乾隆)戊子春君循例引见,还道闻讹言妖匪割辫事,至即坐是落职,谪戍军台,遂不复用。③

> (乾隆)三十三年俸满入觐还,会有讹言妖匪割辫之事,坐查办不力落职,戍军台,期未满卒。④

> 又谕、前因匪犯偷割发辫一事……邵大业、申梦玺乃屡经获罪复用之员,在江南久任方面大员,号称能事。其实熏染上和下睦之颓风,素性模棱两可。谓可自居无过,从不肯实心任事,以致地方酿成匪案。又一切置之不问,

---

① (民国)沈粹芬:《清文汇·甲集》卷60《重修徐州府苏堤碑记》,北京:北京出版社,1996年,第1411页。
② 蔡冠洛:《清代七百名人传》第一编,北京:中国书店出版社,1984年,第23页。
③ (清)钱仪吉:《碑传集》卷105《江南徐州府知府邵公大业家传》,见《清代碑传全集》,上海:上海书店出版社,1987年,第514页。
④ (民国)徐世昌:《大清畿辅先哲传》卷21《文学三》,天津徐氏刊本。

其情更为可恶。俱着革职,发往台站、效力赎罪。①

按:乾隆戊子为乾隆三十三年。上述材料所记邵大业坐妖匪割辫罢职发生的时间不尽相同。《清史稿》和《清代七百名人传》皆记为"乾隆三十四年";《碑传集》《大清畿辅先哲传》记为"乾隆三十三年";《清高宗实录》中,该事被系于"乾隆三十三年九月"项下,与《碑传集》等相同。《碑传文》所收为邵氏家传,《清高宗实录》属中央档案材料,且皆与《大清畿辅先哲传》所记相合,当属可信。故综上所述,邵大业坐妖匪割辫事罢职应发生在"乾隆三十三年",《清史稿》记为乾隆"三十四年",误。《清代七百名人传》同误。

20. 周克开

(乾隆)十九年,以明通榜授甘肃陇西知县。调宁朔……再以卓异荐,擢固原知州,父忧去。服阙,补洮州。寻擢贵州都匀知府……调贵阳,亦以强直忤巡抚宫兆麟,因公累解职。引见,复授山西蒲州知府,调太原……擢江西吉南赣宁道,署布政使,以王锡侯书案被议。高宗知其贤,发江南,以同知用。会南巡,克开署江宁府,迎驾,授江西九江知府,寻擢浙江粮储道。(四十三·一三零二四至一三零二五)

(乾隆)甲戌明通榜,特旨发往甘肃,以知县用。摄张掖、古浪事,补陇西,摄西宁、宁朔,擢固原知州,以父忧去。服除,补云南姚州,迁贵州都匀府知府,失察江西客民刘秀星欠官钱罢职,事白,发山西以知府用,补蒲州,擢江西吉南赣宁巡道,署布政使事,以新昌举人王锡侯书案被逮当军台效力。有旨平日居官尚好,准赎罪,发江南以同知委

---

① 《清实录·大清高宗纯皇帝实录》卷189"乾隆三十三年九月",伪满洲"国务院"本。

用,摄江宁知府,旋真授江西九江,擢浙江粮储道,调杭嘉湖道,卒于官……子中书舍人有声与怀玉为同官,手状以示,谨条系其事俾列家乘,庶后之传循吏者有所考云。①

乾隆十九年以明通榜引见,发甘肃以知县用,授陇西知县,调宁朔……再以卓异荐擢知固原州,父丧去官,服终,为姚州知州,擢都匀府知府,调贵阳府……以公累解职,引见复授蒲州府知府,调太原府……擢吉南赣宁道,署布政使事,以王锡侯书案被罪,然高宗素知君贤吏也,乃发江南以同知用,值驾南巡,君以署江宁府见,上命知九江府,擢浙江粮储道,又调杭嘉湖海防道。②

公讳克开,姓周氏,字乾三,号梅圃……公子内阁中书舍人有声闻丧星奔,将奉公柩归乡以葬,嘱余为铭,余尝见公于江宁,又客太原为公旧治,故老犹能述公治行,公子以余尝典学于其乡,师事余,是以不可辞。按状:公以乡贡士中乾隆十九年会试明通榜,引见发甘肃以知县用,盖创举也,值甘肃军兴,即协办军务,署张掖、古浪,实授陇西,调宁朔,凡历四县,擢知固原州,以忧去,复补云南姚州知州,特擢贵州都匀府知府,调贵阳,缘事罢,复用为山西蒲州府知府,调太原,擢江西吉南赣宁道,署布政司使事,坐失出逆书案,吏议效力军台,圣恩许赎罪,即命往江南,以同知用,署知江宁府事,特除江西九江府知府,调南昌,未几,即擢浙江粮储道,调补今职(浙江杭嘉湖海防兵备道)。此公场历之本末也……子三,长即有声。③

---

① (清)李桓:《国朝耆献类征》卷211《监司七》,清光绪十年(1884年)湘阴李氏刊本。
② (清)李桓:《国朝耆献类征》卷211《监司七》,清光绪十年(1884年)湘阴李氏刊本。
③ (清)卢文弨:《抱经堂文集》卷33《浙江杭嘉湖海防兵备道周公墓志铭》,见《丛书集成初编》第2503册,上海:商务印书馆,1935—1937年排印本,第442页。

周克开,湖南人,年四十八岁,由举人以知县用,乾隆二十一年四月内用甘肃知县,三十四年七月内用云南姚州知州。①

按:上述材料中,《清史稿》记周克开丁父忧,服阙补官云:"(乾隆)十九年,以明通榜授甘肃陇西知县。调宁朔……再以卓异荐,擢固原知州,父忧去。服阙,补洮州。"承接上文,此处"洮州"应指甘肃洮州,周克开所任之职即为"甘肃洮州厅"同知,而在上文列举的《国朝耆献类征》赵怀玉所撰周克开别传、姚鼐撰墓志铭、《抱经堂文集》卢文弨撰墓志铭、《清代官员履历档案全编》周氏履历等材料中,皆没有任何有关周克开任职"甘肃洮州厅"同知的信息,反而皆记载周氏服阙后补"云南姚州"知州,与《清史稿》异。上述列举材料显示,《国朝耆献类征》赵怀玉所撰周氏别传和《抱经堂文集》卢文弨撰周氏墓志铭,皆是根据周克开长子周有声提供的行状撰成:"子中书舍人有声与怀玉为同官,手状以示,谨条系其事俾列家乘,庶后之传循吏者有所考云","公子内阁中书舍人有声闻丧星奔,将奉公柩归乡以葬,嘱余(卢文弨)为铭,余尝见公于江宁,又客太原为公旧治,故老犹能述公治行,公子以余尝典学于其乡,师事余,是以不可辞。按状:公以乡贡士中乾隆十九年会试明通榜,引见发甘肃以知县用,盖创举也,值甘肃军兴,即协办军务,署张掖、古浪,实授陇西,调宁朔,凡历四县,擢知固原州,以忧去,复补云南姚州知州……子三,长即有声。"②而《清代官员履历档案全编》属档案材料,且这些材料所记相同,可互为印证,当属可信。故周克开曾任职"云南姚州知州",是可信的。如果周克开曾任

---

① 秦国经:《清代官员履历档案全编》第2册,上海:华东师范大学出版社,1997年,第237页下。
② (清)卢文弨:《抱经堂文集》卷33《浙江杭嘉湖海防兵备道周公墓志铭》,见《丛书集成初编》第2503册,上海:商务印书馆,1935—1937年排印本,第442页。

职甘肃"洮州"同知,那么上述多篇周氏墓志铭、别传和档案资料中不可能不留下任何相关信息。因为在这些材料中,一些被《清史稿》撰者省略的周克开署职信息,如"摄张掖、古浪事……摄西宁、宁朔"等,皆有记录。查光绪《洮州厅志》卷10《职官》"抚番同知"下所系历任洮州抚番同知名单,也未见周克开其人。① 故周克开任"洮州厅"同知不足采信,出现上述现象唯一的可能是因"洮"和"姚"字形相近,《清史稿》将"云南姚州"误为"甘肃洮州"。

21. 言如泗

(乾隆)十四年,铨授山西垣曲知县。(四十三·一三零二七)

(乾隆)十四年,铨授山西垣曲知县。②

言如泗,江苏人,年四十六岁,由贡生乾隆十三年用山西知县。③

臣言如泗,江苏苏州府昭文县贡生,年三十一岁,教习期满引见,奉旨著以知县即用,今签掣得山西绛州垣曲县缺,敬缮履历,恭呈御览,谨奏。乾隆十三年十一月二十七日。④

按:上述材料所记言氏任垣曲知县的时间不尽相同,《清史

---

① (清)张彦笃、包永昌:光绪《洮州厅志》卷10《职官》,1934年杨积庆铅印本。该志记有洮州厅历任同知姓名和任职时间,最早者为乾隆四十六年王笃祜,最迟者为光绪三十三年张彦笃。而该志所记其他官职如掌印守备最早可追溯至康熙十年赵宗文,甚至记有明代历任军民指挥使司之姓名,很可能乾隆四十六年始设"洮州厅同知"。
② (民国)缪荃孙等:《江苏省通志稿》卷17《名宦八》,南京:江苏古籍出版社,2000年,第405页。
③ 秦国经:《清代官员履历档案全编》第2册,上海:华东师范大学出版社,1997年,第68页上。
④ 秦国经:《清代官员履历档案全编》第18册,上海:华东师范大学出版社,1997年,第591页下。

稿》和《江苏省通志稿》记为"乾隆十四年",《清代官员履历档案全编》记为"乾隆十三年",与《清史稿》异。因《清代官员履历档案全编》本身为档案资料,且为言如泗自撰的引见折,当属可信。核诸光绪《垣曲县志》,其卷五《职官》历任知县项下记云:"言如泗,江苏昭文恩贡,教习,乾隆十三年任,调闻喜。"其《宦绩志》亦云:"言如泗……乾隆十三年任县令。"①可见,言如泗任垣曲知县的时间确实为"乾隆十三年"。②《清史稿》记为"乾隆十四年",误。

22. 汪辉祖

汪辉祖,字龙庄。(四十三·一三零二九)

汪辉祖,字焕曾,号龙庄。③

君姓汪名辉祖,字焕曾,号龙庄,晚号归庐。④

汪辉祖,字焕曾,号龙庄。⑤

君讳辉祖,号龙庄。⑥

君讳辉祖,字焕曾,号龙庄。⑦

---

① (清)薛元钊、张于铸:光绪《垣曲县志》卷7《宦绩》,见《中国地方志集成·山西府县志辑》第61册,南京:凤凰出版社,2005年,第122页。

② (清)薛元钊、张于铸:光绪《垣曲县志》卷5《职官》,见《中国地方志集成·山西府县志辑》第61册,南京:凤凰出版社,2005年,第81页。

③ 蔡冠洛:《清代七百名人传》第一编,北京:中国书店出版社,1984年,第204页。

④ (清)阮元:《揅经室二集》卷3《循吏汪辉祖传》,见《续修四库全书》第1479册,上海:上海古籍出版社,2002年,第95~96页。

⑤ (民国)缪荃孙:《循良传稿》,不分卷,稿本,见《北京大学图书馆馆藏稿本丛书》第22册,天津:天津古籍出版社,1991年,第475页。

⑥ (清)吴锡麟:《有正味斋骈体文续集》卷8《汪龙庄同年诔》,见《续修四库全书》第1469册,上海:上海古籍出版社,2002年,第180页。

⑦ 钱仲联:《广碑传集》卷6《萧山汪君墓志铭》,苏州:苏州大学出版社,1999年,第408页。

君姓汪氏,讳辉祖,字焕曾,号龙庄,晚号归庐。①
汪辉祖,字焕曾,号龙庄。②

按:上述材料所记汪辉祖的字号不尽相同,《清史稿》记汪辉祖"字龙庄",而《清代七百名人传》《揅经室二集》《循良传稿》《有正味斋骈体文续集》《广碑传集》《元史本证》所附汪辉祖之行状和《增广尚友录统编》皆记之为"号"。因《清代七百名人传》等材料涵盖行状、碑传文等多种材料,且可互相印证,而《清史稿》属孤证,故此处应从《清代七百名人传》等所记,汪辉祖应为"号龙庄",《清史稿》记"字龙庄",误。另汪辉祖"字焕曾",上述材料无异议,可采信。

乾隆二十一年成进士。(四十三·一三零二九)
乾隆三十一年成进士。③
乾隆三十一年成进士,授湖南宁远知县。④
乾隆三十一年成进士。⑤
乾隆三十一年进士。⑥
乾隆三十一年成进士。⑦
(乾隆)戊子乡试中式,乙未与余(吴锡麟)同榜进士引

---

① (清)汪辉祖:《元史本证》附录《汪龙庄行状》,北京:中华书局,1984年点校本,第585页。
② (清)应祖锡:《增广尚友录统编》卷11,清光绪二十八年(1902年)鸿宝斋石印本。
③ 蔡冠洛:《清代七百名人传》第一编,北京:中国书店出版社,1984年,第204页。
④ (清)国史馆:《清国史·循吏传》卷6,第12册,北京:中华书局,1993年影印清嘉业堂钞本,第107页。
⑤ (民国)缪荃孙:《循良传稿》,不分卷,稿本,见《北京大学图书馆馆藏稿本丛书》第22册,天津:天津古籍出版社,1991年,第475页。
⑥ (清)李元度:《国朝先正事略》卷53,长沙:岳麓书社,1991年,第1261页。
⑦ (清)应祖锡:《增广尚友录统编》卷11,清光绪二十八年(1902年)鸿宝斋石印本。

见归班铨选。①

君以(乾隆)戊子年举于乡。越七年,乙未成进士。②

乾隆戊子举于乡,年已三十有九。又七年乙未成进士。③

(乾隆)三十三年戊子,三十九岁,馆乌程……七月至省乡试……九月初八日回乌程见题名录,知中式第三名举人。④

(乾隆)四十年乙未,四十六岁。正月赴礼部会试……四月初九日揭晓,中式第四十六名……二十一日殿试。二十五日,胪唱第二甲第二十八名,赐进士出身。⑤

按:乾隆戊子为乾隆三十三年,乙未为乾隆四十年。上述诸材料所记汪辉祖中进士的时间不尽相同。《清史稿》记为"乾隆二十一年";《清代七百名人传》《清国史》《循良传稿》《国朝先正事略》《增广尚友录统编》皆记为"乾隆三十一年";《有正味斋骈体文续集》《广碑传集》《元史本证》《病榻梦痕录》则记为"乾隆四十年进士"。《病榻梦痕录》本身为年谱形式,由汪辉祖之子根据汪辉祖口述,记录整理而成,且经过了汪辉祖本人校阅。而身为封建文人的汪辉祖,是不可能记错自己中进士的时间的。《有正味斋骈体文续集》作者吴锡麟,和汪辉祖同年中进士,"(乾隆)戊子乡试中式,乙未与余(吴锡麟)同榜进士引见归

---

① (清)吴锡麟:《有正味斋骈体文续集》卷8《汪龙庄同年诔》,见《续修四库全书》第1469册,上海:上海古籍出版社,2002年,第180页。
② 钱仲联:《广碑传集》卷6《萧山汪君墓志铭》,苏州:苏州大学出版社,1999年,第408页。
③ (清)汪辉祖:《元史本证》附录《汪龙庄行状》,北京:中华书局,1984年点校本,第587页。
④ (清)汪辉祖、汪继培:《病榻梦痕录》卷上,见《北京图书馆馆藏珍本年谱丛刊》第107册,北京:北京图书馆出版社,1999年,第71~72页。
⑤ (清)汪辉祖、汪继培:《病榻梦痕录》卷上,见《北京图书馆馆藏珍本年谱丛刊》第107册,北京:北京图书馆出版社,1999年,第84~88页。

班铨选",故其所记也当属可信。而汪龙庄行状的作者王宗炎,和汪辉祖友谊深厚,文中记云:"(王)宗炎始冠而识君(汪辉祖),君年长过倍,折行辈与交,三十余年资其直谅,多闻规诲补救以自淑也。及君徙居,衡宇相望,无日不相往来,通书而读,易子而教,心术之微,行事之详,有他人所不及知者。君作《梦痕录》,宗炎实发其端,谓不及今记载,后世谁相知,传君行事。比书之成,芟校商榷,咸与斯役。疾既革,握手诀别,以坿棺仪事属宗炎助正。盖君交最慎,心知不过数人,老而零落殆尽,惟宗炎终始之。"①故其所记应不谬。而上述三人皆记载汪辉祖为"乾隆四十年进士",可互为印证,故汪辉祖应为"乾隆四十年进士"。核诸《明清进士题名碑录索引》②,汪辉祖确实系于"乾隆四十年乙未"科下,为"乾隆四十年进士"。据此,《清史稿》记汪辉祖"乾隆二十一年进士",误。《清代七百名人传》《清国史》《循良传稿》《国朝先正事略》《增广尚友录统编》等记"乾隆三十一年",亦误。

23. 吴焕彩

吴焕彩,字蕴之,福建安定人。(四十三·一三零三三)

臣吴焕彩,福建泉州府南安县人,年三十八岁,乾隆二十五年进士,候选知县,今掣签得安徽宁国府泾县知县缺,敬缮履历,恭呈御览,谨奏。乾隆三十五年二月三十日。③

吴焕彩,福建泉州府南安县进士,年五十岁,现任山东曹州府范县知县,卓异。乾隆四十六年十月分推升湖北宜

---

① (清)汪辉祖:《元史本证》附录《汪龙庄行状》,北京:中华书局,1984年点校本,第587~596页。
② 朱保炯、谢沛霖:《明清进士题名碑录索引》下册,上海:上海古籍出版社,1980年,第2741页。
③ 秦国经:《清代官员履历档案全编》第19册,上海:华东师范大学出版社,1997年,第657页下。

昌府鹤峰州知州缺。①

臣吴焕彩,福建泉州府南安县进士,年五十岁,现任山东范县知县。乾隆四十一年四月引见,奉旨准其卓异注册,回任候升,四十六年十月分签升湖北宜昌府鹤峰州知州缺。敬缮履历,恭呈御览,谨奏。乾隆四十七年七月二十七日。②

先生姓吴氏,讳焕彩,字蕴之,别字屺来,闽之南安人……往余读阳湖恽敬氏文,见所为书山东知县事,把卷延慕,慨想其为人。及与裕中(吴焕彩之子)同官浙中相友善,间出其尊府君(吴焕彩)行状示余,乃知山东知县者即先生也。然窃怪恽氏所书既弗详,而复多歧误,岂传闻异辞,官中事类如斯,不足据耶。裕中请为先生作传,诺之。③

按:上述材料中,《清史稿》记吴焕彩"福建安定人",而《清代官员履历档案全编》和《国朝耆献类征》则记为"福建南安人",与《清史稿》异。对照《清史稿》吴焕彩传事迹和上述材料所记可知,他们所指为同一人。《清代官员履历档案全编》材料为吴焕彩自撰履历档案,且有《国朝耆献类征》吕璜所撰的吴氏传文印证,较为可信。而由上面列举的材料可知,吕璜的传文是根据吴焕彩之子提供的吴氏行状撰成,亦应可信。另查谭其骧《中国历史地图集》清代卷,清代福建没有"安定",故《清史稿》记为吴焕彩"福建安定人",必误。此处应从《清代官员履历档案全编》等所记,吴焕彩为"福建南安人"。

---

① 秦国经:《清代官员履历档案全编》第 21 册,上海:华东师范大学出版社,1997 年,第 440 页上。
② 秦国经:《清代官员履历档案全编》第 21 册,上海:华东师范大学出版社,1997 年,第 444 页上。
③ (清)李桓:《国朝耆献类征》卷 239《守令二十五》,清光绪十年(1884 年)湘阴李氏刊本。

24. 纪大奎

纪大奎,字慎斋,江西临川人。(四十三·一三零六六)

纪大奎,字慎斋,临川人。①

先祖考姓纪氏,讳大奎,字向辰,别号慎斋。②

纪大奎,字向辰。③

按:上述材料所记纪大奎之"字"不尽相同,《清史稿》《畴人传三编》皆记"字慎斋",《续碑传集》和《崇祀录》则记为"字向辰",《崇祀录》还明确指出"慎斋"为纪氏之"号",与《清史稿》等异。因《崇祀录》为纪大奎后人所作,文章首称"先祖考姓纪氏,讳大奎,字向辰,别号慎斋",应可采信。故《清史稿》《畴人传三编》所记有误,此处应从《崇祀录》所记,纪大奎,"字向辰,别号慎斋"。

(乾隆)五十年,议叙知县,发山东,署商河。(四十三·一三零六六)

(乾隆)甲辰议叙知县,乙巳分发山东……丙午署商河县。④

(乾隆)甲辰议叙知县,分发山东,署商河县知县。⑤

---

① (清)诸可宝:《畴人传三编》卷2,见《丛书集成续编》第36册,上海:上海书店出版社,1994年,第276页。
② 刘家平、苏晓君:《中华历史人物别传集·崇祀录》第37册,北京:线装书局,2003年,第365页。
③ (民国)缪荃孙:《续碑传集》卷40《纪大奎传》,见《清代碑传全集》,上海:上海古籍出版社,1987年,第1006页。
④ 刘家平、苏晓君:《中华历史人物别传集·崇祀录》第37册,北京:线装书局,2003年,第366页。
⑤ 刘家平、苏晓君:《中华历史人物别传集》第37册,北京:线装书局,2003年,第346页。

(乾隆)乙巳春报满,以知县议叙引见,发山左。①

(乾隆)丙午试篆商河。②

按:乾隆甲辰为乾隆四十九年,乙巳为乾隆五十年,丙午为乾隆五十一年。

《崇祀录》记纪大奎"(乾隆)甲辰议叙知县,乙巳分发山东……丙午署商河县"。同书的其他材料和《双桂堂稿》亦证明了这一表述的正确性。即纪大奎乾隆四十九年,被议叙知县;乾隆五十年,发山东;乾隆五十一年署理商河。此处《清史稿》记为"(乾隆)五十年,议叙知县,发山东,署商河"。将议叙知县、发山东和署商河混记在一起,容易让人理解成这三件事是同一年发生的,不妥。另即使将乾隆五十年理解为议叙知县的时间,从上面的材料可知,这也是错误的,因为议叙知县是在乾隆四十九年。故此段应改为:"乾隆四十九年议叙知县,五十年分发山东……五十一年署商河县。"

25. 龚景瀚

龚景瀚,字海峰。(四十三·一三零四一)

龚景瀚,字惟广,一字海峰,闽县人。③

龚景瀚,字惟广,一字海峰。④

公讳景瀚,字惟广,一字海峰。⑤

---

① (清)纪大奎:《双桂堂稿》卷5《先考行述》,嘉庆十三年(1808年)刻本。
② (清)纪大奎:《双桂堂稿》卷5《先考行述》,嘉庆十三年(1808年)刻本。
③ (清)刘声木:《桐城文学渊源考》卷12,见《清代传记丛刊》第17册,台北:文明书局,1986年,第677页。
④ (清)梁章钜:《国朝臣工言行记》卷23,见《清代传记丛刊》第55册,台北:文明书局,1986年,第393页。
⑤ (清)李桓:《国朝耆献类征》卷236《守令二十二》,清光绪十年(1884年)湘阴李氏刊本。

（龚）景瀚，字惟广，一字海芳。①

先大夫姓龚氏，讳景瀚，字惟广，号海峰。②

按：上述材料中，《清史稿》《桐城文学渊源考》《国朝臣工言行记》《国朝耆献类征》记龚景瀚"字海峰"，《清国史》记"字海芳"，《海峰府君行述》记为"字惟广，号海峰"，与《清史稿》等异。《海峰府君行述》为龚景瀚之子龚丰谷、龚瑞谷等所作，文中详细记述了龚氏世系和龚景瀚生平事迹。因该文作者和龚景瀚为父子关系，故此则材料虽为孤证，也应予采信，《清史稿》《桐城文学渊源稿》《国朝臣工言行记》《国朝耆献类征》有关龚景瀚"字海峰"之记载皆误。龚景瀚"字惟广"，当属可信。

26. 史绍登

史绍登……以誊录叙布政司经历，发云南。乾隆六十年，署文水知县。时滇盐归官办，民苦抑配，绍登弛其禁，释逋课者数百人。阅三载，配盐之五十七州县悉改商办，以文山为法。（四十三·一三零四三至一三零四四）

乾隆六十年，署文山县知县。云南盐归官办，苛刑抑配，民不堪命。绍登到官，即弛其禁，释狱中逋课者数百人，阅三载，配盐之五十七州县一日同变，乃改商办以宽民，依文山式也。③

君讳绍登，字倬云，姓史氏……分发云南试用，乾隆六十年署开化府文山县事。云南盐归官办，苛刑抑配，民不堪命……君莅任即弛其禁，释狱中逋课者数百人，民以大

---

① （清）国史馆：《清国史·循吏传》卷1，第12册，北京：中华书局，1993年影印清嘉业堂钞本，第31页。
② 刘家平、苏晓君：《中华历史人物别传集·海峰府君行述》第37册，北京：线装书局，2003年，第543页。
③ （清）国史馆：《清国史》卷7，第12册，北京：中华书局，1993年影印嘉业堂钞本，第122页。

洽。阅三载,配盐之五十七州县一日同变,乃改为商办以宽民,依文山式也。①

叙布政司经历,分发云南试用。乾隆六十年,署文山县知县。云南盐归官办,苛刑抑配,民不堪命。绍登到官,即弛其禁,释狱中逋课者数百人,民以大治。阅三载,配盐之五十七州县一日同变,乃改商办以宽民,依文山式也。②

叙布政司经历,发云南。乾隆六十年,署文山县事。云南盐归官办,苛刑抑配,民不堪命。君莅任,即弛其禁,释狱中逋课者数百人。阅三载,配盐之五十七州县一日同变,乃改商办以宽民,依文山式也。③

史绍登,字倬云,江苏溧阳人,乾隆六十年署云南文山县事,云南盐向归官办,苛虐不堪,公请弛其禁,后归民办,公倡改之力也。④

按：上述材料记史绍登乾隆六十年所任之职的名称不尽相同,《清国史》《安吴四种》《清史列传》《国朝先正事略》《增广尚友录统编》皆记为署"文山县",唯《清史稿》记为署"文水县",为孤证。且从文字上看,《清史稿》传文中,紧承上文"文水知县"之后,又出现"以文山为法",殊觉突兀,难以理解;而《清国史》,前后文皆为"文山",意思表达顺畅。另《清史稿》传文中,明显有着《安吴四种》传文的影子,《清史稿》传文中的主要文字,都可以在《安吴四种》中找到出处。而《安吴四种》为史绍登之家传,且文章作于道光七年,时间远在《清史稿》之前,据此我们可以断定,《清史稿》史绍登之传文,是由包世臣所撰史氏家传缩

---

① (清)包世臣：《安吴四种》卷36《史云州家传》,见《近代中国史料丛刊正编》第4册,台北：台湾文海出版社,1966—1995年,第2564~2569页。
② 王钟翰点校：《清史列传》卷75,北京：中华书局,1987年,第6240页。
③ (清)李元度：《国朝先正事略》卷54《循良》,长沙：岳麓书社,1991年,第1267页。
④ (清)应祖锡：《增广尚友录统编》卷15,清光绪二十八年(1902年)鸿宝斋石印本。

写而来,《清史稿》中"文水知县",应为《安吴四种》中之"文山知县"传抄中出错所致。

27. 狄尚䌹

(嘉庆)十年,铨授江西南康知府。(四十三·一三零四八)

(嘉庆)十二年,选江西南康府知府。①

(嘉庆)十二年,选江西南康府知府。②

臣狄尚䌹……今签掣江西南康府知府缺,敬缮履历,恭呈御览,谨奏。嘉庆十二年二月二十七日。③

狄尚䌹……嘉庆十二年任南康知府。④

历任南康知府:狄尚䌹,嘉庆十二年任。⑤

按:上述材料中,《清国史》《清史列传》《清代官员履历档案全编》皆记狄尚䌹铨授江西南康知府的时间为"嘉庆十二年",唯《清史稿》记为"嘉庆十年",异。光绪《江西通志》和同治《南康府志》虽未记具体铨授时间,但记狄氏实际履任时间也是嘉庆十二年。如狄氏嘉庆十年即被铨授,没理由迟至嘉庆十二年方才赴任,且《清代官员履历档案全编》为狄尚䌹自撰引见履历折,又与《清国史》《清史列传》等所记相印证,故属可信,狄尚䌹劝授南康知县应为"嘉庆十二年",《清史稿》误为"嘉庆十年"。

---

① (清)国史馆:《清国史·循吏传》卷6,第12册,北京:中华书局,1993年影印清嘉业堂钞本,第112页。
② 王钟翰点校:《清史列传》卷75,北京:中华书局,1987年,第6227页。
③ 秦国经:《清代官员履历档案全编》第24册,上海:华东师范大学出版社,1997年,第262页下。
④ (清)曾国藩、刘绎:光绪《江西通志》卷132《宦绩》,见《续修四库全书》第659册,上海:上海古籍出版社,2002年,第362页。
⑤ (清)盛元:同治《南康府志》卷12《职官》,见《中国地方志集成·江西府县志辑》第17册,南京:江苏古籍出版社,1996年,第279页。

28. 张敦仁

张敦仁,字古愚。(四十三·一三零四九)

张敦仁,字古愚,阳城人。①

先生讳敦仁,字仲□,号古愚,又号古脾。②

张敦仁,字仲□,一字古余。③

张敦仁,字古余,山西阳城人。④

按:上述材料所记张氏之"字"不尽相同,《清史稿》、光绪《山西通志》皆记"字古愚",《山西献征》记其"号古愚",《昭代名人尺牍小传续集》和光绪《江西通志》则记为"字古余"。汪宗衍《清史稿考异》云:"按据顾千里《思适斋集》《思适斋书跋》、顺德本《汉延熹西岳华山碑·张敦仁跋》当作'古余'。"⑤据此,《清史稿》记张敦仁"字古愚",误。光绪《山西通志》亦误。

乾隆四十年进士。(四十三·一三零四九)

乾隆乙未进士。⑥

(乾隆)乙未成进士。⑦

---

① (清)曾国荃、王轩:光绪《山西通志》卷134《乡贤》,见《续修四库全书》第645册,上海:上海古籍出版社,2002年,第63页。
② (清)常赞春:《山西献征》卷2《观察张古余先生事略》,1936年太原山西省文献委员会铅印本。
③ (清)曾国藩、刘绎:光绪《江西通志》卷128《宦绩》,见《续修四库全书》第659册,上海:上海古籍出版社,2002年,第232页。
④ (清)陶湘:《昭代名人尺牍小传续集》卷4,见《近代中国史料丛刊续编》第75辑第745册,台北:台湾文海出版社,1966—1995年,第256页。
⑤ 汪宗衍:《清史稿考异》,香港:香港文会书舍,1985年,第277页。
⑥ (清)曾国荃、王轩:光绪《山西通志》卷134《乡贤》,见《续修四库全书》第645册,上海:上海古籍出版社,2002年,第63页。
⑦ (清)常赞春:《山西献征》卷2《观察张古余先生事略》,1936年太原山西省文献委员会铅印本。

乾隆四十年进士。①

张敦仁，山西泽州府阳城县人，年三十四岁，乾隆四十三年进士。②

臣张敦仁，山西泽州府阳城县人，年三十四岁，乾隆四十三年进士，候选知县，今签掣直隶冀州南宫县知县缺。敬缮履历，恭呈御览，谨奏。乾隆五十二年九月二十九日。③

乾隆庚戌进士。④

按：乾隆乙未为乾隆四十年，乾隆庚戌为乾隆五十五年。上述材料中，《清史稿》、光绪《山西通志》《山西献征》、光绪《江西通志》皆记张敦仁为"乾隆四十年进士"，《清代官员履历档案全编》则记为"乾隆四十三年进士"，《昭代名人尺牍小传续集》记为乾隆五十五年，互异。《清代官员履历档案》为档案材料，且为张敦仁自撰引见履历折，当属可信。核查《明清进士题名碑录索引》，张敦仁的确系于"乾隆四十三年戊戌科"下⑤，为乾隆四十三年进士。⑥ 据此，《清史稿》记汪敦仁为"乾隆四十年进士"，误。光绪《山西通志》、光绪《江西通志》以及《山西献征》《昭代名人尺牍小传续集》亦误。

授江西高安知县，调庐陵……迁铜鼓营同知，署九江、

---

① （清）曾国藩、刘绎：光绪《江西通志》卷128《宦绩》，见《续修四库全书》第659册，上海：上海古籍出版社，2002年，第232页。
② 秦国经：《清代官员履历档案全编》第22册，上海：华东师范大学出版社，1997年，第231页下。
③ 秦国经：《清代官员履历档案全编》第22册，上海：华东师范大学出版社，1997年，第239页上。
④ （清）陶湘：《昭代名人尺牍小传续集》卷4，见《近代中国史料丛刊续编》第75辑第745册，台北：台湾文海出版社，1966—1995年，第256页。
⑤ 朱保炯、谢沛霖：《明清进士题名碑录索引》下册，上海：上海古籍出版社，1980年，第2742页。
⑥ 此点汪宗衍先生亦有考订。详见汪宗衍《清史稿考异》，香港：香港文会书舍，1985年，第153~154页。

抚州、南安、饶州诸府事。嘉庆初,改官江苏,历松江、苏州、江宁知府。六年,调授江西吉安……再署南昌,寻实授……道光二年,擢云南盐法道。(四十三·一三零四九至一三零五零)

张敦仁,山西人,年五十二岁,由进士归班铨选,乾隆五十二年十月内迁,授江西,历任知县,五十八年十月内题升瑞州府铜鼓营同知,嘉庆四年十月内调补江苏松江府川沙同知,八年保荐卓异,九年六月内补授扬州府知府,十年九月内调补江宁府知府,十一年八月内因失察挪移库项,部议革职,十二年六月内开复,仍以知府用,本年八月内用江西吉安府知府。道光元年四月内用云南盐法道。①

(嘉庆)十八年回吉安府任……二十一年调补南昌知府……二十五年护督粮道篆。道光元年,擢云南盐法道。②

嘉庆庚申,改江苏,署松江府,调苏州……旋调署江宁,诏补江西吉安府,署南昌……癸酉回吉安本任……丁丑调补南昌……庚辰江安十府粮道篆,道光辛巳擢云南盐法道。③

按:道光辛巳为道光元年。上述材料中,《清史稿》记张敦仁"道光二年,擢云南盐法道",《清代官员履历档案全编》、光绪《江西通志》和《山西献征》皆记为"道光辛巳"即"道光元年",与《清史稿》异。《清代官员履历档案全编》为专门的官员履历档案材料,为官员面见皇帝时填写的履历折,可信度非常高,且有光绪《江西通志》和《山西献征》为佐证,当属可信。而《清史稿》

---

① 秦国经:《清代官员履历档案全编》第2册,上海:华东师范大学出版社,1997年,第565页上。
② (清)曾国藩、刘绎:光绪《江西通志》卷128《宦绩》,见《续修四库全书》第659册,上海:上海古籍出版社,2002年,第232页。
③ (清)常赞春:《山西献征》卷2《观察张古余先生事略》,1936年太原山西省文献委员会铅印本。

本身为孤证,不足采信,故张敦仁用云南盐法道的时间应为"道光元年",《清史稿》作"道光二年",误。

另《清代官员履历档案全编》记张敦仁补江西吉安知府的时间为嘉庆十二年八月,而《清史稿》记为嘉庆六年,异。光绪《江西府志》记张氏"嘉庆五年,改官江苏,数年后复补江西吉安知府"。①据此,则张氏补吉安知县应在嘉庆六年之后,《清史稿》记为嘉庆六年,误。且《清史稿》中记张氏先任江宁知府,后任吉安知府,而《清代官员履历档案全编》材料表明,张敦仁任江宁知府的时间已为嘉庆十年至嘉庆十二年。据此,其任吉安知府的时间应为嘉庆十二年之后,而《清史稿》记为嘉庆六年,亦误。②

29. 李文耕

（嘉庆）十九年,教匪起,寿张令以文耕娴武事,招助城守,训练、防御皆有法,贼不敢窥境。大吏闻其干略,起复补原官……在邹平五年……调冠县。（四十三·一三零五一）

（嘉庆）十九年病痊,补原官,在任五年……二十四年,调冠县。③

（嘉庆）十九年,病痊,仍补原缺。在任五年……二十

---

① （清）曾国藩、刘绎：光绪《江西通志》卷128《官绩》,见《续修四库全书》第659册,上海：上海古籍出版社,2002年,第232页。
② 此点汪宗衍《清史稿考异》中亦有考证。汪宗衍《清史稿考异》："《循吏传三张敦仁传》：……嘉庆初,改官江苏,历松江、苏州、江宁知府,六年,调授江西吉安。（四二·一三零四九）……敦仁,八年,署苏州,九年、十年,扬州,十一年,江宁,十二年吉安,见《思适斋书跋》,彭兆荪《小谟觞馆诗集》,《士礼居藏书题跋续记》,黄丕烈《重刻宋本仪礼经注缘起》。"香港：香港文会书舍,1985年,第153～154页。
③ （清）国史馆：《国史贤良循吏儒林传·国史循吏传》卷1,清光绪刻本。

四年,调冠县。①

　　未几,赴蒋令光璧之约至寿张县,居数日,直隶山东贼起,长垣曹县并以戕官告。公为蒋画守城策……时(嘉庆)癸酉九月十一日也……寿张事竣赴省,上台以公有干略,檄饬起病坐补邹平……在任七年,百姓初呼为李教官,后呼为李青天。②

　　李文耕……(嘉庆)十四年分发山东,补邹平知县,以母老告归终养,十九年,起补原任……莅邹前后七年……后晋观察,升臬司。③

　　按:嘉庆庚辰为嘉庆二十五年,道光辛巳为道光元年。上述材料所记李文耕在邹平的时间不尽相同,《清史稿》《国史贤良循吏儒林传》《清史列传》皆记"在邹平五年",《续碑传集》和《清代官员履历档案全编》则分别记为"在任(邹平)七年"或"莅邹前后七年",与《清史稿》异。

　　民国《邹平县志》之《宦绩考》为我们留下李文耕任职邹平知县的相关信息:"李文耕……嘉庆十四年以进士选知邹平县事,既抵任,以终养告归。十九年起补邹平。"④道光《济南府志》亦云:"李文耕……嘉庆十四年知邹平县,因病告归,十九年复任。"⑤据此可知,李文耕曾两次任邹平知县,第一次履任时间为嘉庆十四年,第二次履任时间为嘉庆十九年。此点在李文耕自

---

① 王钟翰点校:《清史列传》卷76,北京:中华书局,1987年,第6251~6252页。
② (民国)缪荃孙:《续碑传集》卷34《通议大夫原任贵州按察使昆阳李公行状》,见《清代碑传全集》,上海:上海古籍出版社,1987年,第975页。
③ (清)王赠芳、成瓘:道光《济南府志》卷37《名宦五》,见《中国地方志集成·山东府县志辑》第2册,南京:凤凰出版社,2004年,第207页。
④ (民国)栾钟垚、赵咸庆:民国《邹平县志》卷14《宦绩考》,见《中国地方志集成·山东府县志辑》第26册,南京:凤凰出版社,2004年,第308页。
⑤ (清)王赠芳、成瓘:道光《济南府志》,见《中国地方志集成·山东府县志辑》第2册,南京:凤凰出版社,2004年,第219页。

撰履历中也有记载:"臣李文耕,云南云南府昆阳州进士,年五十三岁,原任山东邹平县知县,病痊引见,著照例用,今签掣山东济南府邹平县知县缺,敬缮履历,恭呈御览,谨奏。嘉庆十九年五月二十八日。"①这就印证了民国《邹平县志》和道光《济南府志》相关记录的正确性。民国《邹平县志》"职官考"部分,则为我们提供了李文耕任职邹平更为清晰的信息,该部分记载了清代历任邹平知县的姓名和履任时间,李文耕任职前后的情况为:"李文耕……(嘉庆)十四年任。徐彬,江苏丹徒县人,丁酉举人,十五年任。李文耕,十九年复任。解运衢,江西吉水县人,戊辰庶吉士,十六年任。"②据此可知,李文耕曾先后两次任职邹平知县,任期分别为嘉庆十四年至嘉庆十五年、嘉庆十九年至嘉庆二十四年间。道光《济南通志》则为我们提供了更为具体的信息,其"秩官八"记李文耕在邹平的任期为嘉庆十四年七月至十二月,嘉庆十九年八月再任至二十五年二月。③两次任职时间共七年,据此,《清史稿》《国史贤良循吏儒林传》《清史列传》记李文耕"在邹平五年",误。

30. 石家绍

道光二年成进士,授江西龙门知县。(四十三·一三零五五)

道光二年成进士,授江西龙南县知县。④

---

① 秦国经:《清代官员履历档案全编》第25册,上海:华东师范大学出版社,1997年,第79页下。
② (民国)栾钟垚、赵咸庆:民国《邹平县志》卷12《职官》,见《中国地方志集成·山东府县志辑》第26册,南京:凤凰出版社,2004年,第241页。
③ (清)王赠芳、冷烜:道光《济南府志》卷30《秩官八》,见《中国地方志集成·山东府县志辑》第2册,南京:凤凰出版社,2004年,第23页。
④ (清)国史馆:《清国史·循吏传》卷7,第12册,北京:中华书局,1993年影印清嘉业堂钞本,第142页。

道光二年成进士,知江西龙南县。①

道光二年进士,签分江西,补龙南知县。②

石家绍……道光二年进士,知江西龙南县。③

道光壬午成进士,以知县用,分发江西,署大庚县事,补龙南县。④

道光壬午成进士,用江西知县,署大庚县。未几,补龙南县。⑤

清知龙南县事石家绍等修,邑附贡生候选教谕徐思谏等纂。家绍,字瑶辰,山西翼城进士,道光四年到任……家绍序云:道光四年冬,余奉檄来宰是邦,副贡徐君思谏续修县志稿成,亟索而览之。⑥

按:上述诸材料中,《清国史》《国朝先正事略》《续碑传集》《增广尚友录统编》《国朝诗人征略二编》和《山西献征》皆记石家绍所任之职为江西"龙南"知县,唯《清史稿》记为授"江西龙门知县",异。查谭其骧《中国历史地图集》清代卷,清代江西没有"龙门县",但有"龙南县"。光绪《龙南县志》收有石家绍所作《续修龙南县志序》,记云"道光四年冬,余(石家绍)奉檄来宰是邦",文后署名为"道光六年丙戌秋月知龙南县事翼城石家绍

---

① (清)李元度:《国朝先正事略》卷54,长沙:岳麓书社,1991年,第1277页。
② (民国)缪荃孙:《续碑传集》卷41《石家绍传》,见《清代碑传全集》,上海:上海古籍出版社,1987年,第1014页。
③ (清)应祖锡:《增广尚友录统编》卷21,清光绪二十八年(1902年)鸿宝斋石印本。
④ (清)张维屏:《国朝诗人征略二编》卷61,道光二十二年(1842年)刻本。
⑤ (清)常赞春:《山西献征》卷3《郡丞石瑶辰先生事略》,1936年太原山西省文献委员会铅印本。
⑥ 中国科学院图书馆:《续修四库全书总目提要·道光〈龙南县志〉》第9册,济南:齐鲁书社,1996年,第43页。

撰"。① 在该志《职官志》部分,石家绍的名字亦系于历任龙南知县名单下,只是任职时间记为"道光五年乙酉任"。② 与石家绍自撰之《续修龙南县志》有异。因前者为石家绍自撰,应予采信。故从其说,石家绍任龙南知县的时间为道光四年。但是,上述材料皆证明石家绍确曾任职龙南知县,且与《清史稿》所记任职"龙门"知县的时间相当,结合清代江西无"龙门"县之事实,可知,《清史稿》所记"授江西龙门知县",误,应为"授江西龙南知县"。

31. 刘衡

刘衡,字廉舫,江西南丰人。(四十三·一三零五六)
刘君衡,字帘舫。③
刘君衡,字帘舫。④
府君姓刘氏,讳衡,榜名瑢,字韫声,别字帘舫。⑤
刘衡,字帘舫,南丰人。⑥
刘君衡,字帘舫。⑦

---

① (清)胡瑞征、钟益驭:光绪《龙南县志·续修龙南县志序》,见《中国地方志集成·江西府县志辑》第82册,南京:江苏古籍出版社,1996年,第13页。
② (清)胡瑞征、钟益驭:光绪《龙南县志》卷5《职官志》,见《中国地方志集成·江西府县志辑》第82册,南京:江苏古籍出版社,1996年,第124页。
③ (清)李元度:《国朝先正事略》卷54,长沙:岳麓书社,1991年,第1270页。
④ (民国)伍承乔:《清代吏治丛谈》卷3,见《近代中国史料丛刊正编》第2辑第12册,台北:台湾文海出版社,1966—1995年,第412页。
⑤ 刘家平、苏晓君:《中华历史人物别传集》第40册,北京:线装书局,2003年,第372页。
⑥ (清)曾国藩、刘绎:光绪《江西通志》卷156《列传》,见《续修四库全书》第660册,上海:上海古籍出版社,2002年,第58页。
⑦ (清)刘桂年、邓伦斌:光绪《惠州府志》卷30《名宦》,见《中国地方志集成·广东府县志辑》第15册,上海:上海书店出版社,2003年,第601页。

刘衡字蕴声,一字轫堂,号帘舫。①

刘公名衡,字蕴声,帘舫其号也,榜名瑢。②

按:上述材料所记刘衡之"字"不尽相同,《清史稿》记刘衡"字廉舫",《国朝先正事略》《清代吏治丛谈》《中华历史人物别传集》、光绪《江西通志》、光绪《惠州府志》皆记"字帘舫";《清代朴学大师列传》《求自得之室文钞》则将"帘舫"记为其"号",互异。《中华历史人物别传集》刘氏传文为刘衡的儿子所作,且有《国朝先正事略》等多种史料为证,故予采信,刘衡"字帘舫"。《清代朴学大师列传》和《求自得之室文钞》记为"号帘舫",误。但在上文列举的众多史料中,没有一则与《清史稿》同记刘衡"字廉舫",故《清史稿》所记为孤证,且"帘"的繁体字作"簾","廉"与"簾"字形相近,应为《清史稿》在传抄中出误,误"簾"为"廉"。

(道光)八年,擢保宁知府。(四十三·一三零五七)

(道光)八年,迁保宁府知府。③

(道光)七年,迁绵州直隶州。明年,擢保宁府。④

道光七年,题升直隶州绵州知州,是年十月题升保宁府。⑤

(道光)丁亥题升绵州直隶州知州,是年十月放成都遗

---

① 支伟成:《清代朴学大师列传》下册,长沙:岳麓书社,1986年,第602页。
② (清)吴嘉宾:《求自得之室文钞》卷10《循吏刘帘舫观察传》,清同治五年(1866年)广州刻本。
③ (清)国史馆:《清国史·循吏传》卷7,第12册,北京:中华书局,1993年影印清嘉业堂钞本,第133页。
④ (清)李元度:《国朝先正事略》卷54,长沙:岳麓书社,1991年,第1270页。
⑤ (清)刘衡:《自治官书》,不分卷,见《官箴书集成》第6册,合肥:黄山书社,1997年,第76页。

缺知府,补保宁府。①

(道光)七年,题升绵州直隶州知州,是年十月,放成都遗缺知府,补保宁府。②

(道光)丁亥题升绵州直隶州知州,是年十月放成都遗缺知府,补保宁府。③

按:道光丁亥为道光七年。上述材料中,《清史稿》《清国史》《国朝先正事略》皆记刘衡擢保宁知府的时间为"道光八年",《自治官书》和《帘舫府君行述》则记为"道光七年",与《清史稿》等异。《自治官书》为刘衡自撰,所记任职时间精确到月份:"道光七年,题升直隶州绵州知州,是年十月题升保宁府。"《帘舫府君行述》为刘衡的儿子所作,且可互证,应予采信。故从其说,刘衡任保宁知府时间应为"道光七年",《清史稿》《清国史》《国朝先正事略》记为"道光八年",误。

32. 徐栋

(道光)二十一年,出为陕西兴安知府。(四十三·一三零五八)

道光二十三年……四月抵陕省,补授兴安府知府,六月接印。④

(道光)二十一年分校礼闱,称得人。逾年京察一等,外授兴安知府。⑤

---

① (清)刘衡:《自治官书》不分卷,见《官箴书集成》第6册,合肥:黄山书社,1997年,第79页。
② (清)刘衡:《自治官书》不分卷,见《官箴书集成》第6册,合肥:黄山书社,1997年,第81页。
③ 刘家平、苏晓君:《中华历史人物别传集·帘舫府君行述》第40册,北京:线装书局,2003年,第373页。
④ (清)徐栋、徐炳华:《致初自谱》,不分卷,见《北京图书馆馆藏珍本年谱丛刊》第146册,北京:北京图书馆出版社,1999年,第515页。
⑤ (民国)徐世昌:《大清畿辅先哲传》卷12《师儒三》,天津徐氏刊本。

按：此处《清史稿》记徐栋出为陕西兴安知府的时间为"（道光）二十一年"，《致初自谱》记为"道光二十三年"，与《清史稿》异。《大清畿辅先哲传》虽没记任职的具体时间，但记徐栋"（道光）二十一年分校礼闱，称得人。逾年京察一等，外授兴安知府"。① 说明徐栋授兴安知府最早也应在"道光二十二年"之后，这与《清史稿》记其"道光二十一年"出为兴安知府的记载冲突。且《致初自谱》为徐栋本人自记年谱，应更可信。故从其说，徐栋补授兴安知府为道光二十三年，《清史稿》误为"道光二十一年"，误。

乃汇诸家之说为《牧令书》三十卷。（四十三·一三零五八）

乃汇诸家之说，成《牧令书》二十三卷。②

同岁生徐致初太守官水部时，著有《牧令书》，尝出以相视，为目十八，为卷二十三。③

乃汇诸家之说，成《牧令书》二十三卷。④

按：上述材料所记《牧令书》的卷数不尽相同，《清史稿》为"三十卷"，而《清史列传》《牧令书辑要》和光绪《畿辅通志》皆记为"二十三卷"，与《清史稿》异。《牧令书辑要》收录之材料，为杨以增所作《牧令书》序文，该序文被置于《牧令书》正文之前，与《牧令书》一起公开刊行，且有《清史列传》可证，应十分可信。南大古籍部现藏有徐栋所辑之《牧令书》，分别为清道光二十八年（1848年）兴国李炜刊本和清同治四年（1865年）新宁江种濬

---

① （民国）徐世昌：《大清畿辅先哲传》卷12《师儒三》，天津徐氏刊本。
② 王钟翰点校：《清史列传》卷76，北京：中华书局，1987年，第6271页。
③ （清）徐栋：《牧令书辑要·杨以增序》，同治四年（1865年）新宁江忠浚四川刊本。
④ （清）李鸿章、黄彭年：光绪《畿辅通志》卷230《列传》，见《续修四库全书》第638册，上海：上海古籍出版社，2002年，第416页。

四川刊本,皆为二十三卷。① 可见,徐栋编纂之《牧令书》应为"二十三卷",《清史稿》记为"三十卷",误。

33. 姚柬之

姚柬之,字伯山。(四十三·一三零五八)

姚柬之,字幼樗,一字伯山。②

姚柬之,字幼樗,一字佑之,号伯山,一作檗山,别号且看山人。③

姚柬之,字幼樗,号佑之,一号伯山。④

姚柬之,字佑之,号伯山。⑤

姚公讳柬之,字佑之,号伯山。⑥

君讳柬之,字佑之,号伯山……亦自号檗山……又号且看山人。君生于乾隆五十一年乙巳,享年六十有三。⑦

按:上述诸材料中,有关姚柬之的字、号,记载芜杂。《清史稿》和《国朝书人辑略》记姚柬之"字伯山",《皇清书史》《桐城文学渊源考》《皖志列传稿》《桐城耆旧传》《考槃集文录》皆记为"号伯山",与《清史稿》等异。《桐城耆旧传》撰者马其昶为姚氏同乡;《考槃集文录》姚氏墓志铭撰者方东树和姚柬之私交亦很好,本墓志铭又是依照姚柬之的儿子提供的状撰成。"道光二

---

① (清)徐栋:《牧令书》23卷,清道光二十八年(1848年)兴国李炜刊本;清同治四年(1865年)新宁江种瀋四川刊本。
② (清)震钧:《国朝书人辑略》卷9,清光绪三十三年(1907年)金陵刊本。
③ (清)李放:《皇清书史》卷11,见《丛书集成续编》第38册,上海:上海书店出版社,1994年,第96页。
④ (清)刘声木:《桐城文学渊源考》卷4,见《清代传记丛刊》第17册,台北:台北文明书局,1986年,第555页。
⑤ (清)金天翮:《皖志列传稿》卷4,1936年苏州铅印本。
⑥ (清)马其昶:《桐城耆旧传》卷10,合肥:黄山书社,1990年,第388页。
⑦ (清)方东树:《考槃集文录》卷10《朝议大夫贵州大定府知府姚君墓志铭》,见《续修四库全书》第1497册,上海:上海古籍出版社,2002年,第421页。

十七年九月六日，前贵州大定府知府姚君殁于江宁之侨舍……其孤世宪……以状来乞铭。嘻，吾故人也，义不可辞，乃按状次其行历，并以余所夙知者为序而铭焉。"①故《桐城耆旧传》和《考盘集文录》所记应可信，故从其说，姚柬之"号伯山"，《清史稿》记"字伯山"，误。《国朝书人辑略》同误。

34. 王肇谦

王肇谦，字琴航。（四十三·一三零六一）

先君讳肇谦，字益之，号琴杭。②

王肇谦，字益伪，号琴杭。一号桐贻，行三。嘉庆丁卯年四月二十九日吉时生直隶定州深泽县廪膳优贡生，民籍。③

按：上述材料所记王肇谦的字号不尽相同，《中华历史人物别传集》《清代朱卷集成》皆记王肇谦"号琴杭"，唯《清史稿》记为"字琴航"。《中华历史人物别传集》所收之文为王肇谦的儿子所作王氏之行略，《清代朱卷集成》所收为王肇谦自己填写的试卷的底本，又可互证，应为可信。故从其说，王肇谦"号琴航"，《清史稿》记"字琴航"，误。

35. 桂超万

道光十二年进士，以知县发江苏。（四十三·一三零六三）

---

① （清）方东树：《考盘集文录》卷10《朝议大夫贵州大定府知府姚君墓志铭》，见《续修四库全书》第1497册，上海：上海古籍出版社，2002年，第416页。

② 刘家平、苏晓君：《中华历史人物别传集》第48册，北京：线装书局，2003年，第397~426页。

③ 顾廷龙：《清代朱卷集成》第96册，台北：台湾成文出版社，1992年，第307页。

道光癸巳成进士。①

道光癸巳成进士，以知县用，年五十矣。分发直隶，亲老告近改江苏。②

道光十三年进士。③

道光十三年进士。④

道光十有三年癸巳超万年五十始成进士，以知县即用分发直隶，亲老告近改江苏。⑤

按：道光癸巳为道光十三年。上述材料所记桂超万中进士时间不尽相同，《柏堂集续编》《清国史》《清代七百名人传》《中华历史人物别传集》、光绪《重修安徽通志》皆记桂超万为"道光十三年进士"，唯《清史稿》记为"道光十二年进士"，异。《中华历史人物别传集》所收录之《宦游纪略》为桂超万自撰，且有多种材料可证，当属可信。核诸《明清进士题名碑录索引》，桂超万的确系于"道光十三年癸巳科"下，⑥为道光十三年进士。⑦故《清史稿》记桂超万"道光十二年进士"，误。桂超万应为"道光十三年"进士。

同治初，福建巡抚徐宋干荐之，署福建粮储道，寻擢按

---

① （清）沈葆桢、柯绍基：光绪《重修安徽通志》卷192《宦绩》，见《续修四库全书》第653册，上海：上海古籍出版社，2002年，第488页。

② （清）方宗诚：《柏堂集续编》卷16《署福建按察使前汀漳龙道桂公墓志铭》，清光绪六年（1880年）桐城方氏志学堂刻本。

③ （清）国史馆：《清国史·循吏传》卷8，第12册，北京：中华书局，1993年影印清嘉业堂钞本，第149页。

④ 蔡冠洛：《清代七百名人传》第一编，北京：中国书店出版社，1984年，第324页。

⑤ 刘家平、苏晓君：《中华历史人物别传集》第41册，北京：线装书局，2003年，第455页。

⑥ 朱保炯、谢沛霖：《明清进士题名碑录索引》下册，上海：上海古籍出版社，1980年，第2791页。

⑦ 此点《清史稿考异》有论述。详见汪宗衍：《清史稿考异》，香港：香港文会书舍，1985年，第154页。

察使。(四十三·一三零六四)

同治元年福建巡抚徐宗干疏称:"超万敦朴诚笃,实心爱民,历任道府州县,所至皆有政声,臣本籍江苏,至今民切去思,前两广督臣林则徐在江苏巡抚任内称为循吏,现年逾七旬,精力强健,所议乡团条规简要周密,皆可施行,非徒托空言者可比,请留闽协办团防。"奉旨允准。二年署福建粮储道。①

同治元年,福建巡抚徐宗干以超万年虽笃老,精神强健,敦朴诚实,历任皆著循声,奏请起用。得旨俞允,二年二月署福建粮储道。②

按:《清史稿》记同治初举荐桂超万之人为福建巡抚徐宋干,《清代七百名人传》、光绪《重修安徽通志》中,此人则作"徐宗干",与《清史稿》异。《清史稿》卷426:徐宗干于"同治元年,擢福建巡抚……五年,卒"。③ 可见,同治元年至同治五年,福建巡抚应为徐宗干。《清代职官年表·巡抚年表》亦记"徐宗干"同治元年至同治五年任福建巡抚。④ 据此,此处《清史稿》之"徐宋干"当为"徐宗干"之误。⑤

(道光)二十九年,擢福建汀龙漳道。(四十三·一三零六四)

道光二十八年己酉正月二十一奉旨补授福建汀漳龙

---

① (清)沈葆桢、柯绍基:光绪《重修安徽通志》卷192《宦绩》,见《续修四库全书》第653册,上海:上海古籍出版社,2002年,第488页。
② 蔡冠洛:《清代七百名人传》第一编,北京:中国书店出版社,1984年,第325页。
③ (民国)赵尔巽:《清史稿》卷426,北京:中华书局,1977年,第12249页。
④ 钱实甫:《清代职官年表》第2册,北京:中华书局,1980年,第1705~1709页。
⑤ 此点汪宗衍在《清史稿考异》中亦有辨正。见汪宗衍:《清史稿考异》,香港:香港文会书舍,1985年,第278页。

道,三月二十六日卸苏州府事,四月二十日府闱起行。①

　　　道光二十八年己酉五月十八日接汀漳龙道篆。②

　　按:上述材料所记桂超万补福建汀龙漳道的时间不尽相同,《清史稿》记为(道光)"二十九年",而《中华历史人物别传集》所收之《宦游纪略》则记为"道光二十八年",与《清史稿》异。因《宦游纪略》为桂超万本人自记材料,同一书中前后两次所记内容皆一致,且任职前后的相关内容记载十分详细,应为可信,故从其说,桂氏任汀龙漳道的时间为道光二十八年,《清史稿》记为"道光二十九年",误。

　　另《清史稿》记桂超万所任之职的名称为"汀龙漳道",而《宦游纪略》中则异为"汀漳龙道"。查乾隆《汀州府志》"职官":"分巡海防汀漳龙道。雍正十三年以漳州府属龙岩县升为龙岩州,仍归道辖,为汀漳龙道。"③可见,此职位应称为"汀漳龙道",《清史稿》记为"汀龙漳道",误。

36. 牛树梅

　　牛树梅……道光二十一年进士,授四川彰明知县……擢茂州直隶州知州,寻署宁远知府。(四十三·一三零六九)

　　牛树梅……道光中以拔贡举于乡,成进士,为四川彰明知县……历知隆昌、雅安县,权资州,授茂州,权宁远府,所至有声。④

---

① 刘家平、苏晓君:《中华历史人物别传集》第41册,北京:线装书局,2003年,第536页。
② 刘家平、苏晓君:《中华历史人物别传集》第41册,北京:线装书局,2003年,第533页。
③ (清)曾日瑛、李绂:乾隆《汀州府志》卷16《职官》,见《中国地方志集成·福建府县志辑》第33册,上海:上海书店出版社,2000年,第198页。
④ (民国)张维:《甘肃人物志》卷10《儒行传》,1926年陇右乐善书局铅印本。

牛廉访树梅者……（道光）辛丑成进士，分发四川，癸卯署雅安……次年摄隆昌篆……乙巳题补龙安府彰明县……节相琦自西藏转四川总督，甫上任，奏署资州。①

按：上文《清史稿》所记牛树梅的履历，和《甘肃人物志》和《省斋全集·牛雪樵先生传》的记载不尽相同。查《省斋全集·胞兄纪略》，牛树梅的详细履历为："道光二十三年癸卯六月二十七日。署雅安县事，十月初四日卸任。道光二十四年……四月，委署隆昌……道光二十五年乙巳三月二十七日隆昌卸事……是年题补龙安府彰明县，十一月十五日到任，道光二十七年丁未……十二月，忽委董公炳章署彰明，十三日到县，促兄（牛树梅）即刻晋省……遂连夜束装，明晨就道……十二月十六日抵省，十七日禀见，始知有委署资州之命，十八日下札催令速往，二十一日起行，二十四日未时接印。

道光二十九年己酉二月初八日交卸资州印务……道光三十年庚戌正月初十日，下札委署宁远府，正月二十二日起程，二月初六日到府，初八日接印……至九月初八日交卸……至十一月初三日始自建昌起程，十七日晋省方伯（节相琦）欲俟机会另委优缺，兄以愿赴茂州新任告，十二月初九日奉札，十三日早出省……十八日接印……茂州交卸，咸丰元年七月十二日也，二十三日抵省。兄自宁远回省，切欲归养，而铜务交待必在半年之后方能结清，故暂至茂州以待之。"②

由《胞兄纪略》可知，牛氏履历先后顺序为：署雅安知县、署隆昌知县、彰明知县、署资州、署宁远知府、署茂州知州。《胞兄纪略》为牛树梅的弟弟牛树桃所撰，该书以年谱形式详细记录了牛树梅一生事迹，当属可信。且《甘肃人物志》和《省斋全

---

① （清）牛树梅：《省斋全集·牛雪樵先生传》，清同治十三年（1874年）康计恬刻本。
② （清）牛树梅：《省斋全集·胞兄纪略》，清同治十三年（1874年）康计恬刻本。

集·牛雪樵先生传》皆记牛氏曾任职雅安知县和隆昌知县,故牛氏曾任职雅安、隆昌,应无疑议。《清史稿》牛树梅传中缺失了牛氏任职雅安、隆昌的记录,容易让人误认为牛氏中进士后,就直接被授彰明知县的,不妥。更为重要的是,《清史稿》牛树梅传记牛氏"擢茂州直隶州知州,寻署宁远知府",即先任茂州知州,后任宁远知府,而《胞兄纪略》清楚表明,牛树梅署宁远知府的时间为道光三十年正月初十至道光三十年九月初八;擢茂州知州的时间为:道光三十年十二月十八日至咸丰元年七月十二日,即先任宁远知府,后擢茂州知州的。《胞兄纪略》中还明确交待,牛氏前往茂州任职的原因为:"兄自宁远回省,切欲归养,而铜务交待必在半年之后方能结清,故暂至茂州以待之。"故牛运梅应为先署宁远知府、后擢茂州知州,《清史稿》和《甘肃人物志》记为先擢茂州知州,后署宁远知府,误。

另《胞兄纪略》和《省斋全集·牛雪樵先生传》皆清楚表明,牛运梅是先署雅安知县,后署隆昌知县,而《甘肃人物志》记为"历知隆昌、雅安县",亦误。

37. 吴应连

> 历署天全、涪州、永川、安岳、蒲江、新津、绵竹、仁寿诸州县。补石泉,调彭县。(四十三·一三零七一)

> 吴应连……(道光)二十年十二月署安岳县知县,二十一年十一月卸篆。历署天全州、涪州、蒲江、新津、绵竹、永川、仁寿等县知县,嗣补石泉县知县,旋调彭县知县。①

> 吴应连……道光二十年七月署永川县知县,本年九月卸篆,历署天全州、涪州、安岳、蒲江、新津、绵竹、仁寿等州

---

① 刘家平、苏晓君:《中华历史人物别传集》第 44 册,北京:线装书局,2003年,第 392 页。

县,道光二十八年八月奏署永川县知县,本年十月补石泉县,卸任。①

吴应连……拣选以知县用,十三年分发四川,是年署天全州,十五年乙未恩科充四川乡试同考官。历署涪州、安岳、蒲江、新津、绵竹、永川等州县,二十八年补石泉县知县,二十九年奏署仁寿县知县,三十年交卸,旋补彭县知县。②

吴应连……十三年签分四川,十五年充乙未恩科乡试同考官。十六年十月署涪州,十七年十月卸篆,历署天全州、安岳、蒲江、新津、绵竹、永川、仁寿等州县,补石泉县知县,调任彭县知县。③

吴应连……十三年分发四川,是年署天全州知州,十五年乙未恩科充四川乡试同考官。历署涪州、安岳、新津、绵竹、永川、仁寿等州县,二十三年二月十四日署浦江,八月十七日卸事,三十年补彭县知县。④

吴应连……道光十三年签分四川,十五年充四川乡试同考官。二十八年补授石泉县知县,十二月到任,二十九年五月奏署仁寿县,卸任。历署天全州、涪州、安岳、浦江、新津、永川、绵竹等州县。调授彭县知县。⑤

吴应连……十三年签分四川,是年二月到川,八月署天全州知州,十五年五月卸篆。充是年乙未恩科四川乡试同考官。十六年十月署涪州知州,十七年十月卸篆,十八

---

① 刘家平、苏晓君:《中华历史人物别传集》第44册,北京:线装书局,2003年,第396页。

② 刘家平、苏晓君:《中华历史人物别传集》第44册,北京:线装书局,2003年,第399页。

③ 刘家平、苏晓君:《中华历史人物别传集》第44册,北京:线装书局,2003年,第402页。

④ 刘家平、苏晓君:《中华历史人物别传集》第44册,北京:线装书局,2003年,第404页。

⑤ 刘家平、苏晓君:《中华历史人物别传集》第44册,北京:线装书局,2003年,第406页。

年丁父忧回籍,二十年服阙,二月到川,七月署永川县知县,九月卸篆,十二月署安岳县知县,二十一年十一月卸篆,二十三年二月署蒲江县知县,八月卸篆,十一月以安岳任内拿获邻境要犯,送部引见,奉旨着以遇缺尽先补用,钦此。二十四年二月由京回川,署新津县知县。五月丁母忧,卸篆回籍,二十六年服阙,三月到川,八月署绵竹县知县,二十八年二月卸篆,是月署永川县知县,十月卸篆,十二月补授石泉县知县,是月赴任,二十九年五月奏署仁寿县知县,三十年二月卸篆,调授彭县知县,三月二十九日接篆,咸丰二年以办理广西军饷奉旨赏戴花翎,三年六月督解湖北军饷,十八日卸篆。四年以涉险保饷,奉旨赏加同知衔,二月初二日回彭县任,五月初三日卒于彭县任所。①

按:根据上述材料所记吴应连的履历时间,据此我们可以排出吴氏的详细履历表为:

表 2-1 吴应连履历表

署四川天全知县	道光十三年八月至道光十五年五月
署涪州知县	道光十六年十月至道光十七年十月
署永川知县	道光二十年七月至道光二十年九月
署安岳知县	道光二十年十二月至道光二十一年十一月
署蒲江知县	道光二十三年二月至道光二十三年八月
署新津知县	道光二十四年二月至道光二十四年五月
署绵竹知县	道光二十六年八月至道光二十八年二月
署永川知县	道光二十八年二月至道光二十八年十月
石泉知县	道光二十八年十二月至道光二十九年五月
署仁寿知县	道光二十九年五月至道光三十年二月
彭县知县	道光三十年三月至咸丰三年六月,咸丰四年二月至咸丰四年五月

---

① 刘家平、苏晓君:《中华历史人物别传集》第 44 册,北京:线装书局,2003 年,第 388~389 页。

资料出处:刘家平、苏晓君:《中华历史人物别传集》第44册,北京:线装书局,2003年。

可见,吴应连任职的详细顺序应为:历署天全、涪州、永川、安岳、蒲江、新津、绵竹、永川、石泉、仁寿、彭县。即曾两次署理永川,且署仁寿应在任石泉之后,《清史稿》记为:"历署天全、涪州、永川、安岳、蒲江、新津、绵竹、仁寿诸州县。补石泉,调彭县",将署仁寿记为补石泉之前,误。且漏记了一次署"永川",亦嫌不妥。

38. 俞澍

咸丰六年,署蒙城知县。(四十三·一三零七八)

俞澍,顺天宛平人。咸丰五年以县丞署蒙城知县。①

俞澍……咸丰五年由候补县丞署本邑(蒙城)令。②

俞澍,直隶宛平人,咸丰五年任。③

按:上述材料所记俞澍署蒙城知县的时间不尽相同,《清史稿》记为"咸丰六年",光绪《重修安徽通志》、民国《重修蒙城县志》皆记为"咸丰五年",与《清史稿》异。因民国《重修蒙城县志》所记即为俞澍署理蒙城之事,且有光绪《重修安徽通志》印证。而《清史稿》所记本身为孤证,故从民国《重修蒙城县志》等所说,俞澍署理蒙城应为"咸丰五年",《清史稿》记为"咸丰六年",误。

---

① (清)沈葆桢、柯绍基:光绪《重修安徽通志》卷149《名宦》,见《续修四库全书》第652册。上海:上海古籍出版社,2002年,第761页。

② (民国)汪篪、于振江:民国《重修蒙城县志》卷7《秩官》,见《中国地方志集成·安徽府县志辑》第26册,南京:江苏古籍出版社,1998年,第731页。

③ (民国)汪篪、于振江:民国《重修蒙城县志》卷7《秩官》,见《中国地方志集成·安徽府县志辑》第26册,南京:江苏古籍出版社,1998年,第723页。

39. 朱根仁

同治三年，署定远。兵燹初定，征调尚繁。前令试办开征，根仁以民不堪命，请缓之。筹备供亿，民无所扰。捕巨猾雍秀春未获，得党羽名册。根仁曰："我何忍兴大狱以博能名？丧乱未平，民气未固，激之生变，可胜诛乎？"遂火其册，闻者为之改行。跕鸡冈周姓聚族居，有从逆者已死，里人利其田庐，致周族人于狱，根仁一讯释之。后再署定远。（四十三·一三零七八）

（同治）三年秋，权知定远县事……五年引见回省，冬复檄权定远县事。将之任，大府檄委清理庶狱，府君诣盱眙、天长、五河，最后至泗州，州俗健讼，狱囚累累，府君反复推勘，多所平反。六年，视事定远，士民欢呼遮道。①

（同治）三年，署定远县……五年，委清理庶狱，遂单车诣盱眙、天长、五河，最后至泗州……六年，复署定远县事。②

按：由上述《清国史》和《中华历史人物别传集》所记可知，朱根仁同治三年署理定远后，曾中途离任，"五年引见回省，冬复檄权定远县事。将之任，大府檄委清理庶狱，府君诣盱眙、天长、五河，最后至泗州"，至同治六年始复署定远。《清史稿》对离任之事只字未提，承接上文，突然出现"再署定远"四字，殊觉突兀，应予补记。

40. 蒯德模

旋署太仓直隶州知州、苏州知府。（四十三·一三零

---

① 刘家平、苏晓君：《中华历史人物别传集》第53册，北京：线装书局，2003年，第298页。

② （清）国史馆：《清国史·循吏传》卷9，第12册，北京：中华书局，1993年影印清嘉业堂钞本，第197页。

八零）

苏州复,权知长洲县事……知长洲四年……丰顺丁公之抚吴也,欲清厘积牍,以府君权知苏州府事……任事五阅月,决狱二百余起……已而移知太仓州……光绪纪元岁在丙戌第四男光典谨述。①

累擢至知府,以道员用。旋摄苏州府事,又移知太仓州,又连摄镇江、江宁府事。②

(同治)七年,保以道员用,并开长洲县缺,赏加三品衔,奏署苏州府知府。③

(同治)七年,升署苏州府,调署太仓直隶州。④

(同治)四年,署苏州府事,旋调任太仓。⑤

按:《清史稿》记为"旋署太仓直隶州知州、苏州知府",即先"署理太仓",继署"苏州知府",《金粟斋遗集》《带耕堂遗诗》《中华历史人物别传集》则记为先摄"苏州知府",继署理"太仓知州",与《清史稿》所记次序颠倒。《金粟斋遗集》撰者蒯光典,为蒯德模之子;《带耕堂遗诗》蒯德模神道碑撰者李鸿章,为蒯德模同乡,且二人所记内容可互证,当属可信。查民国《江苏通志稿》"职官",蒯德模署苏州府知府时间为"同治七年四月二十二

---

① (清)蒯光典:《金粟斋遗集》卷1《诰赠中议大夫三品衔补用道夔州府知府监督夔渝两关税务随带加二级先考子范府君事略》,1929年合肥蒯氏刊本。
② (清)蒯德模:《带耕堂遗诗》卷首《诰授中议大夫三品衔补用道夔州府知府蒯公神道碑》,见《续修四库全书》第1545册,上海:上海古籍出版社,2002年,第637页。
③ 刘家平、苏晓君:《中华历史人物别传集》第51册,北京:线装书局,2003年,第724页。
④ 刘家平、苏晓君:《中华历史人物别传集》第51册,北京:线装书局,2003年,第720页。
⑤ 刘家平、苏晓君:《中华历史人物别传集》第51册,北京:线装书局,2003年,第716页。

日"至"同治七年八月二十八日",①而《中华历史人物别传集》记其担任太仓知州的时间为:"故宦(蒯德模)于同治七年九月来摄(太仓)州篆,九年七月即调任去。为时仅即二年。"②可见,蒯德模应该是先署理苏州知府,继权太仓知州。据此,《清史稿》记为"旋署太仓直隶州知州、苏州知府",将署理太仓知州置于权苏州知府之前,误。

41. 陈豪

授汉川,频年襄河溢,修筑香花垸、彭公垸、天兴垸诸堤,疏浚茶壶沟、县河口,以工代赈。(四十三·一三零八四)

(光绪)十一年,补汉川……明年南岸大兴垸堤又溃至一百数十丈,次第督治。③

明年南岸大兴垸堤决百数十丈。④

按:上述材料中,《清史稿》所记"天兴垸",在《中华历史人物别传集》和《碑传集补》皆异为"大兴垸"。《中华历史人物别传集》所收《显考蓝洲府君事略》为陈豪之子所作,《碑传集补》所收为其家传,且二者可互证;而《清史稿》所记为孤证,故此处从《中华历史人物别传集》等所记,所修堤坝之名称应为"大兴垸",《清史稿》记为"天兴垸",误。

---

① (民国)缪荃孙、冯煦:民国《江苏通志稿》卷21《职官》,第4册,南京:江苏古籍出版社,1999年,第503页。
② 刘家平、苏晓君:《中华历史人物别传集》第51册,北京:线装书局,2003年,第722页。
③ 刘家平、苏晓君:《中华历史人物别传集》第62册,北京:线装书局,2003年,第480页。
④ 闵尔昌:《碑传集补》卷26《陈蓝洲先生家传》,见《清代碑传全集》,上海:上海古籍出版社,1987年,第1414页。

42. 冷鼎亨

  冷鼎亨,字镇雄。(四十三·一三零八八)

  冷鼎亨,字镇雒,招远人。①

  冷鼎亨,字镇雒,一字叔铭,号罗南,行三,又行四,道光乙酉年十二月二十二日吉时生,系山东登州府招远县优廪生,民籍。②

按:上述三种材料所记冷鼎亨之字不尽相同,《清史稿》记为"字镇雄",《清代朱卷集成》、宣统《山东通志》异为"字镇雒"。《清代朱卷集成》主要收集清代科举应试者的朱卷,"朱卷者,即举子的试卷弥封后交誊录生用朱笔重新誊写的卷子"。③ 在清代,新中式的举人、进士多将自己的试卷刻印以分送亲友,这种刊刻的试卷也称朱卷。朱卷为考生亲自填写,由其本人或家人刊刻,所记作者字号应属可信,且有宣统《山东通志》印证。故从其说,冷鼎亨应为"字镇雒",《清史稿》记为"字镇雄","雄"与"雒"字形相近,应为传抄中出错。

  鄱阳俗好斗,鼎亨曰:"化民有本,未教而杀之,非义也。"以孝经证圣祖圣谕广训为浅说,妇孺闻之皆感动。(四十三·一三零八八)

  鄱阳俗好斗,鼎亨曰:"化民有本,未教而遽杀之,非义也。"乃取孝经证圣谕为浅说,妇孺闻之,亦泣下。④

  鄱阳俗好斗,鼎亨曰:"化民有本,未教而遽杀之,非义

---

① (清)杨士骧、孙葆田:宣统《山东通志》卷176《国朝人物》,第4册,1934年上海商务印书馆影印本,第5065页。
② 顾廷龙:《清代朱卷集成》第27册,台北:台湾成文出版社,1992年,第219页。
③ 顾廷龙:《清代朱卷集成·序》第1册,台北:台湾成文出版社,1992年,第1页。
④ 王钟翰点校:《清史列传》卷77,北京:中华书局,1987年,第6388～6389页。

也。"乃取孝经证圣谕为浅说,妇孺闻之,亦泣下。①

按:众所周知,清代康熙颁发《圣谕十六条》,雍正作《圣谕广训》,清圣祖为康熙,《清史稿》此处张冠李戴,必误。《清史列传》和《清国史》表述为"取孝经证圣谕为浅说",更为妥当。

43. 孙葆田

孙葆田,字佩南。(四十三·一三零八九)

孙葆田,字仲恒,一字仲垣,号佩南。②

按:《清史稿》记孙葆田"字佩南",《清代朱卷集成》则记"号佩南",因后者收录者为清代科举应试者的朱卷,"朱卷者,即举子的试卷弥封后交誊录生用朱笔重新誊写的卷子"。③ 在清代,新中式的举人、进士多将自己的试卷刻印以分送亲友,这种刊刻的试卷也称朱卷。朱卷为考生亲自填写,由其本人或家人刊刻。此卷为孙葆田家人所刻,故虽为孤证,亦予采信。孙葆田"号佩南",《清史稿》记"字佩南",误。

宣统元年,卒,年七十。(四十三·一三零九零)

宣统二年岁暮先生(孙葆田)将归潍度岁,承霖适奉存古学堂监督之檄,先生亦膺教务长之聘,遂就与商定规则,乃别不十日,遽于辛亥正月朔日以疾卒于潍,年七十有二。④

按:宣统辛亥为宣统三年。《清史稿》记孙葆田卒于"宣统

---

① (清)国史馆:《清国史·循吏传》卷10,北京:中华书局,1993年影印嘉业堂钞本,第225页。
② 顾廷龙:《清代朱卷集成》第36册,台北:台湾成文出版社,1992年,第201页。
③ 顾廷龙:《清代朱卷集成·序》第1册,台北:台湾成文出版社,1992年,第1页。
④ (清)杨士骧、孙葆田:宣统《山东通志·附传》第4册,1934年上海商务印书馆影印本,第6233~6234页。

元年",宣统《山东通志》记卒于"宣统辛亥",即宣统三年,与《清史稿》异。孙葆田为宣统《山东通志》重要编纂人之一,故该志后附录的孙氏传记应属可信,另《校经室文集》卷1收录有孙葆田所撰《徐汉卿先生诗集序》,①文后署明"宣统庚戌仲春谨序",表明该文所撰述时间为宣统庚戌即宣统二年,故孙葆田绝不可能卒于宣统元年。《清史稿》记为"宣统元年",误。此处从宣统《山东通志》所记,孙葆田卒年应为"宣统三年"。

44. 王仁堪

督山西学政,历典贵州、江南、广东乡试,入直上书房。时俄罗斯索伊犁,使臣崇厚擅定条约,仁堪与修撰曹鸿勋等合疏劾之。(四十三·一三零九三)

光绪六年……简放山西学政。②

光绪十一年……充贵州乡试副考官……差旋,充国史馆协修官。③

光绪十三年……奉旨在上书房行走,旋充会典馆纂修官。④

光绪十五年……五月,充广东乡试副考官。⑤

(光绪)六年提督山西学政,八年丁父忧回籍,十年,服阕,充镶红旗官学管学官,十一年,充贵州乡试副考官,差旋,充国史馆协修官,十二年九月,充本衙门撰文,十二月,

---

① (清)孙葆田:《校经室文集》卷1《徐汉卿先生诗集序》,1916年南林刘氏求恕斋刻本。
② (清)王孝缉:《先公年谱》,不分卷,见《北京图书馆藏珍本年谱丛刊》第176册,北京:北京图书馆出版社,1999年,第755页。
③ (清)王孝缉:《先公年谱》,不分卷,见《北京图书馆藏珍本年谱丛刊》第176册,北京:北京图书馆出版社,1999年,第759页。
④ (清)王孝缉:《先公年谱》,不分卷,见《北京图书馆藏珍本年谱丛刊》第176册,北京:北京图书馆出版社,1999年,第759页。
⑤ (清)王孝缉:《先公年谱》,不分卷,见《北京图书馆藏珍本年谱丛刊》第176册,北京:北京图书馆出版社,1999年,第762页。

保留管学官一次,十三年,命在上书房行走,旋充会典馆纂修官,十四年京察一等,六月充江南乡试副考官,十一月充武英殿纂修官,十二月复保留管学官一次,十五年……五月充广东乡试副考官。①

(光绪)六年提督山西学政,十一年,充贵州乡试副考官,十三年,命在上书房行走,十四年,充江南乡试副考官……十五年……五月,充广东乡试副考官,十二月充会典馆绘图处帮总纂官,十六年十月,改总纂官,以十四年京察一等,授江苏镇江府知府,十七年三月,莅任。②

(光绪)五年十二月,充武英殿协修官,时中国与俄罗斯更定条约,俄人索我伊犁,要求无厌,出使大臣崇厚专擅画诺,未奉旨遽回京,仁堪偕翰林院修撰曹鸿勋、编修黄国瑾等二十四人疏劾之。③

光绪五年……十二月,充武英殿协修官,时中国与俄罗斯更定条约,俄人索我伊犁,要求无厌,出使大臣崇厚专擅画诺,未奉旨遽回京,公偕翰林院编修撰曹鸿勋、编修黄国瑾等二十四人疏劾之。④

按:由上述材料,可以排出王仁堪的详细履历:光绪五年,上疏劾崇厚;光绪六年,督学山西;历典贵州、江南、广东乡试则分别在光绪十一年、十四年和十五年;入值上书房在光绪十三年;而《清史稿》记为:"历典贵州、江南、广东乡试,入直上书房。时俄罗斯索伊犁,使臣崇厚擅定条约,仁堪与修撰曹鸿勋等合

---

① 刘家平、苏晓君:《中华历史人物别传集》第68册,北京:线装书局,2003年,第667页。
② 蔡冠洛:《清代七百名人传》第一编,北京:中国书店出版社,1984年,第376页。
③ 刘家平、苏晓君:《中华历史人物别传集》第68册,北京:线装书局,2003年,第671页。
④ (清)王孝缉《先公年谱》,不分卷,见《北京图书馆馆藏珍本年谱丛刊》第176册,北京:北京图书馆出版社,1999年,第755页。

疏劾之。"这样的记述方式容易让人理解为"历典贵州、江南、广东乡试，入直上书房"和"俄罗斯索伊犁，使臣崇厚擅定条约，仁堪与修撰曹鸿勋等合疏劾之"同时发生，不妥。

二、其他材料中所见《清史稿·循吏传》入传人物事实考异

1. 于宗尧

于宗尧……汉军正白旗人。（四十三·一二九七零）

于宗尧，汉军正白旗人。①

于宗尧，汉军正白旗人。②

于宗尧，汉军镶黄旗人。③

于宗尧，汉军镶黄旗人。④

按：《清史稿》《清国史》和《清史列传》记于宗尧为"汉军正白旗人"，《钦定八旗通志》和《八旗通志初集》则记为"汉军镶黄旗人"，与《清史稿》等异。查《奉天通志》："于宗尧，字二巍，汉军正白旗人。"⑤同书记其父于时跃亦称"广宁人，隶汉军正白旗。"⑥故于宗尧应属"汉军正白旗"。《钦定八旗通志》和《八旗通志初集》记为"汉军镶黄旗"，误。

---

① （清）国史馆：《清国史·循吏传》卷2，第12册，北京：中华书局，1993年影印清嘉业堂钞本，第20页。
② 王钟翰点校：《清史列传》卷74，北京：中华书局，1987年，第6099页。
③ （清）高宗弘历：《钦定八旗通志》卷236《循吏传》，第7册，长春：吉林文史出版社，2002年，第4347页。
④ （清）鄂尔泰：《八旗通志初集》卷232《循吏传一》，长春：东北师范大学出版社，1985年，第5273页。
⑤ （民国）王树楠、吴廷燮：《奉天通志》卷185《人物十三》，第4册，东北文史丛书编辑委员会点校、出版，1983年，第4193页。
⑥ （民国）王树楠、吴廷燮：《奉天通志》卷182《人物十》，第4册，东北文史丛书编辑委员会点校、出版，1983年，第4146页。

2. 陈时临

河南诸县多食芦盐,独汝宁一郡食淮盐,芦商欲并之,时临……力争得止。(四十三·一二九七八)

河北尽食芦盐,独汝宁食淮盐,芦商欲争而并之,职方(陈时临)……力争之,得止。①

河北独食芦盐,独汝宁一郡食淮盐,芦商欲并之,时临……争之力,得止。②

按:《清史稿》记"河南诸县多食芦盐,独汝宁一郡食淮盐",而《鲒埼亭集》和乾隆《鄞县志》皆记为"河北"诸县,与《清史稿》异。查谭其骧《中国历史地图集》清代卷可知,汝宁属河南。据此,乾隆《鄞县志》和《鲒埼亭集》记为"河北",误,此处应为"河南"。

3. 姚文燮

姚文燮,字经三。(四十三·一二九七八)

姚文燮,字经三,号羹湖,晚号听翁,又称黄柏山樵。③

姚公讳文燮,字经三,号羹湖。④

姚文燮:字羹湖。⑤

姚文燮:字羹湖。⑥

---

① (清)全祖望:《鲒埼亭集》卷22《尚书职方郎陈公墓志铭》,见《续修四库全书》第1429册,上海:上海古籍出版社,2002年,第155页。
② (清)钱维乔、钱大昕:乾隆《鄞县志》卷17《人物》,见《续修四库全书》第706册,上海:上海古籍出版社,2002年,第374~375页。
③ 邓之诚:《清诗纪事初编》,不分卷,北京:中华书局,1965年,第558页。
④ (清)马其昶:《桐城耆旧传》卷7,合肥:黄山书社,1990年,第247~248页。
⑤ 盛锸:《清代画史增编》卷12,1927年上海有正书局刊印本。
⑥ 冯金伯:《国朝画识》卷2,见《故宫珍本丛刊》第463册,海口:海南出版社,2001年,第23页。

按：上述材料所记姚文燮之字号不尽相同，《清史稿》《清诗纪事初编》和《桐城耆旧传》皆记姚氏"字经三"，《清代画史增编》《国朝画识》记"字羹湖"，而《清诗纪事初编》和《桐城耆旧传》则将"羹湖"记为其"号"，不尽相同。因《桐城耆旧传》撰者马其昶与姚文燮为同乡，同为桐城人，且有《清诗纪事初编》印证，故其记"字经三"应更为可信。据此，《清画史增编》和《国朝画识》所记"字羹湖"有误，应为"字经三"。

顺治十六年进士。（四十三·一二九七八）

姚文燮……顺治十六年进士。①

姚文燮……顺治十六年进士。②

姚文燮……顺治十六年进士。③

姚文燮，桐城人。顺治己亥进士，授建宁推官。④

姚文燮……顺治十六年进士。⑤

姚文燮……顺治辛丑进士。⑥

姚文燮……顺治辛丑进士。⑦

按：顺治己亥为顺治十六年，辛丑为顺治十八年。上述材料中，《清史稿》《清国史》《清史列传》《清诗纪事初编》《桐城耆旧传》、光绪《重修安徽通志》皆记姚文燮为"顺治十六年进士"，唯《清代画史增编》和《国朝画识》记为"顺治辛丑"，即"顺治十八年进士"，与《清史稿》异。《国朝历科题名碑录初集》中，姚文

---

① （清）国史馆：《清国史·循吏传》卷2，第12册，北京：中华书局，1993年影印清嘉业堂钞本，第23页。
② 王钟翰点校：《清史列传》卷74，北京：中华书局，1987年，第6104页。
③ 邓之诚：《清诗纪事初编》，不分卷，北京：中华书局，1965年，第558页。
④ （清）柯绍基、杨沂孙：光绪《重修安徽通志》卷180《宦绩》，见《续修四库全书》第653册，上海：上海古籍出版社，2002年，第355页。
⑤ 马其昶：《桐城耆旧传》卷7，合肥：黄山书社，1990年，第247～248页。
⑥ 盛锠：《清代画史增编》卷12，1927年上海有正书局刊印本。
⑦ 冯金伯：《国朝画识》卷2，见《故宫珍本丛刊》第463册，海口：海南出版社，2001年，第23页。

燮系于"顺治十六年己亥科"下:"姚文燮,浙江安庆府桐城县人。"①故姚氏为顺治十六年进士无疑,《国朝画识》和《清代画史增编》皆作"顺治辛丑进士",误。

4. 黄贞麟

河南优人朱虎山,游食太和。(四十三·一二九八零)
河南优人朱虎山,游食太和。②
河南优人朱虎山游食太和。③
河南优人朱虎,游食太和。④

按:《清史稿》《清国史》和《碑传集》皆记其人姓名为"朱虎山",唯宣统《山东通志》记为"朱虎",异。《碑传集》所收为碑传文材料,且有《清史稿》《清国史》等为证,而宣统《山东通志》本身为孤证,故此处从《清史稿》等所记,此人姓名应为"朱虎山",宣统《山东通志》遗漏"山"字,误。

5. 江皋

以事左迁,旋以恩复职,卒于家。(四十三·一二九八七)
康熙五年卒。⑤
未几,坐前任事,挂吏议左迁,遂解官归……辛卯春,

---

① (清)李周望:《国朝历科题名碑录初集》,见《北京图书馆古籍珍本丛刊》第116册,北京:书目文献出版社,1988年,第512页。
② (清)国史馆:《清国史·循吏传》卷1,第12册,北京:中华书局,1993年影印清嘉业堂钞本,第18页。
③ (清)钱仪吉:《碑传集》卷93《奉直大夫户部山西清吏司主事加一级房师即墨黄公贞麟墓志铭》,见《清代碑传全集》,上海:上海古籍出版社,1987年,第466页。
④ (清)杨士骧、孙葆田:宣统《山东通志》卷177《国朝人物》,第4册,1934年上海商务印书馆影印本,第5096页。
⑤ 王钟翰点校:《清史列传》卷74,北京:中华书局,1987年,第6107页。

上垂念老臣,敕部列奏,公与焉,乃诣阙谢,上命子复旧职,盖异数云……公享年八十有一,卒康熙乙未。①

按:《清史列传》记载江皋"康熙五年卒",篇末注明文章材料来源于"蓝千秋户部集江公皋传"。② 此传文《碑传集》《国朝耆献类征》皆有收录。原文为:"公享年八十有一,卒康熙乙未。"查康熙乙未为康熙五十四年,与《清史列传》"康熙五年卒"之记载不一致,可见此处《清史列传》所记内容应为传抄中出错。另蓝千秋的传文材料则来源于江皋之子提供的江皋墓志铭:"辛丑夏,遇公子园于楚中,出志铭视余为撰述本末,著之为家传。"当属可信。故从其说,江皋应卒于康熙五十四年,《清史列传》作"康熙五年",误。

6. 邵嗣尧

康熙九年进士。(四十三·一二九八九)

康熙癸卯举于乡,庚戌成进士。③

康熙庚戌进士。④

康熙庚戌进士。旧通志。⑤

中癸卯乡试,庚辰成进士。⑥

---

① (清)钱仪吉:《碑传集》卷81《江公皋传》,见《清代碑传全集》,上海:上海古籍出版社,1987年,第414页。

② (清)国史馆:《清国史·循吏传》卷2,第12册,北京:中华书局,1993年影印清嘉业堂钞本,第26页。王钟翰点校:《清史列传》卷74,北京:中华书局,1987年,第6107页。

③ (清)常赞春:《山西献征》卷5《学使邵子昆先生事略》,1936年太原山西省文献委员会铅印本。

④ (清)李鸿章等、黄彭年:光绪《畿辅通志》卷189《宦绩》,见《续修四库全书》第637册,上海:上海古籍出版社,2002年,第32页。

⑤ (清)沈家本、徐宗亮等:光绪《重修天津府志》卷40《宦绩》,见《续修四库全书》第691册,上海:上海古籍出版社,2002年,第158页。

⑥ (清)曾国荃、王轩:光绪《山西通志》卷133《乡贤》,见《续修四库全书》第645册,上海:上海古籍出版社,2002年,第32页。

按：康熙癸卯为康熙二年，庚戌为康熙九年，庚辰为康熙三十九年。《清史稿》《山西献征》、光绪《畿辅通志》和光绪《重修天津府志》皆记邵嗣尧为"光绪九年进士"，唯光绪《山西通志》记为"光绪庚辰"即光绪三十九年进士，为孤证。且据《清史稿》邵嗣尧传可知，邵嗣尧任职山东临淄知县、直隶柏乡知县、直隶守道等事皆发生在康熙三十九年之前，即康熙三十九年前他已通过科举步入仕途，故光绪《山西通志》"康熙庚辰进士"的记载有误，邵氏应为"康熙九年进士"。

7. 高荫爵

授直隶蠡县知县。（四十三·一二九九一）

初由荫生任直隶正定府蠡县知县，迁湖广安陆府同知。①

初由荫生任直隶保定府蠡县知县，迁湖广安陆府同知。②

按：《钦定八旗通志》记"蠡县"属"直隶正定府"，而《八旗通志初集》记为属"保定府"，互异。查《清朝通典》卷九十《州郡一》，"蠡县"系于"保定府"下。③ 谭其骧《中国历史地图集》第八册清代卷，蠡县亦属直隶保定府辖区。光绪《保定府志》中，也收录有蠡县部分。④ 故《钦定八旗通志》记"正定府蠡县"，误。

---

① （清）高宗弘历敕纂：《钦定八旗通志》卷238《循吏传》，第7册，长春：吉林文史出版社，2002年，第4387页。
② （清）鄂尔泰：《八旗通志初集》卷234《循吏传三》，长春：东北师范大学出版社，1985年，第5309页。
③ （清）高宗敕撰：《清朝通典》卷90《州郡一》，上海：商务印书馆，1935年，第2709页。
④ （清）李培祜、张豫垲：光绪《保定府志》，见《中国地方志集成·河北府县志辑》，上海：上海书店出版社，2006年。

8. 崔华

（康熙）三十一年,迁甘肃庄凉道,未行,卒。(四十三·一二九九三)

（康熙）三十一年,迁甘肃庄凉道,未行,卒。淮商祠祀之。①

（康熙）二十一年,迁甘肃庄凉道,未行而卒。②

按：上述《清史稿》和嘉庆《重修大清一统志》记崔华迁甘肃庄凉道的时间为"康熙三十一年",而《大清畿辅先哲传》则记为"康熙二十一年",与《清史稿》异。因《大清畿辅先哲传》崔华传文中就记载有崔华康熙二十一年以后的事迹：(康熙)"二十三年,上命九卿举清廉官吏,华与范承勋、张鹏翮、陆陇其同在举中。擢两淮盐运使,宽于督课,商得休息,而赋悉办。先是湖南长沙诸府引用兵蠲引三十九万一千有奇,有请补行蠲引者,计课可四十余万两。华力言不便,以两淮浮课甚重,又带加觔,商力疲乏,若再补蠲引,必致额售者滞销误课,事得寝。二十一年,迁甘肃庄凉道,未行而卒。淮商祠祀之。"③传文本身不符合全文以时间先后顺序记叙的形式,自相矛盾,不足采信。故《大清畿辅先哲传》记"(康熙)二十一年,迁甘肃庄凉道",误,此处应为"康熙三十一年"。

9. 陆师

陆师,字麟度,浙江归安人。(四十三·一三零零零)

---

① （清)仁宗敕撰：嘉庆《重修大清一统志·正定府三》之《人物》,见《四部丛刊续编·史部》第17册,上海：上海书店出版社,1984年。
② （民国）徐世昌：《大清畿辅先哲传》卷30《贤能三》,天津徐氏刊本。
③ （民国）徐世昌：《大清畿辅先哲传》卷30《贤能三》,天津徐氏刊本藏。

陆君讳师,字麟度,浙江归安人。①
陆师:字麟度,浙江归安人。②
陆师,字麟度,浙江归安人。③
公讳师,字麟度,一字中吉。④
陆师,字麟度,浙江归安人。⑤
康熙六十年:陆师,字巢云,号麟度,浙江归安人。康熙庚辰进士,由刑部员外郎考选广西道御史,外转兖河道。⑥

按:上述材料中,《清史稿》《国朝先正事略》《国朝诗人征略》《国朝耆献类征》《惕甫未定稿》《增广尚友录统编》皆记陆师"字麟度",唯《清朝御史题名录》将"麟度"记为其号,本身为孤证,不足采信,故《清朝御史题名录》记"号麟度"有误,"麟度"应为其字。

10. 龚鉴

龚鉴,字明水。(四十三·一三零零一)
龚鉴,国朝,字龄上,又字明水。⑦

---

① (清)李元度:《国朝先正事略》卷51,长沙:岳麓书社,1991年,第1235页。
② (清)张维屏:《国朝诗人征略》卷18,清道光至咸丰间刻本。
③ (清)李桓:《国朝耆献类征》卷135《谏臣三》,清光绪十年(1884年)湘阴李氏刊本。
④ (清)王芑孙:《惕甫未定稿》卷15《清故广西道监察御史前江南仪真县知县归安陆公事状》,嘉庆二十年(1815年)长洲王氏渊雅堂全集本。
⑤ (清)应祖锡:《增广尚友录统编》卷19,清光绪二十八年(1902年)鸿宝斋石印本。
⑥ (清)苏树蕃:《清朝御史题名录·康熙六十年》,见《近代中国史料丛刊正编》第14辑,第136册,台北:台湾文海出版社,1966—1995年,第214页。
⑦ (清)应祖锡:《增广尚友录统编》卷1,清光绪二十八年(1902年)鸿宝斋石印本。

龚鉴，字明水，号硕果，钱塘人。道古堂集。①

（龚）鉴字龄上，一字明水，号硕果。②

龚君鉴字龄上，又字硕果，一字明水。③

钱塘龚君鉴字明水，又字硕果。④

按：上述材料中，乾隆《杭州府志》《道古堂文集》记龚鉴"号硕果"，而《鲒埼亭集》《清代吏治丛谈》则将"硕果"记为其"字"，互异。因《鲒埼亭集》作者全祖望与龚鉴私交甚好，《鲒埼亭集》记云："康熙之季，杭才彦最盛，而杭二堇浦与君（龚鉴）为尤……余初出游，于诸才彦皆相善，而所最心知亦莫如二人。"⑤故其所记龚氏"字硕果"应更为可信，而乾隆《杭州府志》文中注明材料来自《道古堂集》，为同一史源，可视为孤证，不足采信，故乾隆《杭州府志》和《道古堂文集》记"号硕果"有误，"硕果"应为龚鉴之"字"。

11. 陈德荣

陈德荣，字廷彦，直隶安州人。（四十三·一三零零三）

陈德荣，国朝，字廷彦，号密山。⑥

---

① （清）郑沄、邵晋涵：乾隆《杭州府志》卷89，见《续修四库全书》第703册，上海：上海古籍出版社，2002年，第330页。

② （清）杭世骏：《道古堂文集》卷34《龚鉴传》，见《续修四库全书》第1426册，上海：上海古籍出版社，2002年，第534页。

③ （清）全祖望：《鲒埼亭集》卷19《前甘泉令明水龚君墓志铭》，见《续修四库全书》第1429册，上海：上海古籍出版社，2002年，第123页。

④ （民国）伍承乔：《清代吏治丛谈》卷1，见《近代中国史料丛刊正编》第2辑第12册，台北：台湾文海出版社，1966—1995年，第194页。

⑤ （清）全祖望：《鲒埼亭集》卷19《前甘泉令明水龚君墓志铭》，见《续修四库全书》第1429册，上海：上海古籍出版社，2002年，第123页。

⑥ （清）应祖锡：《增广尚友录统编》卷4，光绪二十八年（1902年）鸿宝斋石印本藏。

陈德荣，字廷彦，号密山。①

陈君德荣，字廷彦，号密山。②

公讳德荣，字廷彦，号密山。③

陈德荣，字廷彦，号密山。④

公讳德荣，字廷彦，一字密山。⑤

按：上述材料皆记陈氏"字廷彦"，与《清史稿》同。且大多记其"号密山"，唯《青溪集》记之为字，本身为孤证，不足采信，《青溪集》误，陈氏应为"字廷彦，号密山"。

康熙五十一年进士，授湖北枝江知县。（四十三·一三零零三）

陈德荣，鹤龄子，康熙癸巳进士。⑥

康熙五十一年成进士。⑦

康熙五十一年成进士……六十一年授湖北枝江知县。⑧

（康熙）六十一年，授湖北枝江县知县。⑨

陈德荣，直隶保定府安州人，年四十四岁，由进士（康

---

① （清）李元度：《国朝先正事略》卷51，长沙：岳麓书社，1991年，第1238页。

② （民国）伍承乔：《清代吏治丛谈》卷1，见《近代中国史料丛刊正编》第2辑第12册，台北：台湾文海出版社，1966—1995年，第154页。

③ （清）方苞：《望溪先生文集》卷1，见《续修四库全书》第1420册，上海：上海古籍出版社，2002年，第436页。

④ （民国）徐世昌：《大清畿辅先哲传》卷31《贤能四》，天津徐氏刊本。

⑤ （清）程廷祚：《青溪集》卷12《安徽布政司布政使安州陈公行状》，1914至1916蒋氏慎修书屋《金陵丛书乙集》铅印本。

⑥ （清）仁宗敕撰：嘉庆《重修大清一统志·保定府五》之《人物》，见《四部丛刊续编·史部》第16册，上海：上海书店出版社，1984年。

⑦ （清）李鸿章、黄彭年：光绪《畿辅通志》卷232《列传》，见《续修四库全书》第638册，上海：上海古籍出版社，2002年，第475页。

⑧ （民国）徐世昌：《大清畿辅先哲传》卷31《贤能四》，天津徐氏刊本。

⑨ （清）国史馆：《清国史·循吏传》卷4，第12册，北京：中华书局，1993年影印清嘉业堂钞本，第67页。

熙)六十一年二月内选授湖广荆州府枝江县知县。①

岁(康熙)壬寅选授湖广枝江县令。②

(康熙)六十一年授湖北枝江县知县。③

按：康熙壬寅年为康熙六十一年。上述材料中，嘉庆《重修大清一统志》记陈氏为"康熙癸巳进士"，即"康熙五十二年"进士，而《清史稿》《大清畿辅先哲传》、光绪《畿辅通志》记为"康熙五十一年"，异。《国朝历科题名碑录初集》中，陈德荣系于"康熙五十一年壬辰科"下："陈德荣，直隶保定府安州人。"④确为康熙五十一年进士无疑。嘉庆《重修大清一统志》作"康熙五十二年"，误。

另：上述材料中，《清国史》《清代官员履历档案全编》《青溪集》、光绪《畿辅通志》和《大清畿辅先哲传》均记陈德荣"康熙六十一年"授湖北枝江知县，无异议。

12. 芮复传

芮复传，字衣亭。(三十四·一三零零五)

君讳复传，字衣亭，又字宗一。⑤

芮复传，字衣亭，又字宗一。⑥

---

① 秦国经：《清代官员履历档案全编》第1册，上海：华东师范大学出版社，1997年，第81页上。
② (清)程廷祚：《青溪集》卷12《安徽布政使司布政使安州陈公行状》，1914至1916年蒋氏慎修书屋《金陵丛书乙集》铅印本。
③ (清)李鸿章、黄彭年：光绪《畿辅通志》卷232《列传》，见《续修四库全书》第638册，上海：上海古籍出版社，2002年，第475页。
④ (清)李周望：《国朝历科题名碑录初集》，见《北京图书馆古籍珍本丛刊》第116册，北京：书目文献出版社，1988年，第568页。
⑤ (清)朱筠：《笥河文集》卷12《浙江提刑按察使司副使分巡温处道芮君墓碣铭》，见《续修四库全书》第1440册，上海：上海古籍出版社，2002年，第282页。
⑥ (民国)徐世昌：《大清畿辅先哲传》卷31《贤能四》，天津徐氏刊本。

芮复传,字宗一,号衣亭。①
芮复传,字宗一,号衣亭。②

按:上述材料中,《清史稿》《笥河文集》和《大清畿辅先哲传》皆记"字衣亭",而光绪《畿辅通志》和《清画家诗史》记"号衣亭",与《清史稿》等异。由于《笥河文集》的墓碣铭为受芮氏后人嘱托、据其家人提供的行状撰成,且作者朱筠和芮复传有亲戚关系:"承重孙其章属君之从子赞善、永肩乞(朱)筠为铭其幽宫之石,而(朱)筠于君(芮复传)有妻党葭莩之亲,君之从弟复健又与(朱)筠乡试同举,知君平生差详。"③应更可信,故光绪《畿辅通志》和《清画家诗史》记"号衣亭",误,芮复传应为"字衣亭"。

另:芮复传字"宗一",上述材料无异议。

寻擢温处道。(三十四·一三零零六)
(雍正)戊申,擢分寻温处道。④
雍正六年,擢分巡温处道。⑤
(雍正)五年,上官以治有成效擢温处道。⑥

按:雍正戊申为雍正六年。此处《清史稿》未记芮复传擢温处道的具体时间,《笥河文集》和《大清畿辅先哲传》记为"雍正

---

① (清)李鸿章、黄彭年:光绪《畿辅通志》卷227《列传》,见《续修四库全书》第638册,上海:上海古籍出版社,2002年,第370~371页。
② 李浚之:《清画家诗史》,北京:中国书店出版社,1990年。
③ (清)朱筠:《笥河文集》卷12《浙江提刑按察使司副使分巡温处道芮君墓碣铭》,见《续修四库全书》第1440册,上海:上海古籍出版社,2002年,第282页。
④ (清)朱筠:《笥河文集》卷12《浙江提刑按察使司副使分巡温处道芮君墓碣铭》,见《续修四库全书》第1440册,上海:上海古籍出版社,2002年,第284页。
⑤ (民国)徐世昌:《大清畿辅先哲传》卷31《贤能四》,天津徐氏刊本。
⑥ (清)李鸿章、黄彭年:光绪《畿辅通志》卷227《列传》,见《续修四库全书》第638册,上海:上海古籍出版社,2002年,第370~371页。

六年",光绪《畿辅通志》记为"雍正五年"。由于上文所述《笥河文集》的传文作者和芮复传具有亲戚关系,且《笥河文集》内容可与《大清畿辅先哲传》的记载相印证,当属可信,芮复传擢温处道的时间为"雍正六年",光绪《畿辅通志》作"雍正五年",误。

13. 牛运震

雍正十一年进士。(四十三·一三零二一)

(雍正)壬子魁北闱,受知于清江夫子——即今大宗伯漕督杨公也。癸丑,捷南宫。①

雍正十一年进士。②

年十六补博士弟子,二十余,选拔贡成均,雍正壬子中京闱乡试。癸丑,成进士。③

雍正初,年十六补县学生,有文名。己酉岁,选拔贡生,壬子科举顺天试,癸丑科成进士。④

雍正十六年进士。⑤

牛运震……雍正十六年进士。乾隆元年,诏试博学鸿词,不遇。寻授甘肃泰安知县。⑥

按:雍正壬子和癸丑分别为雍正十年和十一年。上述《清

---

① 蒋致中:《牛运震年谱》附录《行状》,北京:商务印书馆,1933年,附录第2页。
② (清)国史馆:《清国史·循吏传》卷5,第12册,北京:中华书局,1993年影印清嘉业堂钞本,第88页。
③ 蒋致中:《牛运震年谱》附录《牛真谷先生传》,北京:商务印书馆,1933年,附录第8页。
④ (清)孙星衍:《岱南阁集》卷2《清故赐进士出身荐举博学宏词平番县知县牛君墓表》,见《丛书集成初编》第2524册,上海:商务印书馆,1935—1937年排印本,第54页。
⑤ (民国)伍承乔:《清代吏治丛谈》卷2,见《近代中国史料丛刊正编》第2辑,第12册,台北:台湾文海出版社,1966—1995年,第208页。
⑥ (清)应祖锡:《增广尚友录统编》卷12,清光绪二十八年(1902年)鸿宝斋石印本。

史稿》《牛运震年谱》《清国史》《岱南阁集》皆记牛运震为"雍正十一年进士",《清代吏治丛谈》和《增广尚友录统编》则记为"雍正十六年进士",与《清史稿》等异。《牛运震年谱》和《岱南阁集》等是年谱、碑传等资料,当属可信。另查《明清进士题名碑录索引》可见,牛运震的确系于"雍正十一年癸丑科"下,①为雍正十一年进士。《清代吏治丛谈》和《增广尚友录统编》为"雍正十六年",误。

14. 邵大业

邵大业,字在中。(四十三·一三零二三)

君名大业,字在中,号厚庵,别号思余。②

邵大业,字在中,号厚庵,一号思余,大兴人,雍正十一年进士。③

邵大业,字厚庵,一字在中,别号思余。④

邵大业,字厚庵,号在中。⑤

按:上述材料中,《清史稿》《碑传集》《皇清书史》《大清畿辅先哲传》皆记邵大业"字在中",唯《昭代名人尺牍小传续集》记之为"号"。因《碑传集》所收为邵大业家传,且有多种材料为证,应属可信,故"在中"应为邵大业之"字"。《昭代名人尺牍小传续集》记"号在中",误。

---

① 朱保炯、谢沛霖:《明清进士题名碑录索引》下册,上海:上海古籍出版社,1980年,第2703页。按:因《国朝历科题名碑录初集》所记至雍正八年(1730年)止,故此处采用《明清进士题名碑录索引》材料。
② (清)钱仪吉:《碑传集》卷105《江南徐州府知府邵公大业家传》,见《清代碑传全集》上册,上海:上海古籍出版社,1987年,第513~514页。
③ (清)李放:《皇清书史》卷28,见《丛书集成续编》第38册,上海:上海书店出版社,1994年,第269页。
④ (民国)徐世昌:《大清畿辅先哲传》卷21《文学三》,天津徐氏刊本。
⑤ (清)陶湘:《昭代名人尺牍小传续集》卷1,见《近代中国史料丛刊续编》第75辑,第745册,台北:台湾文海出版社,1972年,第124页。

另:《碑传集》和《皇清书史》皆记邵氏"号厚庵",《大清畿辅先哲传》和《昭代名人尺牍小传续集》则记"字厚庵"。因《碑传集》所收传文为邵氏家传,更可信,故从其说,邵氏应为"号厚庵",《大清畿辅先哲传》和《昭代名人尺牍小传续集》作"字厚庵",误。

雍正十一年进士。(四十三·一三零二三)

雍正十年举顺天乡试第一,明年以春秋魁其房,殿试赐进士。①

臣邵大业,系顺天府大兴县人,年二十七岁,由廪生中式雍正十年第一名举人,雍正十一年第二甲第十七名进士。②

雍正癸巳年十四补学官弟子,旋饩于米廪,壬子领京兆榜,明年以春秋魁其房。③

按:上述材料中,《碑传集》所收郑虎文撰邵大业家传,记云"雍正癸巳年十四补学官弟子,旋饩于米廪,壬子领京兆榜,明年以春秋魁其房"。查雍正间无"癸巳"年,这一记载必然有误。幸郑虎文的这篇传文,《国朝耆献类征》亦有收录。④ 原文异为"雍正乙巳年十四补关学弟子",其他内容不变。查雍正间有"乙巳"年,为雍正三年(1725年),雍正壬子为雍正十年(1732年),与邵氏的经历相符,当属可信。故此处《碑传集》"雍正癸巳"之记载,可能为传抄中出错,应从《国朝耆献类征》改为"雍正乙巳"。另《清史稿》《大清畿辅先哲传》和《清代官员履历档

---

① (民国)徐世昌:《大清畿辅先哲传》卷21《文学三》,天津徐氏刊本。
② 秦国经:《清代官员履历档案全编》第15册,上海:华东师范大学出版社,1997年,第442页上。
③ (清)钱仪吉:《碑传集》卷105《江南徐州府知府邵公大业家传》,见《清碑传全集》,上海:上海书店出版社,1987年,第513~514页。
④ (清)李桓:《国朝耆献类》卷231《守令十七》,清光绪十年(1884年)湘阴李氏刊本。

案全编》《碑传集》皆记邵大业为"雍正十一年"进士,无异议。

15. 周克开

周克开,字乾三,湖南长沙人。乾隆十二年举人。(四十三·一三零二四)

中乾隆丁卯举人,甲戌明通榜,特旨发往甘肃。①

乾隆十二年举人。②

周君名克开,字乾三,号梅圃……乾隆十二年举人。③

周君名克开,字乾三,号梅圃,湖南长沙人。乾隆十二年举人。④

周克开,字梅圃,乾隆丁酉举人。⑤

周氏,讳克开,字乾三,梅圃其自号也。⑥

公讳克开,姓周氏,字乾三,号梅圃。⑦

按:乾隆丁卯为乾隆十二年,乾隆丁酉为乾隆四十二年。上述材料中,《清史稿》《国朝耆献类征》《清国史》《国朝先正事略》《清代吏治丛谈》皆记周克开为"乾隆十二年举人"。唯光绪

---

① (清)李桓:《国朝耆献类征》卷211《监司七》,清光绪十年(1884年)湘阴李氏刊本。
② (清)国史馆:《清国史·循吏传》卷5,第12册,北京:中华书局,1993年影印清嘉业堂钞本,第95页。
③ (清)李元度:《国朝先正事略》卷53,长沙:岳麓书社,1991年,第1256页。
④ (民国)伍承乔:《清代吏治丛谈》卷2,见《近代中国史料丛刊正编》第2辑,第12册,台北:台湾文海出版社,1966—1995年,第209页。
⑤ (清)卞宝第、曾口荃:光绪《湖南通志》卷175《人物》,见《续修四库全书》第665册,上海:上海古籍出版社,2002年,第395页。
⑥ (清)姚鼐:《惜抱轩文后集》卷5《周梅圃君家传》,见《近代中国史料丛刊续编》第69辑,第682册,台北:台湾文海出版社,1966—1995年,第644页。
⑦ (清)卢文弨:《抱经堂文集》卷33《浙江杭嘉湖海防兵备道周公墓志铭》,见《丛书集成初编》第2503册,上海:商务印书馆,1935—1937年排印本,第442页。

《湖南通志》记为"乾隆丁酉举人"即"乾隆四十二年举人"。因有多种材料记周氏为"乾隆十二年举人",彼此互证,而光绪《湖南通志》本身为孤证,且《清史稿》等资料中大量记载了周克开在乾隆四十二年前为官执政之事,故其中举必在乾隆四十二年之前,综上所述,周克开应为"乾隆十二年进士"。光绪《湖南通志》作"乾隆丁酉举人",误。另上述材料中,《国朝先正事略》《惜抱轩文后集》《清代吏治丛谈》皆记周克开号"梅圃",唯光绪《湖南通志》记为"字梅圃",因前者有数种材料互证,后者为孤证,且《惜抱轩文后集》所录传文是周克开之家传,故从其说,"梅圃"应为周可开之号。光绪《湖南通志》记为"字梅圃",误。

周克开"字乾三",上述材料无异议,当属可信。

16. 康基渊

(乾隆)四十四年,擢江西广信知府,卒于官。(四十三·一三零二七)

以乾隆四十九年某月终于官舍,年五十有六。①

乾隆四十六年辛丑(康基田)五十四岁:闻静溪弟(康基渊)卒于铅山舟次,静溪与余总角相依,友爱尤笃,先后同登仕版。②

乾隆四十五年七月,甘省监粮狱起,部议以先生前署兰州府,时曾为藩司近属,遂诖误被逮,舟次铅山卒,年五十二岁。③

---

① (清)方履籛:《万善花室文稿》卷4《清故江西广信府知府诰赠朝议大夫兵部车驾司郎中晋赠震威将军兵部侍郎兼都察院右副都御史安徽巡抚兼提督军务康公神道碑》,见《丛书集成初编》第2534册,上海:商务印书馆,1935—1937年排印本,第89页。
② (清)康基田、康亮均:《茂园自撰年谱》卷上,见《北京图书馆馆藏珍本年谱丛刊》第105册,北京:北京图书馆出版社,1999年,第589页。
③ (清)常赞春:《山西献征》卷3《郡守康静溪先生事略》,1936年太原山西省文献委员会铅印本。

未几，甘省监粮狱起，部议以渊前署兰州府，时曾为藩司王某近属，遂诖误被逮，寻卒于玉山舟次，时年五十有二。①

卒年五十二。②

按：上述材料中，《万善花室文稿》记康基渊"以乾隆四十九年某月终于官舍"，光绪《山西通志》记康基渊卒地为"玉山舟次"，而此事在《山西献征》和《茂园自撰年谱》中被记为"铅山舟次"，互异。因《茂园自撰年谱》作者康基田为康基渊之兄，材料本身为年谱形式，且有《山西献征》为证，应属可信，故光绪《山西通志》"卒于玉山舟次"，应为"卒于铅山舟次"之误。《万善花室文稿》所记"以乾隆四十九年某月终于官舍"，亦误。

另《山西献征》《国朝耆献类征》、光绪《山西通志》皆记康基渊卒时"年五十二"，可互证，应采信。而《万善花室文稿》记为"年五十有六"，为孤证，不足采信，亦误。

17. 茹敦和

茹敦和，字三樵，浙江会稽人。初嗣妇翁李为子，占籍广东。乾隆十九年成进士，归本宗。（四十三·一三零三零）

茹敦和，字逊来，号三樵……乾隆癸酉登贤书，甲戌联捷成进士。③

臣茹敦和，浙江绍兴府会稽县人，年四十五岁，乾隆十

---

① （清）曾国荃、王轩：光绪《山西通志》卷133《乡贤》，见《续修四库全书》第645册，上海：上海古籍出版社，2002年，第54页。
② （清）李桓：《国朝耆献类征》卷237《守令二十三》，清光绪十年（1884年）湘阴李氏刊本。
③ （民国）闵尔昌：《碑传集补》卷22《茹敦和传》，见《清代碑传全集》，上海：上海古籍出版社，1987年，第1392页。

九年进士。①

茹敦和,字三樵,会稽人。乾隆壬申进士。②

茹敦和,字逊来,会稽人。③

茹敦和,字逊来。④

初嗣妻妇李为子,占籍广东,登第后始归宗复籍。⑤

按:乾隆壬申为乾隆十七年,乾隆甲戌为乾隆十九年。上述《清史稿》《碑传集补》和《清代官员履历档案全编》皆记茹氏为"乾隆十九年进士",唯民国《湖北通志》记之为"乾隆壬申"即乾隆十七年进士,与《清史稿》等异。《清代官员履历档案全编》材料为茹敦和自记,且有《清史稿》和《碑传集补》等印证,当属可信。查《明清进士题名碑录索引》,虽未见茹敦和其人,但"乾隆十九年甲戌科"下,有"李敦和"。⑥《碑传集补》记茹敦和:"家故赤贫,随外舅李青阳于粤习举业",⑦《清史稿·茹敦和传》亦记茹敦和"初嗣妇翁李为子,占籍广东。乾隆十九年成进士,归本宗。"故知茹敦和科考时曾从外氏姓李,可见,《明清进士题名碑录索引》"乾隆十九年甲戌科"下所系之"李敦和",即易姓之"茹敦和"。故民国《湖北通志》记茹敦和为"乾隆十七年进士",误,茹氏应为"乾隆十九年进士"。

---

① 秦国经:《清代官员履历档案全编》第18册,上海:华东师范大学出版社,1997年,第748页上。

② (民国)张仲炘:民国《湖北通志》卷122《官绩传六》,上海:商务印书馆,影印1921年刻本,第2953页。

③ (清)钱林:《文献征存录》卷4,见《续修四库全书》第540册,上海:上海古籍出版社,2002年,第177页。

④ (清)李鸿章、黄彭年:光绪《畿辅通志》卷191《官绩》,见《续修四库全书》第637册,上海:上海古籍出版社,2002年,第87~88页。

⑤ (清)国史馆:《清国史·循吏传》卷6,第12册,北京:中华书局,1993年影印清嘉业堂钞本,第104页。

⑥ 朱保炯、谢沛霖:《明清进士题名碑录索引》下册,上海:上海古籍出版社,1980年,第2725页。

⑦ (民国)闵尔昌:《碑传集补》卷22《茹敦和传》,见《清代碑传全集》,上海:上海古籍出版社,1987年,第1392页。

内迁大理寺评事。(四十三·一三零三一)

茹敦和……年五十二岁,现任直隶大名县知县,卓异,候升,乾隆三十五年十月分签升大理寺评事缺。①

臣茹敦和……年五十二岁,现任直隶大名县知县……本年十月分推升大理寺左评事缺。敬缮履历,恭呈御览,谨奏。乾隆三十六年六月初一日。②

(乾隆)三十四年春,余(茹敦和)移任大名,则以记属代者含川李君顾,李君谦让不肯任其事,又二年,余内迁大理寺评事。③

按:上述同样来自于《清代官员履历档案全编》的两条材料,内容迥异。前者记茹氏内迁大理寺评事的时间为"乾隆三十五年十月",后者异为"乾隆三十六年十月"。从文意上判断,后一条履历材料应为茹敦和自撰,且有其自撰的《竹香斋古文》为证,应更可信。故茹氏内迁大理寺评事的时间为"乾隆三十六年",据此,《清代官员履历档案全编》第 20 册第 77 页茹敦和之履历有误。

18. 纪大奎

乾隆四十四年举人,充四库馆誊录。(四十三·一三零六六)

由抚州府学拔贡生充四库全书馆誊录,中(乾隆)己亥恩科顺天乡试举人。④

---

① 秦国经:《清代官员履历档案全编》第 20 册,上海:华东师范大学出版社,1997 年,第 77 页上。
② 秦国经:《清代官员履历档案全编》第 20 册,上海:华东师范大学出版社,1997 年,第 82 页下。
③ (清)茹敦和:《竹香斋古文》卷上《重修南乐县城隍庙碑记》,见《四库未收书辑刊》第 10 辑第 18 册,北京:北京出版社,2000 年,第 12 页。
④ 刘家平、苏晓君:《中华历史人物别传集》第 37 册,北京:线装书局,2003 年,第 346 页。

（乾隆）丁酉以拔贡进京，戊戌朝考二等，充四库全书馆誊录。登己亥恩科顺天乡荐。①

（乾隆）戊戌，不孝大奎以选贡北上……是岁奉旨朝考入等者皆得充四库全书馆誊录，于是不孝大奎留京效力……次年己亥恭遇恩科，不孝大奎举顺天乡荐，仍留馆供职，乙巳春报满以知县议叙引见，发山左。②

乾隆己亥顺天乡举，分发山东知县。③

纪大奎，字慎斋，临川人。嘉庆六年举人，官博平县知县。④

按：乾隆己亥为乾隆四十四年。上述材料所记纪大奎中举人的时间不一致。《清史稿》《中华历史人物别传集》《双桂堂稿》《续碑传集》皆记纪大奎为乾隆四十四年举人，而《畴人传三编》记其为"嘉庆六年举人"，异。《双桂堂稿》是纪大奎自己所记，且有多种碑传文等材料印证，应属可信，纪氏应为"乾隆四十四年举人"，《畴人传三编》为孤证，不足采信，误。

19. 张吉安

（嘉庆八年）补余杭……在余杭七年，引疾归，遂不出。（四十三·一三零三九）

嘉庆（八年）……十一月补余杭。九年春雨伤禾，米价腾贵，请粜常平仓谷。又请发官运川米五千石，民食以足，市价亦平……十年夏复苦雨，给帑煮赈……十四年六月引

---

① 刘家平、苏晓君：《中华历史人物别传集》第37册，北京：线装书局，2003年，第366页。
② （清）纪大奎：《双桂堂稿》卷5《先考行述》，嘉庆十三年（1808年）刻本。
③ （民国）缪荃孙：《续碑传集》卷40《纪大奎传》，见《清代碑传全集》，上海：上海古籍出版社，1987年，第1006页。
④ （清）诸可宝：《畴人传三编》卷2，见《丛书集成续编》第36册，上海：上海书店出版社，1994年，第276页。

疾归……在余杭七年。①

是冬（嘉庆八年）补授余杭……甲子夏雨损禾，设厂平粜。乙丑春雨为灾，分乡煮赈济贫保富……于己巳秋引疾去官……予与君缔交五十年，熟知生平本末，故叙述其事以俟当世立言者采择焉。②

（嘉庆）癸亥冬补余杭。③

嘉庆癸亥补余杭县知县。己巳秋，以封公年老思乡土引疾归。④

（嘉庆）八年始补授余杭县事。凡七年，十四年秋，以亲老引疾归。⑤

（嘉庆）十年，余杭春雨伤禾，米价腾踊，请粜仓谷，又请官运米五千石济之。明年，复被水，分乡设厂，煮粥别男女以赈。吴县志参杨枧撰别传。⑥

（嘉庆八年）冬，补余姚。⑦

是（嘉庆八年）冬补余姚县。甲子春雨伤禾，米价腾涌，君既请粜仓谷，又请于上游官运川米五千石，民食以足。乙丑夏复苦雨，邻邑煮赈者专设城中，就食者深不便，

---

① （清）李桓：《国朝耆献类征》卷242《守令二十八》，清光绪十年（1884年）湘阴李氏刊本。

② 刘家平、苏晓君：《中华历史人物别传集》第38册，北京：线装书局，2003年，第381～382页。

③ 刘家平、苏晓君：《中华历史人物别传集》第38册，北京：线装书局，2003年，第384页。

④ 刘家平、苏晓君：《中华历史人物别传集》第38册，北京：线装书局，2003年，第386页。

⑤ （清）张鉴：《冬青馆》乙集卷8《循吏蒋塘张君别传》，见《丛书集成续编》第134册，上海：上海书店出版社，1994年，第379页。

⑥ （民国）齐耀珊、吴庆坻：民国《杭州府志》卷122《名宦七》，见《中国地方志集成·浙江府县志辑》第3册，上海：上海书店出版社，1993年，第86页。

⑦ （清）李元度：《国朝先正事略》卷54，长沙：岳麓书社，1991年，第1267页。

拥挤伤亡日数辈,君分乡设厂……至己巳君乞养归里侍封君封母。①

按:嘉庆癸亥为嘉庆八年,嘉庆甲子为嘉庆九年,嘉庆乙丑为嘉庆十年,嘉庆己巳为嘉庆十四年。上述材料所记张吉安嘉庆八年所补之官的名称不尽相同,《清史稿》《国朝耆献类征》《中华历史人物别传集》《冬青馆》乙集、民国《杭州府志》皆记为补浙江"余杭"知县,至嘉庆十四年卸任,首尾七年。而《国朝先正事略》和《安吴四种》则记此段张吉安所任之职为浙江"余姚"知县,与《清史稿》等异。查光绪《余杭县志》可知,张吉安不仅参与了该志的修理,且撰写《余杭县志凡例》,②其名字亦系于历任余杭知县名下,任期自嘉庆八年始,直至嘉庆十三年,他还在余杭知县任上。③ 可见,张吉安所任之职应为浙江"余杭知县",《国朝先正事略》和《安吴四种》作"余姚"知县,误。

20. 龚景瀚

乾隆三十六年成进士。(四十三·一三零四一)

(乾隆)戊子乡闱试竣……揭晓以翁霆霖榜第三名举于乡……三十六年辛卯……恩科以邵晋涵榜登进士第。④

年十八补府学生员,乾隆三十三年举乡试,三十六年

---

① (清)包世臣:《安吴四种》卷27《江苏苏州府吴县张吉安年七十一状》,见《近代中国史料丛刊正编》第30辑,第294册,台北:台湾文海出版社,1966—1995年,第1913～1914页。

② (清)张吉安、崔应榴:嘉庆《余杭县志·凡例》,见《中国地方志集成·浙江府县志辑》第5册,上海:上海书店出版社,1993年,第582～584页。

③ (清)张吉安、崔应榴:嘉庆《余杭县志》卷20《职官表》,见《中国地方志集成·浙江府县志辑》第5册,上海:上海书店出版社,1993年,第850页。按:该志为嘉庆十三年(1808年)所修,故嘉庆十三年之后内容未载。

④ 刘家平、苏晓君:《中华历史人物别传集》第37册,北京:线装书局,2003年,第544页。

成进士。①

年十八补府学生员,乾隆戊子举于乡,明年成进士。②

按:乾隆戊子为乾隆三十三年。上述材料所记龚景瀚中进士的时间不尽相同,《清史稿》《中华历史人物别传集》和《国朝耆献类征》皆记龚景瀚为"乾隆三十六年"进士,唯民国《续修陕西省通志稿》记其"乾隆戊子举于乡,明年成进士"即属乾隆三十四年进士,与《清史稿》等异。《中华历史人物别传集》所录《海峰府君行述》为龚景瀚之子所作,且有多种材料印证,当属可信。另查《清代进士题名碑录索引》可知,龚景瀚的确系于"乾隆三十六年辛卯恩科"下,为乾隆三十六年进士,故民国《续修陕西省通志稿》所记有误。

21. 李赓芸

乾隆五十五年进士。(四十三·一三零四五)

乾隆……庚戌成进士。③

乾隆庚戌以二甲进士用知县,发补浙江孝丰县。④

李赓芸……乾隆五十四年进士。⑤

按:乾隆庚戌为乾隆五十五年。上述材料所记李赓芸中进士时间有异,《清史稿》《小岘山人诗文集·续文集补编》和《国

---

① (清)李桓:《国朝耆献类征》卷236《守令二十二》,清光绪十年(1884年)湘阴李氏刊本。

② (民国)杨虎城、吴廷锡:民国《续修陕西省通志稿》卷68《名宦五》,1931年修铅印本。

③ (清)秦瀛:《小岘山人诗文集·续文集补编》之《福建布政使许斋李君墓志铭》,见《续修四库全书》第1465册,上海:上海古籍出版社,2002年,第375~376页。

④ (清)李桓:《国朝耆献类征》卷195《疆臣四十七》,清光绪十年(1884年)湘阴李氏刊本。

⑤ (清)应祖锡:《增广尚友录统编》卷14,清光绪二十八年(1902年)鸿宝斋石印本。

朝耆献类征》皆记李赓芸为"乾隆五十五年进士",唯《增广尚友录统编》记为"乾隆五十四年进士",查《明清进士题名碑录索引》可知,①李赓芸系于"乾隆五十五年庚戌恩科"下,为"乾隆五十五年进士"。《增广尚友录统编》作"乾隆五十四年进士",误。

22. 伊秉绶

伊秉绶:字组似,一字墨卿,号默庵,亦号秋水,又号南泉朝栋子。②（四十三·一三零四七）

伊秉绶,字墨卿。③

君讳秉绶,字组似,又字墨卿。④

君讳秉绶,字墨卿。⑤

伊秉绶:字墨卿。⑥

伊秉绶,字组似,号墨卿。⑦

伊秉绶,国朝,字组似,号墨卿。⑧

伊秉绶:字组似,号墨卿。⑨

伊秉绶:字□似,号墨卿,福建宁化人。⑩

---

① 朱保炯、谢沛霖:《明清进士题名碑录索引》下册,上海:上海古籍出版社,1980年,第2750页。

② （清）李放:《皇清书史》卷2,见《丛书集成续编》第38册,上海:上海书店出版社,1994年,第22页。

③ （民国）缪荃孙、冯煦:民国《江苏省通志稿·人物志》卷7《名宦七》,南京:江苏古籍出版社,1991年,第162页。

④ （清）钱仪吉:《碑传集》卷110《扬州府知府伊君秉绶墓表》,见《清代碑传全集》,上海:上海古籍出版社,1987年,第542页。

⑤ （清）唐仲冕:《陶山文录》卷8《前扬州府知府伊君墓志铭》,清道光二年(1822年)善化唐氏刻本。

⑥ （清）盛锸:《清代画史增编》卷2,1927年上海有正书局刊印本。

⑦ （清）刘声木:《桐城文学渊源考》卷2,直介堂丛刻本。

⑧ （清）应祖锡:《增广尚友录统编》卷1,清光绪二十八年(1902年)鸿宝斋石印本。

⑨ （清）震钧:《国朝书人辑略》卷7,清光绪三十四年(1908年)金陵刊本。

⑩ （清）张维屏:《国朝诗人征略》卷50,清道光至咸丰间(1821—1861年)刻本。

伊秉绶,字组似,号墨卿。①

伊秉绶,字组似,号墨卿。②

(伊)秉绶,字组似,号墨卿。③

按:上述材料所记伊秉绶字号不尽相同,《清史稿》《皇清书史》《碑传集》《陶山文录》《清代画史增编》和民国《江苏通志稿》皆记伊秉绶"字墨卿",《桐城文学渊源考》《增广尚友录统编》《国朝书人辑略》《国朝诗人征略》《清画家诗史》《国朝先正事略》和道光《广东通志》则皆将"墨卿"记为其"号",有异。而上述《碑传集》传文和《陶山文录》两篇墓志铭皆是根据伊秉绶的儿子伊念曾所提供的传状撰成,《碑传集》云:"故扬州知府同年伊君既没,其孤念曾持状过常州曰:……敢复以表墓为请,予不获辞。"④《陶山文录》亦云:"嘉庆二十年秋九月,前扬州太守伊君卒于扬州……其子念曾……匍匐金陵,乞铭于执友唐仲冕,曰:'公许为先人志墓,今将葬矣,敢述行状以请。'"⑤因而这几份材料应更为可信,故从其说,伊秉绶"字墨卿"。上述《桐城文学渊源考》《增广尚友录统编》《国朝书人辑略》等记伊秉绶"号墨卿",皆误。伊秉绶"字组似",上述材料皆无异议,可采信。

23. 郑敦允

嘉庆十九年进士。(四十三·一三零五零)

---

① (清)阮元、陈昌齐:道光《广东通志》卷258《宦绩录二十八》,见《续修四库全书》第674册,上海:上海古籍出版社,2002年,第381页。

② 李浚之:《清画家诗史》戊上,北京:中国书店出版社,1990年,第249页。

③ (清)李元度:《国朝先正事略》卷31,长沙:岳麓书社,1991年,第894页。

④ (清)钱吉仪:《碑传集》卷110《扬州府知府伊秉绶墓表》,见《清代碑传全集》,上海:上海古籍出版社,1987年,第542页。

⑤ (清)唐仲冕:《陶山文录》卷8《前扬州府知府伊君墓志铭》,清道光二年(1822年)善化唐氏刻本。

（嘉庆）甲戌科会试中式进士。①

年二十三登嘉庆甲戌进士。②

嘉庆甲戌进士。③

郑敦允……嘉庆甲戌进士。④

郑敦允，湖南长沙人。嘉庆十八年进士。⑤

按：嘉庆甲戌为嘉庆十九年。上述《清史稿》《中华历史人物别传集》《续碑传集》、光绪《湖南通志》、民国《湖北通志》皆记郑敦允为"嘉庆十九年进士"，唯《一山文存》记为"嘉庆十八年"。查《明清进士题名碑录索引》，道光十八年未开科，郑敦允系于"嘉庆十九年甲戌科"下⑥，为嘉庆十九年进士无疑，《一山文存》记为"嘉庆十八年进士"，误。

24. 徐栋

以老病辞，寻卒。（四十三·一三零五八）

乾隆癸丑年十一月二十六日吉时生。⑦

乾隆五十七年岁在壬子冬十一月……生于保定府。⑧

---

① 刘家平、苏晓君：《中华历史人物别传集》第42册，北京：线装书局，2003年，第518页。

② （民国）缪荃孙：《续碑传集》卷41《襄阳太守郑公传》，见《清代碑传全集》，上海：上海古籍出版社，1987年，第1011页。

③ （清）卞宝第、曾国荃：光绪《湖南通志》卷175《人物》，见《续修四库全书》第665册，上海：上海古籍出版社，2002年，第400页。

④ （民国）张仲炘：民国《湖北通志》卷122《宦绩传六》，上海：商务印书馆，影印1921年刻本，第2957页。

⑤ （清）章梫：《一山文存》卷5《郑敦允传》，1918年吴兴刘氏嘉业堂刻本。

⑥ 朱保炯、谢沛霖：《明清进士题名碑录索引》下册，上海：上海古籍出版社，1980年，第2771页。

⑦ 顾廷龙：《清代朱卷集成》，第6册，台北：台湾成文出版社，1992年，第375页。

⑧ （清）徐栋、徐炳华：《致初自谱》，不分卷，见《北京图书馆馆藏珍本年谱丛刊》第146册，北京：北京图书馆出版社，1999年，第501页。

按:上述材料所记徐栋的出生时间不一致。《致初自谱》记为乾隆五十七年,《清代朱卷集成》记为乾隆癸丑,即乾隆五十八年。"朱卷者,即举子的试卷弥封后交誊录生用朱笔重新誊写的卷子……而清代有一种风气,新中式的举人、进士都要将自己的试卷刻印一分送亲友……这种刊刻的试卷虽系墨印,亦称朱卷起初,此朱卷名称只局限于乡、会试范围,因只有乡、会试才实行试卷誊录,后来各种考试中式的刻印卷子皆采用类似形式,人们遂笼统地将这些试卷都称作朱卷。"①可见,上述两则材料皆来自徐栋本人自记,而同由徐栋本人所记的出生时间竟出现差异,原因很可能与清代科举考试中蓄意隐瞒减小自身年龄的风气有关。

清代科举中,应试者蓄意瞒报年龄成风,顺治十二年谕旨中指出:"朕惟人臣事君,勿欺为本,近来进呈登科录及乡会殿试等卷,率多隐匿年岁,以老为壮,以壮为少。"②《儒林外史》中记载学道周进询问范进年龄时,范进回答道:"童生册上写的是三十岁,童生实年五十四岁。"③可见,科考中瞒报年龄俨然已成为士子们共同行为。清人朱彭寿记述道:"文人为士大夫撰墓志传状,于生卒年岁最宜详考,稍不经意,即易传讹。犹忆光绪壬辰八月间,寿阳祁文恪师世长,卒于工部尚书任内,时年六十有九,实生于道光甲申。然旧时所刻乡会试朱卷,则皆作乙酉生,盖循俗例,应试时少填一岁耳(少填岁数,南宋《登科录》中即已如是)。"④

---

① 顾廷龙:《清代朱卷集成·序》第 1 册,台北:台湾成文出版社,1992 年,第 1 页。
② (清)高宗敕撰:《清朝文献通考》卷 47《选举一》,上海:商务印书馆,1935 年,第 5304 页。
③ (清)吴敬梓:《儒林外史》第 3 回《周学道校士拔真才 胡屠夫行凶闹捷报》,北京:作家出版社,1955 年,第 27 页。
④ (清)朱彭寿:《安乐康平室随笔》卷 1,何双生点校,北京:中华书局,1982 年,第 161 页。

事实上,正如上述朱彭寿在上面附注中所指出的那样,封建时代官场隐瞒年龄之举,并不是清朝特有的现象,《清朝文献通考》亦云:"自唐以后务浮华而少本实,魏晋专重阀阅故家,弊俗相沿,贵少贱老,轻寒门而重世族,是以登科录中亦复习于作伪。抑知先资拜献为臣子事君之始,而藏匿年龄,且滥引宗族,刊布于策名上计时,不诚不敬,孰大于是。甚非所以奏对御前端乃初服之意也。"① 可见这种现象历代一直存在。原因是封建时代选官制度使得年富力强者更具优势,如雍正元年,"吏部疏奏,举人拣选知县,每逾三十年不克及时试用。除现在已经截取赴部听其照例铨选外官外,其余无论已未拣选之员,除本科外,应行令直省督抚每于乡试事竣会同主考官秉公验看,凡年力精壮克胜吏治者给文赴部铨选,其年老及才具平常者虽已经截取,俱准于本籍具呈改就教职,归班铨选,从之"。② 故同为循吏的汪辉祖自记道,其于(乾隆五十二年二月)"初九日至长沙谒见抚军嘉善浦公霖……抚军问余年岁,余对履历年五十一,实年五十八"。③ 可见汪辉祖在科考中确实蓄意瞒报年龄。循吏王仁堪的出生时间,现有材料记载也很不一致。《清代朱卷集成》王氏自记为咸丰辛亥,即咸丰元年(1851年)④,《艺风堂友朋书札》其友缪荃孙记为道光二十八年(1848年),⑤ 而《先公

---

① (清)高宗敕撰:《清朝文献通考》卷47《选举一》,北京:商务印书馆,1935年,第5304页。
② (清)高宗敕撰:《清朝文献通考》卷49《选举三》,北京:商务印书馆,1935年,第5314页。
③ (清)汪辉祖:《病榻梦痕录》卷下,见《北京图书馆馆藏珍本年谱丛刊》第107册,北京:北京图书馆出版社,1999年,第144页。
④ 顾廷龙:《清代朱卷集成》,第108册,台北:台湾成文出版社,1992年,第132页。
⑤ (民国)缪荃孙:《艺风堂友朋书札》上册,《中华文史论丛》增刊本,上海:上海古籍出版社,1980年,第1053页。

年谱》即其儿子所作王仁堪的年谱则记为道光二十九年(1849年),①互不一致。如果说《艺风堂友朋书札》为其友人所记,还可能有误的话,王仁堪本人不可能不知道自己的出生时间;而作为儿子,既然已着手编纂父亲年谱,也不可能不知道父亲生年。唯一合理的解释是,王仁堪在科考试卷上填写年龄时造假了。《清代朱卷集成》和《致初自谱》出现徐栋生年记载不一致,很可能也与此有关。由上分析可知,《清代朱卷集成》和《致初自谱》相较,《致初自谱》应更可信。故从其说,徐栋应出生于"乾隆五十七年",《清代朱卷集成》记为"乾隆癸丑",误。

25. 王肇谦

道光十四年举人,授福建海澄知县。(四十三·一三零六一)

王肇谦……道光甲午(十四年)一八三四科顺天乡试中式第六十五名举人。②

肇谦中道光十四年举人。③

王肇谦……道光二十六年举人,授福建海澄知县。④

按:上述材料所记王肇谦中举时间不尽相同,《清史稿》《清代朱卷集成》《大清畿辅先哲传》记为"道光二十六年举人、光绪《畿辅通志》记王肇谦为"道光十四年举人",与《清史稿》等异。《清代朱卷集成》所录为王肇谦道光十四年乡试朱卷,应更可信。故从其说,王肇谦应为"道光十四年举人",《大清畿辅先哲传》记为"道光二十六年举人",误。

---

① (清)王孝缉等:《先公年谱》,不分卷,见《北京图书馆馆藏珍本年谱丛刊》第176册,北京:北京图书馆出版社,1999年,第747页。
② 顾廷龙:《清代朱卷集成》第96册,台北:台湾成文出版社,1992年,第307页。
③ (清)李鸿章、黄彭年:光绪《畿辅通志》卷243,见《续修四库全书》第639册,上海:上海古籍出版社,2002年,第17页。
④ (清)徐世昌:《大清畿辅先哲传》卷35《贤能八》,天津徐氏刊本。

26. 桂超万

调万全,署丰润。(四十三·一三零六三)

(道光)二十一年,调补万全县知县。①

(道光)二十一年,调万全,旋署丰润县。②

道光二十一年辛丑调万全县,闰三月二十三日卸栾城县事,二十六日起行赴调任,二十八日过保定,省改调署丰润县……四月十三日接丰润篆。③

(道光)庚子调万全,摄丰润。④

按:道光庚子为道光二十年。上述材料所记桂超万调万全的时间不尽相同,《清代官员履历档案全编》《清国史》《中华历史人物别传集》皆为"道光二十一年",唯方宗诚《柏堂集续编》记为道光"庚子",即"道光二十年",与《清代官员履历档案全编》等记载有异。《清代官员履历档案全编》为档案材料,《中华历史人物别传集》所收之《宦游纪略》为桂超万自记,且可互证,当属可信,故从其说,桂超万调万全应为"道光二十一年",《柏堂集续编》记为"道光庚子",误。

27. 张作楠

嘉庆十三年进士……擢江苏桃源知县。(四十三·一三零六四)

臣张作楠,浙江金华府金华县人,年四十七岁,嘉庆十

---

① 秦国经:《清代官员履历档案全编》第2册,上海:华东师范大学出版社,1997年,第669页下。

② (清)国史馆:《清国史·循吏传》卷8,第12册,北京:中华书局,1993年影印清嘉业堂钞本,第149页。

③ 刘家平、苏晓君:《中华历史人物别传集》第41册,北京:线装书局,2003年,第510页。

④ (清)方宗诚:《柏堂集续编》卷16《署福建按察使前汀漳龙道桂公墓志铭》,清光绪六年(1880年)桐城方氏志学堂刻本。

三年进士,候选知县,今本月分轮班拟备,敬缮履历,恭呈御览,谨奏,嘉庆二十三年十月二十八日。①

臣张作楠,浙江金华府金华县人,年四十七岁,嘉庆十三年进士,候选知县,今签掣江苏淮安府桃源县知县缺。②

张丹村太守名作楠……嘉庆十六年进士。③

按:上述材料所记张作楠中进士时间不一致,《清史稿》《清代官员履历档案全编》皆记为"嘉庆十三年进士",唯《续碑传集》记为"嘉庆十六年进士",与《清史稿》等异。《清代官员履历档案全编》为张作楠自记材料,且有《清史稿》印证,当属可信。查《明清历代进士题名录索引》中,张作楠亦系于"嘉庆十三年戊辰科"下,④为"嘉庆十三年进士",《续碑传集》记为"嘉庆十六年进士",误。

28. 夏子龄

未几,卒。(四十三·一三零七五)

居省垣数月,猝感疾弃养,同治庚午九月十六日也。距生于嘉庆丙寅年八月二十七日,享年六十有五。⑤

卒年六十有五。⑥

臣夏子龄……年四十六岁,原选直隶深泽县知县,亲

---

① 秦国经:《清代官员履历档案全编》第25册,上海:华东师范大学出版社,1997年,第355页下。
② 秦国经:《清代官员履历档案全编》第25册,上海:华东师范大学出版社,1997年,第357页上。
③ (民国)缪荃孙:《续碑传集》卷40《书张丹村太守》,见《清代碑传全集》,上海:上海古籍出版社,1987年,第1007页。
④ 朱保炯、谢沛霖:《明清进士题名碑录索引》下册,上海:上海古籍出版社,1980年,第2765页。
⑤ (民国)夏孙桐:《观所尚斋文存》卷7《大父易州公事略》,1939年蒲城忤埔本。
⑥ (民国)缪荃孙:《艺风堂文集》卷1《夏百初先生传》,见《续修四库全书》第1574册,上海:上海古籍出版社,2002年,第22页。

老告近,改选河南汲县知县,服满引见,奉旨着照例坐补原缺,咸丰四年十二月分签掣直隶定州深泽县知县,因捐输米石,保奏奉旨赏加知州衔,合并声明,敬缮履历,恭呈御览,谨奏。咸丰五年正月二十八日。①

按:夏子龄之卒年,上述材料所记不尽相同,《观所尚斋文存》和《艺风堂文集》皆记为"六十有五"。《清代官员履历档案全编》虽未记其卒年,但记"咸丰五年"时夏子龄为四十六岁,由《观所尚斋文存》所记其卒于"同治庚午"计算可知,其卒年应该为六十一岁。与《观所尚斋文存》和《艺风堂文集》所记"六十有五"异。《观所尚斋文存》撰著者夏孙桐为夏子龄之孙,夏孙桐拥有良好的学术修养,纂修了《清史稿·循吏传》等多部著作,故其所作乃祖夏子龄之家传材料,应为可信。而《清代官员履历档案全编》为夏子龄自记,似乎也不应该出错。出现上述两种本该非常可信的史料记载内容相互冲突的原因,与上文所述清代官场盛行的在履历中瞒报年龄的风气有关。而夏孙桐所作夏子龄之传记被收录于夏孙桐个人文集中,作为家传,没有必要造假,且有夏子龄老友缪荃孙所作夏子龄之传记印证,应属可信,故从其说,夏子龄卒年应为"六十有五",《清代官员履历档案全编》所记夏氏年龄有误。

29. 陈豪

陈豪,字蓝洲,浙江仁和人。(四十三·一三零八三)

府君讳豪,字蓝洲,又字迈庵,晚号止庵。②

---

① 秦国经:《清代官员履历档案全编》第26册,上海:华东师范大学出版社,1997年,第103页上。
② 刘家平、苏晓君:《中华历史人物别传集》第62册,北京:线装书局,2003年,第477页。

陈豪,字蓝洲,号迈庵,晚号止庵。①

君讳豪,蓝洲其字,又号迈庵,晚号止庵。②

按:上述材料中,有关陈豪的字号记载不尽相同。《中华历史人物别传集》记陈豪"字迈庵",《清画家诗史》和《碑传集补》记"号迈庵",因《中华历史人物别传集》收录之《显考蓝洲府君事略》,为陈豪之子所作,虽为孤证,亦予采信。故从其说,陈豪"字迈庵",《碑传集补》和《清画家诗史》记为"号迈庵",误。

另陈豪字蓝洲,晚号止庵,上述材料无异议。

30. 孙葆田

改知县,铨授安徽宿松。(四十三·一三零八九)

光绪九年,葆田由刑部改选宿松知县。③

臣孙葆田,山东登州府荣城县人,年四十二岁,由进士引见以部属用,签分刑部,期满甄别改归,进士,知县原班铨选,今签掣安徽安庆府宿松县知县缺,敬缮履历,恭呈御览,谨奏。光绪九年九月二十八日。④

(光绪)八年选授安徽宿松县知县。⑤

按:上述材料所记孙葆田选授安徽宿松知县的时间不一致,《校经室文集》和《清代官员履历档案全编》皆为"光绪九年",宣统《山东通志》记为"光绪八年",异。《校经室文集》为孙

---

① (清)李浚之:《清画家诗史》壬上,北京:中国书店出版社,1990年影印本,第437页。
② 闵尔昌:《碑传集补》卷26《陈蓝洲先生家传》,见《清代碑传全集》,上海:上海古籍出版社,1987年,第1414页。
③ (清)孙葆田:《校经室文集》卷2《书徐雨峰中丞田烈妇碑记刻本后》,1916年南林刘氏求恕斋刻本。
④ 秦国经:《清代官员履历档案全编》第27册,上海:华东师范大学出版社,1997年,第573~574页。
⑤ (清)杨士骧、孙葆田:宣统《山东通志·附传》第4册,1934年上海商务印书馆影印本,第6233~6234页。

葆田自撰,《清代官员履历档案全编》属档案材料,且可互证,皆属可信。故从其说,孙葆田选授宿松知县应为"光绪九年",宣统《山东通志》记为"光绪八年",误。

31. 王仁堪

调苏州,已积劳致疾,日坐谳局清积案,风采动一时。甫三阅月,猝病卒。(四十三·一三零九五)

王仁堪,字可庄,行二,咸丰辛亥年三月初七日吉时生。①

道光二十九年……生于京师。②

王仁堪……清道光二十八年(1848)生。光绪十九年(1893)卒,年四十六……十九年(1893)……十月……卒。③

按:有关王仁堪的出生时间,上述材料记载很不一致,《清代朱卷集成》王仁堪自记为咸丰辛亥,即咸丰元年(1851年),《艺风堂友朋书札》其友记为道光二十八年(1848年),而《先公年谱》其儿子则记为道光二十九年(1849年)。《艺风堂友朋书札》和《先公年谱》所记时间相距较近,而王仁堪自填的年龄与后两者相差较大。前文我们已经详细讨论过清代官场有在履历上隐瞒年龄的风习,因此,我们有理由怀疑王仁堪在科考中也曾蓄意瞒报年龄。而以儿子对父亲的了解,应较朋友更为确切,且《先公年谱》本身又是王仁堪之子以年谱的形式逐年记述父亲的事迹。因此,我们认为《先公年谱》的记载应更为可信,故从其说,王仁堪应出生于道光二十九年,《清代朱卷集成》和《艺风堂友朋书札》记皆误。

---

① 顾廷龙:《清代朱卷集成》第 108 册,台北:台湾成文出版社,1992 年,第 131～132 页。
② (清)王孝缉:《先公年谱》,不分卷,见《北京图书馆馆藏珍本年谱丛刊》第 176 册,北京:北京图书馆出版社,1999 年,第 747 页。
③ (民国)缪荃孙:《艺风堂友朋书札》上册,上海:上海古籍出版社,1980 年,第 1053 页。

第三章 《清史稿·循吏传》人物研究

《清史稿·循吏传》收录有清一代循吏 116 人，正、附传各 58 人。研究这些人物的地理分布、历任时间、最终结局，有助于我们了解和把握清代循吏的总体特征，下文试予以分析。

现将《清史稿·循吏传》入传人物的相关资料整理成"《清史稿·循吏传》入传循吏基本情况表"（表 3-1）：

表 3-1 《清史稿·循吏传》入传循吏基本情况表

人名	籍贯	所任职务 （以任职先后为序）	任期		最终结局
白登明	奉天盖平	河南柘城知县	顺治五年至顺治十年	5 年	因劳卒官
		江南太仓知州	顺治十年至顺治十六年	6 年	
		高邮知州	康熙十八年至康熙二十年	2 年	
汤家相	山西赵城	常熟知县	顺治八年至顺治十年	2 年	以病乞归
		湖北南漳县知县	顺治十三年至顺治十八年	5 年	
任辰旦	浙江萧山	上海知县	康熙十四年至康熙二十年	6 年	以前廷推事讹误落职
		工科给事中 兵科掌印给事中	康熙二十二年至康熙二十五年	3 年	
		大理寺丞	康熙二十五年至／	／	
于宗尧	不详	常熟知县	康熙七年至康熙十一年	4 年	因劳卒官
宋必达	湖北黄州	江西宁都知县	康熙七年至康熙十四年①	7 年	被罢职
陆在新	江南长洲	江南松江府学教授	／至康熙二十五年	／	因劳卒官
		江西庐陵知县	康熙二十五年至康熙二十八年	3 年	

续表

人名	籍贯	所任职务（以任职先后为序）	任期		最终结局
张沐	河南上蔡	直隶内黄知县	康熙元年至康熙五年	4年	以老乞休
		四川资阳县知县	康熙十八年至/	1年	
张塤	江苏长洲	登封县知县	康熙十七年至康熙二十二年	5年	乞归
		广西南宁通判	康熙二十二年至康熙二十四年	2年	
陈汝咸	浙江鄞县	福建漳浦知县	康熙三十五年至康熙四十七年	12年	因劳卒官
		南靖知县	康熙四十七年至康熙四十八年	1年	
		刑部主事	康熙四十八年至康熙五十年②	5年③	
		广西道御使	康熙五十年至康熙五十二年		
		通政司参议	康熙五十二年		
		鸿胪寺少卿	康熙五十二年④		
		大理寺少卿	康熙五十二年至康熙五十三年		
缪燧	江苏江阴	山东沂水知县	康熙十七年至康熙二十一年	4年	因劳卒官
		浙江定海知县	康熙三十四年至康熙五十五年	21年	
		兼慈溪知县	康熙四十七年至康熙五十一年	4年	
		兼镇海知县	康熙五十一年		
		兼鄞县知县		4年⑤	
		兼宁波府知府	/至康熙五十五年		
		杭州府同知	未赴任，卒。	未赴任，卒	
陈时临	浙江鄞县	湖南城步知县	康熙二十五年至康熙二十八年	3年	以病乞归
		河南汝阳知县	康熙三十年至/	20年⑥	
		兵部主事	/	/	

续表

人名	籍贯	所任职务（以任职先后为序）	任期		最终结局
姚文燮	安徽桐城	福建建宁府推官	康熙二年至康熙六年	4年	乞养归
		直隶雄县知县	康熙八年至康熙十一年	3年	
		云南开化府同知	/	/	
黄贞麟	山东即墨	安徽凤阳推官	顺治十八年至/	/	以失察侵盗罢职
		直隶盐山知县	康熙九年至康熙十二年	3年	
		户部山西司主事	康熙十二年至康熙十七年	5年	
骆钟麟	浙江临安	浙江安吉学正	顺治九年至顺治十五年①	6年	丁忧归
		陕西盩厔知县	顺治十六年至/	9年	
		北城兵马司指挥	康熙间	/	
		西安府同知	/至康熙八年	/	
		江南常州知府	康熙八年至康熙十年	2年	
崔宗泰	奉天	松江府同知	顺治初至/	/	以事左迁，后乞免归
		常州知府	顺治十二年至/	/	
		福建延平府同知	/	/	
祖进朝	奉天	部郎	/至康熙二十三年	/	以病乞归
		常州知府	康熙二十三年至康熙二十七年	4年	
赵吉士	安徽休宁	山西交城知县	康熙七年至康熙十二年	5年	因劳卒官
		户部山西司主事	乾隆十二年至/	/	
		户部河南司主事	/	/	
		户部四川司主事	/	/	
		户科给事中	康熙二十五年至/	/	
		国子监学正	/	/	
张瑾	江南江都	云南昆明知县	康熙二十九年至/	3年	因劳卒官

续表

人名	籍贯	所任职务（以任职先后为序）	任期		最终结局
江皋	安徽桐城	江西瑞昌知县	康熙五年至/	7年	以事左迁，旋以恩复职，卒于家
		九江府同知	/	/	
		甘肃巩昌知府	/	4年	
		广西柳州知府	康熙二十一年至康熙二十三年	2年	
		四川学政	康熙二十三年	6个月①	
		陕西平庆道副使	/	/	
		福建兴泉道参政	/	/	
张克嶷	山西闻喜	刑部主事，累迁郎中	/	/	丁忧归
		广西平乐知府	康熙二十六年至康熙二十九年	3年	
		广东潮州知府	康熙三十四年至康熙四十年	6年	
贾朴	直隶故城	广西柳州同知	康熙三十四年至康熙三十六年	2年	忤上司被劾官
		署思明知府	/	/	
		署思明同知	康熙三十五年至康熙四十年	5年	
		贵州平越知府	/	/	
		江南苏州知府	康熙四十五年至康熙四十六年	1年	
		江常镇道	康熙四十六年	1年	
		苏松常镇太粮储道	康熙四十六年		
		江苏布政使参政	康熙四十六年至康熙四十九年	3年	
邵嗣尧	山西猗氏	山东临淄知县	/	/	因劳卒官
		直隶柏乡知县	康熙十九年至康熙二十二年	3年	
		直隶清苑知县	康熙二十八年至康熙二十九年	1年	
		御史	康熙二十九年至康熙三十年	1年	

续表

人名	籍贯	所任职务（以任职先后为序）	任期		最终结局
邵嗣尧	山西猗氏	直隶守道	康熙三十年至康熙三十三年	3年	因劳卒官
		江南学政	康熙三十三年	6个月	
卫立鼎	山西阳城	直隶卢龙知县	康熙十九年至康熙二十五年⑨	6年	以老致仕
		户部郎中	/	/	
		福建福州知府	/	/	
高荫爵	奉天铁岭	直隶蠡县知县	康熙三十三年⑩	6个月	因劳卒官
		直隶三河知县	康熙三十三年至康熙三十五年	2年	
		顺天府南路同知	/	/	
		湖北德安府同知	/	/	
		四川松茂道	康熙四十五年至/	6年	
		直隶口北道	/至康熙五十一年		
靳让	河南尉氏	浙江宣平知县	康熙二十六年至康熙三十三年	7年	以母老乞终养归
		山西汾西知县	康熙三十四年至康熙三十九年	5年	
		山西道御史	康熙四十年	6个月	
		通州知州	康熙四十年至康熙四十一年	1年	
		广西学政	康熙四十一年至康熙四十三年	2年	
		浙江学政	康熙四十三年		
崔华	直隶平山	浙江开化知县	康熙六年至康熙十九年	13年	因劳卒官
		江南扬州知府	康熙十九年至康熙二十四年	5年	
		署两淮盐运使	康熙二十三年至康熙三十二年⑪	9年	
		甘肃庄凉道	康熙三十二年	未行,卒	

续表

人名	籍贯	所任职务（以任职先后为序）	任期		最终结局
周中铉	浙江山阴	江南崇明县丞	/	/	筑坝于陈家渡，冒险指挥，仓卒覆舟卒
		华亭知县	康熙六十一年至雍正四年	4年	
		松江知府	雍正四年至雍正六年	2年	
		署太仓知州	雍正五年至雍正六年	1年	
刘荣	山东诸城	湖南长沙知县	康熙三十四年至康熙三十七年	3年	因劳卒官
		陕西宁羌知州	康熙三十七年至康熙四十一年	4年	
		甘肃宁夏中路同知	未赴任，丁母忧去	未赴任	
		长沙府同知	/	/	
		山西平阳知府	康熙四十三年至康熙四十九年	6年	
		直隶天津道副使	康熙四十九年至康熙五十一年	2年	
		江西按察使	康熙五十一年至康熙五十二年	1年	
		四川布政使	康熙五十二年至康熙五十七年	5年	
陶元淳	江苏常熟	广东昌化知县	康熙三十三年至康熙三十七年	4年	因劳卒官
廖冀亨	福建永定	江苏吴县知县	康熙四十七年⑫至康熙五十年	3年	罢职归
佟国珑	奉天	山东文登知县	康熙三十八年⑬至康熙五十年	12年	以疾乞免
		山西泽州知州	康熙五十年至康熙五十九年	9年	
陆师	浙江归安	河南新安知县	/	/	因劳卒官
		江苏仪征知县	康熙五十六至康熙五十七年	1年	
		吏部主事	/	/	

续表

人名	籍贯	所任职务（以任职先后为序）	任期		最终结局
陆师	浙江归安	吏部员外郎	/	/	因劳卒官
		御史	康熙六十年至康熙六十一年	1年	
		山东兖沂曹道	康熙六十一年	未赴任,卒	
龚鉴	浙江钱塘	江苏甘泉知县	雍正十年至乾隆二年	5年	丁忧去官
陈德荣	直隶安州	湖北枝江知县	康熙六十一年至雍正三年	3年	因劳卒官
		贵州黔西知州	雍正三年至雍正五年	2年	
		署威宁知府	/	3年	
		大定知府	雍正八年至/	/	
		江西广饶九南道	雍正十三年至乾隆元年	1年	
		贵州按察使	乾隆元年至乾隆四年	3年	
		署贵州布政使	乾隆四年至乾隆十年	6年	
		安徽布政使	乾隆十年至乾隆十二年	2年	
芮复传	顺天宝坻⑭	浙江钱塘知县	康熙五十七年至雍正二年	6年	罢职归
		温州知府	雍正二年至雍正六年⑮	4年	
		温处道	雍正六年至雍正十三年	7年	
蒋林	广西全州	授翰林院检讨,直南书房	康熙至雍正间	10年	以亲老乞养归
		户部郎中	雍正四年至雍正五年	1年	
		福建邵武知府	雍正五年至雍正六年	1年	
		杭州知府	雍正十二年至雍正十三年	6年	
		严州知府	雍正十三年至乾隆元年		
		金华知府	乾隆元年		
		长芦盐运使	乾隆元年至乾隆五年	4年	

续表

人名	籍贯	所任职务（以任职先后为序）	任期		最终结局
阎尧熙	河南夏邑	直隶藁城知县	康熙五十二年至雍正元年	10年	因劳卒官
		南宫知县	雍正元年至雍正二年	1年	
		晋州知州	雍正二年至雍正五年	3年	
		浙江嘉兴知府	雍正五年至雍正九年	4年	
		湖北按察使	乾隆元年至乾隆五年	4年	
		四川布政使	乾隆五年至乾隆七年	2年	
王时翔	江苏镇洋	福建晋江知县	雍正七年至雍正八年	1年	因劳卒官
		政和知县	雍正八年至雍正九年	1年	
		瓯宁知县	雍正九年至雍正十一年	2年	
		漳州府同知	雍正十一年至雍正十三年	2年	
		山西蒲州府同知	乾隆二年至乾隆三年	1年	
		成都知府	乾隆三年至乾隆九年	6年	
蓝鼎元	福建漳浦	广东普宁知县	雍正五年至雍正六年	1年	因劳卒官
		潮阳知县	雍正六年至雍正七年	1年	
		署广州知府	雍正十一年	1个月	
叶新	浙江金华	四川华阳知县	雍正五年至雍正七年	2年	罢职归
		仁寿县知县	雍正七年至雍正八年	1年	
		署嘉定州知州	雍正八年至雍正十二年	4年	
		邛州知州	雍正十二年至乾隆元年	2年	
		夔州府同知	乾隆元年至/	6年	
		署龙安知府			
		署成都知府			
		署泸州知州			
		署保宁知府	/至乾隆七年		
		署顺庆知府	乾隆七年至/	/	
		雅州知府	/	/	
		江西建昌知府	乾隆十年至乾隆十七年	7年	
		赣州知府	乾隆十七年至/	/	

续表

人名	籍贯	所任职务（以任职先后为序）	任期		最终结局
施昭庭	江苏吴县	江西万载知县	康熙五十八年至雍正三年	6年	致仕归
陈庆门	陕西盩厔	安徽庐江知县	雍正七年至／	4年	以病乞归
		署无为州知州			
		署六安州知州	／至雍正十一年		
		亳州知州	雍正十一年至／	／	
		四川达州知州	乾隆元年至／	3年	
周人龙	直隶天津	山西屯留知县	康熙六十年至雍正元年	2年	以病乞归
		山西清源知县	雍正二年至雍正六年	4年	
		山西忻州知州	雍正六年至雍正十年	4年	
		山西蒲州知府	雍正十年至／	／	
		湖北安陆知府	乾隆五年至乾隆六年	1年	
		江西督粮道	乾隆六年至乾隆十年	4年	
童华	浙江山阴	直隶平山知县	雍正四年	1年	罢职归
		直隶真定知府⑯	雍正四年至雍正五年		
		江苏苏州知府	雍正七年至雍正九年	2年	
		署陕西肃州知府	／	1年⑰	
		福州知府	乾隆元年至乾隆二年⑱	1年	
		漳州知府	乾隆二年		
黄世发	贵州印江	直隶肃宁知县	康熙五十年至雍正五年⑲	16年	因劳卒官
		直隶按察使兼营田观察使	雍正五年至／	年余	
李渭	直隶高邑	内阁中书	／	／	因劳卒官
		刑部主事	雍正二年至雍正四年	2年	
		湖南岳州知府	雍正四年至雍正五年	1年	
		武昌府同知	雍正九年	未赴任	
		四川嘉定知府	雍正十二年至乾隆二年	3年	

续表

人名	籍贯	所任职务（以任职先后为序）	任期		最终结局
李渭	直隶高邑	河南彰德知府	乾隆五年至乾隆九年	4年	因劳卒官
		山东盐运使	乾隆九年至乾隆十三年	4年	
		山东按察使	乾隆十三年	2年	
		安徽布政使	乾隆十三年至乾隆十五年		
		山东布政使	乾隆十五年至乾隆十九年	4年	
谢仲坑	广东阳春	长宁教谕	雍正六年至雍正七年	1年	引疾归
		湖南常宁知县	乾隆四年至乾隆六年	4年	
		平江知县	/		
		衡阳知县	乾隆八年		
		衡山知县	乾隆十二年至乾隆十五年	3年	
		永顺府通判	乾隆十六年至乾隆十七年	1年	
		荆州府通判	乾隆二十一年至乾隆二十九年	8年	
		常德府同知	乾隆二十九年至/		
		历署襄阳知府	/	8年	
		署宝庆知府	/		
		署宜昌知府	/		
		署武昌知府	/		
		署永顺知府	/		
		署岳州知府	/至乾隆三十七年		
		署永州知府	乾隆三十七年至/	/	
		护衡永郴桂道	/	/	
李大本	山东安丘	湖北枣阳知县	乾隆九年	未赴任	引病归
		湖南益阳知县	乾隆九年至乾隆十年	1年	
		长沙知县	乾隆十年至乾隆十六年	6年	
		宝庆府理瑶同知	乾隆十六年至乾隆二十一年	5年	

续表

人名	籍贯	所任职务（以任职先后为序）	任期		最终结局
牛运震	山东滋阳	甘肃秦安知县	乾隆三年至乾隆十年	7年	罢职归
		平番知县	乾隆十年至乾隆十三年	3年	
张甄陶	福建福清	广东鹤山知县	乾隆十三年至乾隆十五年	2年	罢职归
		署香山知县	乾隆十五年至乾隆十六年	1年	
		新会知县	乾隆十六年至乾隆十八年	2年	
		高要知县	乾隆十八年至乾隆十九年	1年	
		揭阳知县	乾隆十九年至乾隆二十年	1年	
		云南昆明知县	/	/	
邵大业	顺天大兴	湖北黄陂知县	乾隆元年至/	5年	坐妖匪割辫事罢职,谪戍军台
		河南禹州知州	/	/	
		睢州知州	/	/	
		江南苏州知府①	乾隆十三年至乾隆十五年	20年	
		河南开封知府	/		
		江南六安州知州	乾隆十九年至乾隆二十六年		
		署江宁府知府	/		
		徐州知府	乾隆二十七年至乾隆三十三年		
周克开	湖南长沙	甘肃陇西知县	乾隆十九年至/	/	因劳卒官
		宁朔知县	/	/	
		固原知州		/	
		云南姚州知州	乾隆三十四年至/		
		贵州都匀知府	乾隆三十五年	3年	
		贵阳知府	乾隆三十五年至乾隆三十七年		

续表

人名	籍贯	所任职务（以任职先后为序）	任期		最终结局
周克开	湖南长沙	山西蒲州知府	/		因劳卒官
		太原知府	乾隆四十一年	5年	
		江西吉南赣宁道	/		
		署江西布政使	乾隆四十二年		
		署江南江宁知府	/		
		江西九江知府	乾隆四十五年至乾隆四十六年		
		浙江粮储道	乾隆四十六年	3年	
		杭嘉湖道	乾隆四十六年至乾隆四十九年		
郑基	广东香山	安徽凤台知县	乾隆二十二年	6个月	卒于官
		定远知县	乾隆二十五年至乾隆三十五年	10年	
		寿州知州	乾隆三十四年至乾隆三十七年	3年	
		泗州直隶州知州	乾隆三十七年至乾隆三十九年①	2年	
		江苏淮安知府	乾隆三十九年至乾隆四十年	1年	
		江南守巡道	乾隆四十一年	未赴任	
康基渊	山西兴县	河南嵩县知县	乾隆二十八年至/	9年	因劳卒官
		甘肃镇原知县	乾隆三十四年至/		
		历宁夏、平番、皋兰知县	/	11年	
		肃州直隶州知州	乾隆四十年至乾隆四十四		
		江西广信知府	乾隆四十四年至乾隆四十五年		
言如泗	江苏昭文	正黄旗官学教习	乾隆三年至/	/	罢职归
		山西垣曲知县	乾隆十三年②至乾隆十八年	5年	

续表

人名	籍贯	所任职务（以任职先后为序）	任期		最终结局
言如泗	江苏昭文	山西闻喜知县	乾隆十八年至乾隆二十一年	3年	罢职归
		山西保德直隶州知州	乾隆二十二年	6个月	
		山西解州知州	乾隆二十七年至乾隆二十九年	2年	
		湖北襄阳知府	乾隆二十九年至乾隆三十四年	5年	
周际华	贵州贵筑	内阁中书	嘉庆六年	6个月	乞病归
		历遵义、都匀府教授	嘉庆六年	6个月	
		河南辉县知县	道光六年至道光十一年	14年	
		署陕州直隶州知州	道光十一年至道光十六年		
		江苏兴化知县	道光十六年至道光二十年		
		江都知县、兼署泰州	道光二十年		
汪辉祖	浙江萧山	湖南宁远知县	乾隆五十三年至乾隆五十五年	2年	罢职归
茹敦和	浙江会稽	直隶南乐知县	乾隆二十九年至乾隆三十四年	5年	降职归
		直隶大名知县	乾隆三十四年至乾隆三十五年	1年	
		大理寺评事	乾隆三十五年至乾隆三十九年	4年	
		湖北德安府同知	乾隆三十九年至乾隆四十二年	3年	
		署宜昌知府	乾隆四十二年至乾隆四十三年㊲	1年	
朱休度	浙江秀水	浙江安吉州学正嵊县训导	乾隆三十四年至/至乾隆五十四年	20年	引疾归
		山西广灵知县	乾隆五十四年至嘉庆元年	7年	

续表

人名	籍贯	所任职务（以任职先后为序）	任期		最终结局
刘大绅	云南宁州	山东新城知县	乾隆四十八年至乾隆五十一年	3年	以母老终养归
		山东曹县知县	乾隆五十一年至乾隆五十三年	2年	
		山东文登知县	乾隆五十八年	未抵任	
		山东福山知县	嘉庆五年	7年	
		山东朝城知县	嘉庆六年至嘉庆七年②		
		山东青州府同知	嘉庆七年至嘉庆八年		
		山东武定府同知	嘉庆八年至嘉庆十二年		
吴焕彩	福建安定	山东范县知县	乾隆三十五年至乾隆四十八年	13年	引疾归
		湖北鹤峰知州	乾隆四十八年至乾隆五十一年	3年	
纪大奎	江西临川	四库馆誊录	乾隆间		引疾归
		署山东商河知县	乾隆五十一年至乾隆五十二年	1年	
		丘县知县	乾隆五十二年至乾隆五十四年	2年	
		署昌乐知县	乾隆五十七年至乾隆五十八年	1年	
		署栖霞知县	乾隆五十八年至乾隆五十九年	1年	
		署博平知县	乾隆五十九年至乾隆六十年	1年	
		四川什邡县知县	嘉庆十年至嘉庆二十三年	13年	
		合州知州	嘉庆二十三年至道光元年	3年	
邵希曾	浙江钱塘	河南通许知县	嘉庆九年至嘉庆十一年	2年	因劳卒官
		河南卢氏知县	/	/	

续表

人名	籍贯	所任职务（以任职先后为序）	任期		最终结局
邵希曾	浙江钱塘	鄢陵知县	/	/	因劳卒官
		西华知县	/		
		沈丘知县	/		
		太康知县	/		
		扶构知县	/		
		淮宁知县	/		
		新乡知县	/		
		桐柏知县	嘉庆二十一年至道光八年	12年	
张吉安	江苏吴县	署杭州府通判	嘉庆元年至嘉庆二年	1年	引疾归
		署淳安知县	嘉庆二年	1年	
		署象山知县	嘉庆二年至嘉庆三年		
		署新城知县	嘉庆四年至嘉庆五年	1年	
		永康知县	嘉庆五年至嘉庆六年	1年	
		署丽水知县	嘉庆六年至嘉庆八年	2年	
		浦江知县	嘉庆八年		
		余杭知县	嘉庆八年至嘉庆十四年	6年	
李毓昌	山东即墨	以知县发江苏使勘山阳县赈事	嘉庆十四年	6个月	以发同僚奸，被害
龚景瀚	福建闽县	甘肃中卫知县	乾隆五十年至乾隆五十一年	1年	因劳卒官
		靖远知县	乾隆五十一年至乾隆五十二年	1年	
		甘肃平凉知县	乾隆五十二年至乾隆五十五年	3年	
		署甘肃固原州知州	乾隆五十五年至/	6年	
		甘肃循化厅同知	/		
		平凉知县	/		

续表

人名	籍贯	所任职务（以任职先后为序）	任期		最终结局
龚景瀚	福建闽县	陕西邠州知州	乾隆五十九年至嘉庆元年	2年	因劳卒官
		办理军事	嘉庆元年至嘉庆五年	4年	
		甘肃兰州知府	嘉庆五年至嘉庆七年	2年	
盖方泌	山东蒲台	署陕西汉阴厅通判	乾隆五十六年至/	/	以病归
		署陕西石泉知县	/	/	
		署陕西商州州同	嘉庆三年至嘉庆八年	5年	
		陕西盩厔（今周至）知县	嘉庆八年至/	/	
		陕西宁陕厅同知	/	/	
		四川顺庆知府	/	/	
		成都知府	/	/	
		福建延平知府	/至嘉庆二十三年	/	
		台湾知府	嘉庆二十三年至道光三年	5年	
		署台湾道	嘉庆二十三年至嘉庆二十五年	2年	
史绍登	江苏溧阳	署云南文山知县	乾隆六十年至嘉庆五年	5年	不详
		云州知州	/至嘉庆五年		
		署维西厅通判	嘉庆七年至嘉庆九年	2年	
李赓芸	江苏嘉定	浙江孝丰知县	乾隆五十六年至乾隆五十七年	1年	被下属诬告，总督逼令自承，遂自经
		德清知县	乾隆五十九年至嘉庆元年	2年	
		平湖知县	嘉庆元年至嘉庆三年	2年	
		处州府同知	嘉庆五年至嘉庆六年	1年	
		嘉兴海防同知	嘉庆七年至嘉庆十年	3年	
		署台州知府	嘉庆八年	6个月	
		署嘉兴知府	嘉庆八年至嘉庆十四年	6年	

续表

人名	籍贯	所任职务（以任职先后为序）	任期		最终结局
李赓芸	江苏嘉定	福建汀州知州	嘉庆十六年至嘉庆十九年	3年	被下属诬告，总督逼令自承，遂自经
		漳州知府	嘉庆十九年		
		汀漳龙道	嘉庆十九年至嘉庆二十年	1年	
		福建按察使	嘉庆二十年	1年	
		福建布政使	嘉庆二十一年至嘉庆二十二年	1年	
伊秉绶	福建宁化	刑部主事	/	/	丁忧归
		刑部员外郎	/至嘉庆四年	/	
		广东惠州知府	嘉庆四年至嘉庆七年	3年	
		江苏扬州知府	嘉庆十年至嘉庆十一年	1年	
		历署河库道	嘉庆十一年至嘉庆十三年	2年	
		两淮盐运使	/	/	
狄尚纲	江苏溧阳	安徽黟县知县	乾隆五十七年至乾隆六十年	3年	以病去官
		署广东化州知州	嘉庆四年至嘉庆五年	1年	
		花县知县	嘉庆五年至嘉庆十年	5年	
		香山知县	嘉庆九年至嘉庆十二年	3年	
		江西南康知府	嘉庆十二年至道光十年	23年	
		署饶州知府	/	/	
		署吉安知府	/	/	
		署广信知府	道光六年至道光七年	1年	
张敦仁	山西阳城	江西高安知县	乾隆间	4年	以病乞归
		庐陵知县	/	/	
		铜鼓营同知	乾隆五十八年至乾隆五十九年	1年	

续表

人名	籍贯	所任职务（以任职先后为序）	任期		最终结局
张敦仁	山西阳城	署九江知府	乾隆五十九年至嘉庆二年	3年	以病乞归
		署抚州知府	/	/	
		署南安知府	/	/	
		署饶州知府	/	/	
		署松江知府	嘉庆七年至嘉庆八年	1年	
		苏州知府	嘉庆七年至嘉庆八年	1年	
		扬州知府	嘉庆九年至嘉庆十年	1年	
		江宁知府	嘉庆十年九月至嘉庆十一年八月；嘉庆十二年六月至嘉庆十二年八月	4年	
		江西吉安知府	嘉庆十二年八月②至嘉庆十四年		
		南昌知府	嘉庆十四年，署；同年调离，十六年再署，同年调离，同年又回任，至嘉庆十七年被调离；嘉庆二十一年调回，至嘉庆二十三年又调离，同年调回，道光元年再调离	7年	
		云南盐法道	道光元年至/	/	
郑敦允	湖南长沙	刑部秋审处行走	道光元年至道光三年	2年	因劳卒官
		刑部律例馆提调	道光三年至道光四年	1年	
		刑部主事	道光四年至道光五年	1年	
		刑部员外郎	道光五年至道光六年	1年	
		刑部郎中	道光六年至道光八年	2年	
		湖北襄阳知府	道光八年至道光十年；道光十一年至道光十二年	4年	
		署武昌知府	道光十年至道光十一年	1年	

续表

人名	籍贯	所任职务（以任职先后为序）	任期		最终结局
李文耕	云南昆阳	山东邹平知县	嘉庆十四年七月至嘉庆十五年十二月；嘉庆十九年至嘉庆二十五年	7年	以老致仕归
		冠县知县	嘉庆二十五年至道光元年	1年	
		胶州知州	道光元年至道光二年	1年	
		济宁直隶州知州	道光二年至道光三年	1年	
		泰安知府	道光三年二月	未赴任	
		沂州知府	道光四年至/	1年	
		兖沂曹道	/至道光五年		
		浙江盐运使	道光五年㉘至道光六年	1年	
		山东盐运使	道光六年至道光七年	1年	
		湖北按察使	道光七年	未赴任	
		山东按察使	道光七年至道光十年	3年	
		贵州按察使	道光十年至道光十三年㉙	3年	
刘体重	山西赵城	署湖南石门知县	/	/	引疾去官
		署新化知县	嘉庆八年至嘉庆十年		
		署衡阳知县	嘉庆十年		
		署宁武知县		8年	
		署衡山知县	嘉庆十五年至嘉庆十六年		
		署湘阴知县	/	/	
		江西九江同知	/		
		袁州同知	道光元年至/	/	
		饶州同知	/		
		广信知府	/		
		吉安知府	道光六年至道光十三年	7年	
		抚州知州	道光十三年至道光十四年	1年	
		河南彰卫怀道	道光十四年至道光十九年	5年	

续表

人名	籍贯	所任职务（以任职先后为序）	任期		最终结局
刘体重	山西赵城	江西按察使	道光十九年至道光二十年②	1年	引疾去官
		湖北布政使	道光二十年至道光二十二年	2年	
刘煦	山西赵城	署直隶盐山知县	道光二十一年至／	／	因劳卒官
		署武邑县事	道光二十九年至咸丰元年	2年	
		署清苑知县	咸丰元年	6个月	
		开州知州	咸丰元年至咸丰十年	9年	
		大名知府	咸丰十年至同治元年	2年	
		署大顺广道	同治元年	6个月	
张琦	江苏阳湖	署山东邹平知县	道光三年至道光四年	1年	因劳卒官
		署章丘知县	道光四年至道光五年	1年	
		馆陶知县	道光五年至道光十二年	7年	
石家绍	山西翼城	壶关县教谕	嘉庆二十年至道光三年	8年	不详
		江西龙南知县	道光四年冬③至／	9年	
		上饶知县	道光八年至道光十一年		
		南昌知县	道光十一年至道光十五年		
		署大庚知县	／		
		署新城知县	道光六年至道光七年		
		署新建知县	道光十一年		
		铜鼓营同知	／至道光十七年		
		署饶州知府	道光十七年至道光十八年	2年	
		署赣州知府	道光十八年至道光十九年		

续表

人名	籍贯	所任职务（以任职先后为序）	任期		最终结局
刘衡	江西南丰	署广东四会知县	嘉庆十八年至嘉庆二十一年	3年	以病归
		署博罗知县	嘉庆二十二年至嘉庆二十三年	1年	
		署新兴知县	嘉庆二十三年至嘉庆二十四年	1年	
		四川垫江知县	道光三年至道光四年	1年	
		署梁山知县	道光四年至道光五年	1年	
		巴县知县	道光五年至道光七年	2年	
		绵州直隶州知州	道光七年	6个月	
		保宁知府	道光七年至道光九年	2年	
		成都知府	道光九年至道光十年	1年	
		河南开归陈许道	道光十年	6个月	
徐栋	直隶安肃	工部主事	道光七年至/	/	以老病归
		累迁工部郎中	/	/	
		陕西兴安知府	道光二十三年至道光二十四年	1年	
		汉中知府	道光二十四年至道光二十五年	1年	
		西安知府	道光二十五年至道光二十九年	4年	
姚柬之	安徽桐城	河南临漳知县	道光三年至道光九年	6年	引疾去官
		广东揭阳知县	道光十三年至道光十四年；道光十四年至道光十五年	2年	
		连州绥瑶厅同知	道光十五年至道光十七年①	2年	
		署肇庆府知府	道光十七年至道光十九年	2年	
		贵州大定知府	道光十九年至道光二十四年	5年	

续表

人名	籍贯	所任职务（以任职先后为序）	任期		最终结局
吴均	浙江钱塘	广东乳源知县	道光十七年至道光二十年	3年	因劳卒官
		潮阳知县	道光二十年至道光二十三年	3年	
		署揭阳知县	道光十八年至道光十九年	8年	
		署惠来知县	/		
		署嘉应知县	/		
		署海阳知县	道光二十四年至道光二十六年		
		署盐运司运同	道光二十六年至/	/	
		佛冈厅同知	/	/	
		潮州知府	道光二十七年至咸丰四年	7年	
王肇谦	直隶深泽	福建海澄知县	道光二十六年至道光二十九年	3年	因劳卒官
		署上杭知县	咸丰二年至咸丰三年	1年	
		永春直隶州知州	咸丰四年	2年	
		署漳州知府	咸丰四年至咸丰六年		
		署延建邵道	咸丰六年至咸丰七年	1年	
		署兴泉永道	咸丰七年	未行卒	
曹瑾	河南河内	署直隶平山知县	嘉庆二十五年至道光元年	1年	以病乞归
		署饶阳知县	道光元年至/	4年	
		署宁津知县	道光四年至道光五年		
		威县知县	道光五年至/	7年	
		丰润知县	/至道光十二年		
		署福建将乐知县	/	/	
		署闽县知县	道光十六年至道光十七年	1年	
		台湾凤山知县	道光十七年至道光二十一年㊵	4年	
		淡水厅同知	道光二十一年至道光二十五年	4年	
		直隶宣化知府	道光二十三年	6个月	

续表

人名	籍贯	所任职务（以任职先后为序）	任期	最终结局
桂超万	安徽贵池	署江苏阳湖知县	道光十四年	43日
		荆溪知县	道光十五年	未赴任
		直隶栾城知县	道光十六年至道光二十一年	5年
		万全知县	道光二十一年	未赴任
		署丰润知县	/	/
		北运河务关同知	道光二十二年至道光二十三年	1年
		江苏扬州知府	道光二十四年至道光二十五年	1年
		苏州知府	道光二十五年至道光二十八年	3年
		署苏松常镇太粮储道	道光二十八年	6个月
		苏州知府	道光二十八年至道光二十九年②	1年
		福建汀龙漳道	道光二十九年至道光三十年	1年
		署福建粮储道	同治二年	未赴任
		福建按察使	同治二年	6个月	卒于官
张作楠	浙江金华	浙江处州府教授	嘉庆十八年至嘉庆二十二年	4年
		江苏桃源知县	嘉庆二十二年至/	4年
		阳湖知县	/至道光元年	
		太仓直隶州知州	道光元年至道光五年	4年
		徐州知府	道光五年至道光七年	2年	乞养归
云茂琦	广东文昌	江苏沛县知县	道光七年至道光九年	2年
		六合知县	道光九年至/	/
		兵部郎中	/	/
		吏部郎中	/	/	告养归

续表

人名	籍贯	所任职务（以任职先后为序）	任期		最终结局
徐台英	广东南海	湖南华容知县	道光二十四年至道光二十六年	2年	以忧去官
		耒阳知县	道光二十四年至道光二十五年	1年	
		署浙江台州知府	同治元年	未任卒	
牛树梅	甘肃通渭	署四川雅安知县	道光二十三年	6个月	以老病归
		隆昌知县	道光二十四年至道光二十五年	1年	
		四川彰明知县	道光二十五年至道光二十七年	2年	
		署资州知州	道光二十七年至道光二十九年	2年	
		署宁远知府	道光三十年	1年	
		署茂州知州	道光三十年至咸丰元年		
		四川按察使	同治元年至同治三年	2年	
何曰愈	广东香山	四川会理州吏目	道光五年至/	/	致仕归
		办西藏粮台	/至咸丰元年	3年	
		岳池知县	咸丰元年至咸丰三年	2年	
		署平山知县	咸丰三年	6个月	
		参与军事	咸丰六年至/	/	
吴应连	江西南城	署四川天全知州	道光十三年至道光十五年	2年	因劳卒官
		署涪州知县	道光十六年至道光十七年	1年	
		署永川知县	道光二十年		
		署安岳知县	道光二十年至道光二十一年	1年	
		署蒲江知县	道光二十三年	6个月	
		署新津知县	道光二十四年	6个月	

续表

人名	籍贯	所任职务（以任职先后为序）	任期		最终结局
吴应连	江西南城	署绵竹知县	道光二十六年至道光二十八年	2年	因劳卒官
		署永川知县	道光二十八年	6个月	
		署仁寿知县	道光二十九年至道光三十年	1年	
		石泉知县	道光二十八年至道光二十九年	1年	
		彭县知县	道光三十年至咸丰三年	3年	
刘秉琳	湖北黄安	署直隶大城知县	咸丰四年至咸丰五年	1年	乞病归
		直隶宝坻知县	咸丰五年至咸丰九年	4年	
		直隶宛平知县	咸丰九年至咸丰十一年	2年	
		署直隶任丘知县	同治三年至同治五年	2年	
		深州直隶州知州	同治五年至同治九年	4年	
		署正定知府	同治九年至光绪元年	5年	
		天津河间道	光绪元年至光绪四年	3年	
陈崇砥	福建侯官	署直隶东光知县	咸丰八年至咸丰九年	1年	因劳卒官
		署赤城知县	咸丰九年	6个月	
		直隶献县知县	咸丰十年至同治三年㉒	4年	
		保定府同知	同治十一年	6个月	
		定州知州	同治四年至同治八年	4年	
		署大名知府	同治八年至同治十年	2年	
		署顺德府知府	同治十年至同治十一年	1年	
		河间知府	同治十一年至光绪元年	3年	
夏子龄	江苏江阴	礼部主事	道光间	6年	因劳卒官
		河南汲县知县	道光二十八年至/	3年	
		直隶深泽知县	咸丰五年至咸丰六年	1年	
		饶阳知县	咸丰六年至同治元年	6年	
		宛平知县	同治元年至同治二年	1年	
		易州直隶州知州	同治二年至同治八年	6年	

续表

人名	籍贯	所任职务（以任职先后为序）	任期		最终结局
萧世本	四川富顺	刑部主事	同治间		/
		直隶天津知县	同治九年至同治十年	1年	
		清苑知县	光绪五年	6个月	
		遵化直隶州知州	光绪间		
		筦天津守望局	光绪八年至光绪十年	2年	
		直隶广平知府	光绪十年至光绪十二年	2年	
		署天津知府	光绪十二年至光绪十三年	1年	
		署正定知府	光绪十二年	6个月	
李炳涛	河南河内	州判,参与军务	咸丰十年至同治二年	3年	因劳卒官
		署蒙城知县	同治六年至同治十年①	4年	
		署亳州知州	同治十年至同治十一年	1年	
		庐州知府	同治十一年至光绪三年	5年	
俞澍	直隶天津	蒙城知县	咸丰六年至咸丰九年	3年	因劳卒官
朱根仁	江苏常熟	历署安徽定远	同治三年至同治四年,同治五年至（曾两次署理定远）	/	因劳卒官
		署阜阳知县	同治八年至同治十年,光绪元年至光绪二年	3年	
		署贵池知县	同治十一年至同治十二年	1年	
		怀宁知县	同治十二年至光绪元年	2年	
		全椒知县	光绪二年至光绪四年	2年	
邹钟俊	江苏吴县	安徽太平知县	同治十年至光绪元年	4年	致仕归
		太和知县	光绪元年至光绪三年；光绪六年至光绪九年	5年	
		署怀宁知县	同治十一年至同治十二年	1年	

续表

人名	籍贯	所任职务（以任职先后为序）	任期		最终结局
邹钟俊	江苏吴县	署六安知县	/	/	致仕归
		署阜阳知县	光绪七年至光绪八年	1年	
		署芜湖知县	光绪九年至光绪十一年	2年	
		涡阳知县	光绪十三年至光绪十六年	3年	
王懋勋	湖北松滋	署安徽颍上	/	/	不详
		署合肥知县	/	/	
		署亳州知州	同治六年至同治七年；同治八年至同治九年；同治十一年至光绪五年；光绪十七年至光绪十九年	11年	
		署泗州知州	/	/	
		六安直隶州知州	/	/	
蒯德模	安徽合肥	署长洲知县	同治三年至同治七年	4年	因劳卒官
		署太仓直隶州知州	同治七年至同治九年	2年	
		署苏州知府	同治七年	6个月	
		署镇江知府	同治九年		
		署江宁知府	同治九年至同治十年	1年	
		四川夔州知府	同治十年至光绪三年	6年	
林达泉	广东大埔	署崇明知县	同治八年至同治十一年	3年	丁忧归
		署江阴知县	同治十一年至光绪元年	3年	
		海州知县	光绪元年至光绪三年	2年	
		台北府知府	光绪四年	6个月	
方大湜	湖南巴陵	广济知县	咸丰八年至同治二年	5年	降职归
		署襄阳知县			
		署宜昌知府	同治八年至同治九年	1年	
		荆宜施道	同治九年至同治十年	1年	
		武昌知府	同治十年至光绪五年	8年	

人名	籍贯	所任职务 （以任职先后为序）	任期		最终结局
方大湜	湖南巴陵	再署荆宜施道	光绪五年	6个月	降职归
		安襄郧荆道	光绪五年至光绪六年	1年	
		直隶按察使	光绪六年至光绪八年	2年	
		山西布政使	光绪八年	6个月	
陈豪	浙江仁和	署湖北房县知县	光绪三年至光绪五年	2年	因养母，乞归
		署应城知县	光绪五年至光绪六年	1年	
		署蕲水知县	光绪八年至光绪十年	2年	
		汉川知县	光绪十一年至光绪十八年	7年	
		署随州知州	光绪十八年至光绪二十年	2年	
杨荣绪	广东番禺	河南道御史	咸丰十年至咸丰十一年	1年	/
		四川道御史、题掌河南道，署刑科给事中	咸丰十一年至同治二年	2年	
		浙江湖州知府	同治二年至同治十三年	11年	
林启	福建侯官	陕西学政	光绪十一年至光绪十五年	4年	因劳卒官
		浙江道御史	光绪十五年至光绪十七年	2年	
		贵州道御史	光绪十七年至光绪十九年	2年	
		浙江衢州知府	光绪十九年至光绪二十二年	3年	
		杭州知府	光绪二十三年①至/	4年	
王仁福	江苏吴县	东河同知	/	/	治水时被风浪卷走
		署祥河厅同知	同治五年至同治六年	1年	
朱光第	浙江归安	河南邓州知州	光绪中	3年	罢职归

续表

人名	籍贯	所任职务（以任职先后为序）	任期		最终结局
冷鼎亨	山东招远	署江西瑞昌知县	同治十年至/	13年	致仕归
		署德化知县	/		
		署新昌知县	/		
		署彭泽知县	/		
		新建知县	/		
		鄱阳知县	/至光绪十年		
		南昌府同知	光绪十年至光绪十一年	1年	
孙葆田	山东荣成	刑部主事	/	/	引疾归
		安徽宿松知县	同治十年至同治十二年	2年	
		合肥知县	/	/	
柯劭憼	山东胶州	署安徽贵池知县	光绪二十一年至光绪二十三年	2年	不详
		太湖知县	光绪二十三年至光绪二十五年	2年	
涂官俊	江西东乡	署陕西富平知县	光绪九年至光绪十一年	2年	因劳卒官
		署泾阳知县	光绪十一年至光绪十二年	1年	
		署长安知县	光绪十二年至光绪十三年	1年	
		宜君知县	光绪十三年至光绪十五年	2年	
		泾阳知县	光绪十五年至光绪二十年	5年	
陈文黻	湖南长沙	署鄠县知县	光绪七年至光绪八年	1年	因劳卒官
		留坝厅同知	光绪九年至光绪十八年	9年	
		署潼关厅同知	光绪十八年	未任卒	
李素	云南保山	陕西商州知州	光绪中	/	以病免归
		署同州知府	/	/	

续表

人名	籍贯	所任职务（以任职先后为序）	任期		最终结局
张楷	湖北蕲水	翰林院编修，累迁至侍讲学士	同治十三年至光绪六年	6年	/
		浙江金华知府	光绪八年至光绪十年	2年	
		山西汾州知府	光绪十三年至光绪十九年	6年	
		太原府知府	光绪十九年至		
		河南府知府	/	/	
		开封府知府	/		
王仁堪	福建闽县	山西学政	光绪六年至光绪八年	2年	因劳卒官
		江苏镇江知府	光绪十六年至光绪十九年	3年	
		苏州府知府	光绪十九年至光绪十九年	6个月	

① 道光《宁都直隶州志》卷19《秩官志》（见《中国地方志集成·江西府县志辑》第80册，第286页）载宋必达的继任者为万飈生。同书卷21《名宦志》（第392页）载万氏继任时间为康熙十四年。据此可知宋氏的离任时间为康熙十四年。

② 《清国史·循吏传》卷3（第12册，第53页）记陈汝咸由刑部主事"旋擢广西道监察御史"，而《文献征存录》（见《续修四库全书》第540册，第362页）记陈氏任广西道御史为康熙五十年。

③ 据《清史稿·循吏传》该人物传记，若此人在前后历任数职中没有出现丁忧、罢免等中断的情况，即采用前后连续计算时间的方式，以便在不能准确摸清此人具体任职时段的情况下，也可以计算出此人每一职务的平均任职时间。下文同。

④ 《清国史》记陈氏任通政司参议和大理寺少卿的时间皆在康熙五十二年，而其任鸿胪寺少卿是在通政司参议和大理寺少卿之间，故鸿胪寺少卿任期必在康熙五十二年无疑。

⑤ 据《清史稿·循吏传》缪氏传记，缪氏先后历任数职，中间没有中断，故采用连续计算时间的方法。

⑥ 乾隆《鄞县志》记为"二十余年"（见《续修四库全书》第706册，第375

页),此处为计算方便,取概数 20。

⑦ 同治《安吉县志》(见《中国地方志集成·浙江府县志辑》第 29 册,第 211 页)记骆氏的继任者王大魁为顺治十五年继任,《清史稿》记为顺治十六年,异。

⑧ 任职时间不跨越年份的,取中间值 6 个月计算。

⑨ 光绪《永平府志》卷 10《职官》(见《中国地方志集成·河北府县志辑》第 18 册,第 122 页)记卫立鼎康熙十九年任卢龙县令,其继任者为陆楸,康熙十五年任。陆楸的继任时间反在康熙十九年前,此处必有误。查同书卷 53《名宦五》可知,陆楸继任时间为康熙二十五年。故卫立鼎任职时间应为康熙十九年至康熙二十五年。

⑩ 光绪《保定府志》卷 6《职官表》(见《中国地方志集成·河北府县志辑》第 30 册,第 114 页)记为康熙三十三年任,《清史稿》记为"康熙初",不妥。

⑪《碑传集》卷 80《陕西分守凉庄道参政崔公华墓志铭》记"(康熙)癸酉三月报升陕西凉庄道参政",康熙癸酉为康熙三十二年,此处《清史稿》《清国史》记为康熙三十一年,异。因前者为墓志铭材料,故从其说。

⑫《清国史·循吏传》卷 3(第 12 册,第 50 页)记廖冀亨康熙四十六年选授吴县知县,民国《江苏通志稿》所记应为其实际赴任时间,此处采用民国《江苏通志稿》所记。

⑬《清史稿》《清国史》(《清国史·循吏传》卷 3,第 12 册,第 54 页)皆记佟国珑始任文登知县的时间为康熙三十年。《增广尚友录统编》亦云:"佟国珑……康熙三十年由笔帖式授山东文登知县。"而光绪《增修登州府志》卷 33《文秩九》(见《中国地方志集成·山东府县志辑》第 48 册第 330 页)记为康熙三十八年,与《清史稿》等的记载有异。光绪《增修登州府志》记佟国珑的前任朱应文,康熙三十一年始任。如果佟氏任职时间为康熙三十年,则与朱应文的任职时间有冲突,且光绪《增修登州府志》为地方志材料,所记为佟氏在本地任职时间,而《清史稿》《清国史》虽为不同史料,但《清史稿》大多是以《清国史》为史源的,而《增广尚友录统编》的行文也和《清史稿》完全相同,很可能也存在承袭关系。故此处从光绪《增修登州府志》所记,采康熙三十八年说。

⑭ 顺天府属直隶。

⑮ 乾隆《温州府志》卷 17《职官》(见《中国地方志集成·浙江府县志辑》第 58 册,第 206 页)记芮复传始任温处道的时间为雍正七年,《清史稿》始任记为雍正六年,异。此处采雍正六年说,详见本书第二章芮复传条考证。

⑯光绪《徽辅通志》卷30《职官志》(见《续修四库全书》第629册,第261～262页)作"正定府"。

⑰《学福斋集》卷17《前苏州府知府童公传》(见《续修四库全书》第1428册,第207页)记云:"旋署肃州,其治如在苏时,次年病免。"

⑱由下文知漳州时间推导而来。

⑲由其续任直隶按察使的时间推导而来。

⑳根据《清代职官年表》(第3册,第1972页)记载,顺治二年,清代设江南布政使。康熙六年,江南析分为江苏、安徽,布政使也分设为江苏、安徽。

㉑乾隆《泗州志》卷7《秩官》(见《中国地方志集成·安徽府县志辑》第30册,第258页)记郑基任泗州知州的时间为乾隆三十八年至乾隆四十年。而《清代官员履历档案全编》(第2册,第168页下)记为:"(乾隆)三十七年九月内调补泗州直隶州知州,三十九年内奉旨命往江苏以知府候补。"因后者为档案材料,更可信,故从其说。

㉒光绪《垣曲县志》卷7《宦绩》(见《中国地方志集成·山西府县志辑》第61册,第122页)记:"言如泗……乾隆十三年任县令。"光绪《垣曲县志》卷5《职官》记:"言如泗……乾隆十三年任。"皆与《清史稿》乾隆十四年的记载有异,此处从地方志所记。

㉓同治《宜昌府志》卷8《职官表》(见《中国地方志集成·湖北府县志辑》第49册,第298页)注:"茹(氏),失名,会稽人,署。"虽没有茹敦和全名,但从提供的信息和时间看,和茹敦和任期相符,故此茹氏当为茹敦和。

㉔《道学渊源录》卷93《刘大绅》记云:"其后大臣有以绅上闻者,廷寄来滇,送部引见,仍发往山东以知县用,将补福山。福山地僻事简,其士人类皆能文章如新城,于绅为宜,而部已选人,裁得暂摄两月焉。次年补朝城……许暂移署青州同知,次年以武定同知升。"据光绪《增修登州府志》可知,刘大绅嘉庆五年署福山,故其补朝城应为嘉庆六年;据咸丰《武定府志》可知,刘大绅始任武定府同知为嘉庆八年,故其始任青州府同知应在嘉庆七年。

㉕此处《清史稿》记其始任江西吉安知府的时间为嘉庆六年,异。此从《清代官员履历档案全编》所记(第2册,第565页上)。

㉖此处《清史稿》《国史贤良循吏儒林传·国史循吏传》(卷1,清光绪刻本)、《清史列传》(《清史列传》卷76,第6251～6252页)皆记李文耕迁浙江盐运使的时间为道光五年,唯《续碑传集》卷34《通议大夫原任贵州按察使昆阳李公行状》(见《清代碑传全集》,第975页)记为道光丙戌,即道光六年,今从多数议,采道光五年说。

㉗《续碑传集》卷34《通议大夫原任贵州按察使昆阳李公行状》(见《清代碑传全集》,第975页)和《清史稿》皆记李文耕休致时间为道光十三年。《清代职官年表·按察使年表》(第3册,第2137页)记为道光十二年、丁卯、廿五,2.14;休。与《清史稿》等异。民国《贵州通志》(见《中国地方志集成·贵州府县志辑》第9册,第353页)记为道光十四年三月以年老休致,亦异。此处从《清史稿》等所记。

㉘《清代职官年表·按察使年表》(第3册,第2144~2145页)记为:"道光十九年,十二、癸亥;漳卫淮道迁。道光二十年,十二、己卯、廿三,1.15;迁鄂布。"计算可知任期应该为一年,《清史稿》记为三年,可能有误。

㉙光绪《龙南县志》卷5《职官志》(见《续修四库全书总目提要》第9册,第43页):"道光五年乙酉任。"根据《中国地方志集成·江西府县志辑》(第82册,第124页)所记,道光四年应为实际履任时间。

㉚《考槃集文录》卷10《朝议大夫贵州大定府知府姚君墓志铭》(见《续修四库全书》第1497册,第417页)虽没有记其离任连州绥瑶厅同知的时间,但记其由连州绥瑶厅同知擢肇庆知府经历,由下文可知此时间为道光十七年。

㉛《重修台湾省通志》卷8《职官志》(第2册,第156页)记为"曹瑾……道光十七年正月由署闽县知县调署(凤山知县),十八年二月二十八日奉文准补,二十一年七月初一日卸,升淡水同知"。《清史稿》记曹氏始任淡水厅同知的时间为道光二十年,异。可能是授官时间和实际履任时间之间的差异,此处从《重修台湾省通志》所记。

㉜《宦游纪略》卷4(见《中华历史人物别传集》第41册,第533~535页)记为:"道光二十八年己酉正月二十一日奉旨补授福建汀漳龙道,三月二十六日卸苏州府事。"查道光己酉为道光二十九年,《宦游纪略》采用编年体的记述方式,前文已经记录有道光二十八年的详细内容,故此处应为道光二十九年无疑。

㉝《清史稿》记"咸丰三年,大挑知县,发直隶,授献县"容易理解成陈氏授献县的时间为咸丰三年。事实上,《清国史·循吏传》卷8(第12册,第166页)明确记陈氏"(咸丰九年)调署赤城,是年冬补献县知县"。民国《献县志》卷9《文献志》(见《中国地方志集成·河北府县志辑》第49册,第247页)记陈氏任献县时间为咸丰十年,应为实际履任时间。此处从民国《献县志》所记。

㉞民国《重修蒙城县志》卷7《秩官志·文职表》(见《中国地方志集成·安徽府县志辑》第26册,第723页)记李炳涛同治六年署蒙城知县。同书卷

⑦《秩官志·政绩》(第 26 册,第 733 页)云:"李炳涛……同治七年代理蒙知县……在任三年,循声大著。"和文职表记载有异。《循良传稿》(第 22 册,第 569 页)记为"(同治)六年,代理蒙城县事。"因《循良传稿》中注明材料来源于李炳涛的家传,应属可信,《清史稿》亦记始任时间为同治六年。故此处采纳同治六年说。

㉟民国《杭州府志》卷 101《职官 3》(见《中国地方志集成·浙江府县志辑》第 2 册,第 787 页)记林启始任杭州知府的时间为光绪二十三年,与《清史稿》光绪二十二年的记载异。《清史稿》可能是指授职时间,民国《杭州府志》可能是指实际履任时间。

本表 3-1 主要据以下资料制成,且在制作中采用了本书第二章的考证结论,涉及的人物有:陈汝咸、张瑾、贾朴、陈德荣、芮复传、周克开、史绍登、伊秉绶、狄尚䌷、张敦仁、石家绍、刘衡、徐栋、桂超万。

1.(清)万青黎、缪荃孙:光绪《顺天府志》,见《中国地方志集成·北京府县志辑》第 2 册,上海:上海书店出版社,2002 年。

2.(清)沈家本、蔡启盛:光绪《重修天津府志》,见《中国地方志集成·天津府县志辑》第 1 册,上海:上海书店出版社,2004 年。

3.(清)游智开、史梦兰:光绪《永平府志》,见《中国地方志集成·河北府县志辑》第 18 册,上海:上海书店出版社,2006 年。

4.(清)李培祜、张豫垲:光绪《保定府志》,见《中国地方志集成·河北府县志辑》第 30 册,上海:上海书店出版社,2006 年。

5.(民国)牛宝善、魏永弼:民国《柏乡县志》,见《中国地方志集成·河北府县志辑》第 67 册,上海:上海书店出版社,2006 年。

6.(民国)金良骥、姚寿昌:民国《清苑县志》,见《中国地方志集成·河北府县志辑》第 29 册,上海:上海书店出版社,2006 年。

7.(清)陈咏、张惇德:同治《栾城县志》,见《中国地方志集成·河北府县志辑》第 9 册,上海:上海书店出版社,2006 年。

8.(清)王涤心、郭程先:咸丰《平山县志》,见《中国地方志集成·河北府县志辑》第 10 册,上海:上海书店出版社,2006 年。

9.(清)吴中彦、胡景桂:光绪《广平府志》,见《中国地方志集成·河北府县志辑》第 55 册,上海:上海书店出版社,2006 年。

10.（清）郝增祐、周晋堃：光绪《丰润县志》，见《中国地方志集成·河北府县志辑》第 25 册，上海：上海书店出版社，2006 年。

11.（清）张衍寿、王肇晋：咸丰《深泽县志》，见《中国地方志集成·河北府县志辑》第 7 册，上海：上海书店出版社，2006 年。

12.（民国）张昭芹、范鉴古：民国《大名县志》，见《中国地方志集成·河北府县志辑》第 59 册，上海：上海书店出版社，2006 年。

13. 薛凤鸣、张鼎彝：民国《献县志》，见《中国地方志集成·河北府县志辑》第 49 册，上海：上海书店出版社，2006 年。

14. 王华安、刘清如：《民国续修馆陶县志》，见《中国地方志集成·河北府县志辑》第 62 册，上海：上海书店出版社，2006 年。

15. 黄容惠、贾恩绂：民国《南宫县志》，见《中国地方志集成·河北府县志辑》第 69 册，上海：上海书店出版社，2006 年。

16. 尹侃、谈有典：乾隆《肃宁县志》，见《中国地方志集成·河北府县志辑》第 43 册，上海：上海书店出版社，2006 年。

17.（清）李希贤、丁垲曾：乾隆《沂州府志》，见《中国地方志集成·山东府县志辑》第 61 册，南京：凤凰出版社，2004 年。

18.（清）王赠芳、冷烜：道光《济南府志》，见《中国地方志集成·山东府县志辑》第 2 册，南京：凤凰出版社，2004 年。

19.（清）方汝翼、周悦让：光绪《增修登州府志》，见《中国地方志集成·山东府县志辑》第 48 册，南京：凤凰出版社，2004 年。

20.（清）李熙宁、邹恒：咸丰《武定府志》，见《中国地方志集成·山东府县志辑》第 21 册，南京：凤凰出版社，2004 年。

21.（清）毛永柏、刘燿椿：咸丰《青州府志》，见《中国地方志集成·山东府县志辑》第 31 册，南京：凤凰出版社，2004 年。

22.（清）嵩山、张熙先：嘉庆《东昌府志》，见《中国地方志集成·山东府县志辑》第 87 册，南京：凤凰出版社，2004 年。

23.（清）祝嘉雍、吴浮源：光绪《宁津县志》，见《中国地方志集成·山东府县志辑》第 20 册，南京：凤凰出版社，2004 年。

24.（清）费淳、沈树声：乾隆《太原府志》，见《中国地方志集成·山西府县志辑》第 1 册，南京：凤凰出版社，2005 年。

25.（清）薛元钊、张于铸：光绪《垣曲县志》，见《中国地方志集成·山西府县志辑》第 61 册，南京：凤凰出版社，2005 年。

26.（清）章廷珪、范安治：雍正《平阳府志》，见《中国地方志集成·山西府县志辑》第 44 册,南京:凤凰出版社,2005 年。

27.(清)刘钟麟、杨笃:光绪《屯留县志》,见《中国地方志集成·山西府县志辑》第 43 册,南京:凤凰出版社,2005 年。

28.(清)周人龙、窦谷邃:乾隆《忻州志》,见《中国地方志集成·山西府县志辑》第 12 册,南京:凤凰出版社,2005 年。

29.(清)李遵唐:乾隆《闻喜县志》卷 3《职官》,见《中国地方志集成·山西府县志辑》第 60 册,南京:凤凰出版社,2005 年。

30.(清)王克昌、王秉韬:乾隆《保德州志》,见《中国地方志集成·山西府县志辑》第 15 册,南京:凤凰出版社,2005 年。

31.(清)马丕瑶、张承熊:光绪《解州志》,见《中国地方志集成·山西府县志辑》第 56 册,南京:凤凰出版社,2005 年。

32.(清)杨亦铭:光绪《广宁县补志》,见《中国地方志集成·山西府县志辑》第 8 册,南京:凤凰出版社,2005 年。

33.(清)菇金、申瑶:道光《壶关县志》,见《中国地方志集成·山西府县志辑》第 35 册,南京:凤凰出版社,2005 年。

34.(清)胡瑞征、胡鸿泽修,钟益驭纂:见《中国地方志集成·江西府县志辑》第 82 册,南京:凤凰出版社,2005 年。

35.(清)姚遑、冯士杰:同治《瑞昌县志》,见《中国地方志集成·江西府县志辑》第 12 册,南京:江苏古籍出版社,1996 年。

36.(清)杨永纶、杨锡龄:道光《宁都直隶州志》,见《中国地方志集成·江西府县志辑》第 80 册,上海:上海书店出版社,1996 年。

37.(清)锡德、石景芬:同治《饶州府志》,见《中国地方志集成·江西府县志辑》第 29 册,南京:江苏古籍出版社,1996 年。

38.(清)张芗、龙赓:民国《万载县志》,见《中国地方志集成·江西府县志辑》第 36 册,南京:江苏古籍出版社,1996 年。

39.(清)达春布、黄凤楼:同治《九江府志》,见《中国地方志集成·江西府县志辑》第 9 册,南京:江苏古籍出版社,1996 年。

40.(清)盛元:同治《南康府志》,见《中国地方志集成·江西府县志辑》第 17 册,南京:江苏古籍出版社,1996 年。

41.(清)蒋继洙:同治《广信府志》,见《中国地方志集成·江西府县志辑》第 20 册,南京:江苏古籍出版社,1996 年。

42.(清)许应、曾作舟:同治《南昌府志》,见《中国地方志集成·江西府县志辑》第 1 册,南京:江苏古籍出版社,1996 年。

43.（清）王恩溥、李树藩：同治《上饶县志》，见《中国地方志集成·江西府县志辑》第 22 册，南京：江苏古籍出版社，1996 年。

44.（清）邵子彝、鲁琪光：同治《建昌府志》，见《中国地方志集成·江西府县志辑》第 53 册，南京：江苏古籍出版社，1996 年。

45.（清）汪荣、丁宝书：同治《安吉县志》，见《中国地方志集成·浙江府县志辑》第 29 册，上海：上海书店出版社，1993 年。

46.（清）陈璿、王棻：民国《杭州府志》，见《中国地方志集成·浙江府县志辑》第 2 册，上海：上海书店出版社，1993 年。

47.（清）潘绍诒、周荣椿：光绪《处州府志》，见《中国地方志集成·浙江府县志辑》第 63 册，上海：上海书店出版社，1993 年。

48.（清）李琬、汪沆：乾隆《温州府志》，见《中国地方志集成·浙江府县志辑》第 58 册，上海：上海书店出版社，1993 年。

49.（清）徐名立、潘绍诒：光绪《开化县志》，见《中国地方志集成·浙江府县志辑》第 54 册，上海：上海书店出版社，1993 年。

50.（清）吴士进、邹柏森：光绪《严州府志》，见《中国地方志集成·浙江府县志辑》第 8 册，上海：上海书店出版社，1993 年。

51.（清）许瑶光、吴仰贤：光绪《嘉兴府志》，见《中国地方志集成·浙江府县志辑》第 12 册，上海：上海书店出版社，1993 年。

52.（清）刘浚、潘宅任：同治《孝丰县志》，见《中国地方志集成·浙江府县志辑》第 30 册，上海：上海书店出版社，1993 年。

53.（民国）罗士筠、陈汉章：民国《象山县志》，见《中国地方志集成·浙江府县志辑》第 33 册，上海：上海书店出版社，1993 年。

54.（民国）喻长霖、柯桦崴：民国《台州府志》，见《中国地方志集成·浙江府县志辑》第 44 册，上海：上海书店出版社，1993 年。

55. 吴翯、程森：民国《德清县志》，见《中国地方志集成·浙江府县志辑》第 28 册，上海：上海书店出版社，1993 年。

56.（清）叶兰：乾隆《泗州志》卷 7《秩官》，见《中国地方志集成·安徽府县志辑》第 30 册，南京：江苏古籍出版社，1998 年。

57.（清）李蔚、吴康霖：同治《六安州志》，见《中国地方志集成·安徽府县志辑》第 18 册，南京：江苏古籍出版社，1998 年。

58.（清）李师沆、葛荫南：光绪《凤台县志》，见《中国地方志集成·安徽府县志辑》第 26 册，南京：江苏古籍出版社，1998 年。

59.（清）杨慧、孔传庆：道光《定远县志》，见《中国地方志集成·安徽府县志辑》第 36 册,南京:江苏古籍出版社,1998 年。

60.(清)吴甸华、程汝翼:嘉庆《黟县志》,见《中国地方志集成·安徽府县志辑》第 56 册,南京:江苏古籍出版社,1998 年。

61.(清)钟泰、宗能征:光绪《亳州志》,见《中国地方志集成·安徽府县志辑》第 25 册,南京:江苏古籍出版社,1998 年,第 246 页。

62.(民国)南岳峻、郭坚:民国《阜阳县志·续编》,见《中国地方志集成·安徽府县志辑》第 23 册,南京:江苏古籍出版社,1998 年。

63.(民国)张其浚、江克让:民国《全椒县志》,见《中国地方志集成·安徽府县志辑》第 35 册,南京:江苏古籍出版社,1998 年。

64.(民国)丁炳烺、吴承志:民国《太和县志》,见《中国地方志集成·安徽府县志辑》第 27 册,南京:江苏古籍出版社,1998 年。

65.(民国)朱之英、舒景蘅:民国《怀宁县志》,见《中国地方志集成·安徽府县志辑》第 11 册,南京:江苏古籍出版社,1998 年。

66.(民国)余谊密、鲍寔:民国《芜湖县志》,见《中国地方志集成·安徽府县志辑》第 38 册,南京:江苏古籍出版社,1998 年。

67.(民国)俞庆澜、刘昂:民国《宿松县志》,《中国地方志集成·安徽府县志辑》第 14 册,南京:江苏古籍出版社,1998 年。

68.黄佩兰、王佩箴:《涡阳风土记》,见《中国地方志集成·安徽府县志辑》第 26 册,南京:江苏古籍出版社,1998 年。

69.高寿恒、李英:民国《太湖县志》,见《中国地方志集成·安徽府县志辑》第 16 册,南京:江苏古籍出版社,1998 年。

70.汪箓、于振江:民国《重修蒙城县志》,见《中国地方志集成·安徽府县志辑》第 26 册,南京:江苏古籍出版社,1998 年。

71.(清)黄宅中:道光《大定府志》,见《中国地方志集成·贵州府县志辑》第 48 册,南京:江苏古籍出版社,1990 年。

72.民国《贵州通志》,见《中国地方志集成·贵州府县志辑》第 9 册,南京:江苏古籍出版社,1990 年。

73.刘显世、任可澄:民国《贵州通志》,见《中国地方志集成·贵州府县志辑》第 8 册,南京:江苏古籍出版社,1990 年。

74.(清)张琦、邹山:康熙《建宁府志》,见《中国地方志集成·福建府县志辑》第 5 册,上海:上海书店出版社,2000 年。

75.(清)李维钰、吴联薰:光绪《漳州府志》,见《中国地方志集成·福建府县志辑》第 29 册,上海:上海书店出版社,2000 年。

76.(清)王琛、张景祁:光绪《重纂邵武府志》,见《中国地方志集成·福建府县志辑》第10册,上海:上海书店出版社,2000年。

77.(民国)张汉、丘复:民国《上杭县志》,见《中国地方志集成·福建府县志辑》第36册,上海:上海书店出版社,2000年。

78.(清)黄宅中、郑显鹤:道光《宝庆府志》,见《中国地方志集成·湖南府县志辑》第51册,南京:江苏古籍出版社,2002年。

79.(清)饶佺、旷敏本:乾隆《衡州府志》,见《中国地方志集成·湖南府县志辑》第34册,南京:江苏古籍出版社,2002年。

80.(清)陶易、李德:乾隆《衡阳县志》,见《中国地方志集成·湖南府县志辑》第36册,南京:江苏古籍出版社,2002年。

81.(清)张天如、魏式曾:同治《永顺府志》,见《中国地方志集成·湖南府县志辑》第68册,南京:江苏古籍出版社,2002年。

82.(清)刘采邦、张延珂:同治《长沙县志》,见《中国地方志集成·湖南府县志辑》第3册,南京:江苏古籍出版社,2002年。

83.(清)吕恩湛、宗绩辰:道光《永州府志》,见《中国地方志集成·湖南府县志辑》第44册,南京:江苏古籍出版社,2002年。

84.(清)孙炳煜、熊绍庚:光绪《华容县志》,见《中国地方志集成·湖南府县志辑》第11册,南京:江苏古籍出版社,2002年。

85.(清)李师濂、宋世煦:光绪《耒阳县志》,见《中国地方志集成·湖南府县志辑》第33册,南京:江苏古籍出版社,2002年。

86.(清)聂光銮、王柏心:同治《宜昌府志》,见《中国地方志集成·湖北府县志辑》第49册,南京:江苏古籍出版社,2001年。

87.(清)倪文蔚、顾嘉蘅:光绪《荆州府志》,见《中国地方志集成·湖北府县志辑》第36册,南京:江苏古籍出版社,2001年。

88.(清)吉钟颖、洪先焘:道光《鹤峰州志》,见《中国地方志集成·湖北府县志辑》第45册,南京:江苏古籍出版社,2001年。

89.(清)恩联、王万芳:光绪《襄阳府志》,见《中国地方志集成·湖北府县志辑》第63册,南京:江苏古籍出版社,2001年。

90.(清)罗绌、陈豪:光绪《应城县志》,见《中国地方志集成·湖北府县志辑》第11册,南京:江苏古籍出版社,2001年。

91.(清)英启、邓琛:光绪《黄州府志》,见《中国地方志集成·湖北府县志辑》第14册,南京:江苏古籍出版社,2001年。

92.(清)周硕勋:乾隆《潮州府志》,见《中国地方志集成·广东府县志辑》第 24 册,上海:上海书店出版社,2003 年。

93.(清)刘溎年、邓抡斌:光绪《惠州府志》,见《中国地方志集成·广东府县志辑》第 15 册,上海:上海书店出版社,2003 年。

94.(清)屠英、江藩:道光《肇庆府志》,见《中国地方志集成·广东府县志辑》第 46 册,上海:上海书店出版社,2003 年。

95.(清)林星章、黄培芳:道光《新会县志》,见《中国地方志集成·广东府县志辑》第 33 册,上海:上海书店出版社,2003 年。

96.(清)彭贻荪、章毓桂:光绪《化州志》,见《中国地方志集成·广东府县志辑》第 38 册,上海:上海书店出版社,2003 年。

97.(清)陈志哲、刘德恒:光绪《四会县志》,见《中国地方志集成·广东府县志辑》第 49 册,上海:上海书店出版社,2003 年。

98.(民国)孔昭度、符矩存:民国《花县志》,见《中国地方志集成·广东府县志辑》第 4 册,上海:上海书店出版社,2003 年。

99.饶宗颐:民国《潮州志》,见《中国地方志集成·广东府县志辑》第 25 册,上海:上海书店出版社,2003 年。

100.赵尔巽等撰:《清史稿·循吏列传》,北京:中华书局,1977 年。

101.(清)国史馆:《清国史·循吏传》卷 3,第 12 册,北京:中华书局,1993 年影印嘉业堂钞本。

102.钱实甫:《清代职官年表》,北京:中华书局,1980 年。

103.秦国经:《清代官员履历档案全编》,上海:华东师范大学出版社,1997 年。

104.(民国)缪荃孙:《循良传稿》,稿本,不分卷,见《北京大学图书馆馆藏稿本丛刊》第 22 册,天津:天津古籍出版社,1991 年。

105.(清)徐栋、徐炳华:《致初自谱》,不分卷,见《北京图书馆藏珍本年谱丛刊》第 146 册,北京:北京图书馆出版社,1999 年。

106.(清)方东树:《考槃集文录》,见《续修四库全书》第 1497 册,上海:上海古籍出版社,2002 年。

107.(清)钱维乔、钱大昕:乾隆《鄞县志》,见《续修四库全书》第 706 册,上海:上海古籍出版社,2002 年。

108.(清)沈大成:《学福斋集》,见《续修四库全书》第 1428 册,上海:上海古籍出版社,2002 年。

109.(清)彭绍升:《二林居集》,见《续修四库全书》第 1461 册,上海:上海古籍出版社,2002 年。

110.（清）钱林：《文献征存录》，见《续修四库全书》第 540 册，上海：上海古籍出版社，2002 年。

111.（清）梅曾亮：《柏枧山房全集·文集》，见《续修四库全书》第 1514 册，上海：上海古籍出版社，2002 年。

112.（清）田明曜、陈澧：光绪《香山县志》，见《续修四库全书》第 713 册，上海：上海古籍出版社，2002 年。

113.（清）谢启昆、胡虔：嘉庆《广西通志》，见《续修四库全书》第 680 册，上海：上海古籍出版社，2002 年。

114.（清）曾国藩、刘绎：光绪《江西通志》，见《续修四库全书》第 656 册，上海：上海古籍出版社，2002 年。

115.（清）李鸿章、黄彭年：光绪《畿辅通志》，见《续修四库全书》第 637 册，上海：上海古籍出版社，2002 年。

116.（清）朱筠：《笥河文集》，见《续修四库全书》第 1440 册，上海：上海古籍出版社，2002 年。

117.（清）冯景：《解春集文钞》，见《续修四库全书》第 1418 册，上海：上海古籍出版社，2002 年。

118.（清）卞宝第、曾国荃：光绪《湖南通志》，见《续修四库全书》第 664 册，上海：上海古籍出版社，2002 年。

119.（清）桂超万：《宦游纪略》，见《中华历史人物别传集》第 41 册，北京：线装书局，2003 年。

120.（清）钱仪吉：《碑传集》，见《清代碑传全集》，上海：上海古籍出版社，1987 年。

121.（清）钱仪吉：《衎石斋记事稿》，清光绪六年（1880 年）子彝甫重刻本。

122. 刘宁颜、郑喜夫：《重修台湾省通志》，1993 年。

123.（清）张鉴：《冬青馆·乙集》，见《丛书集成续编》第 134 册，上海：上海书店出版社，1994 年。

124.（清）方履籛：《万善花室文稿》，见《丛书集成初编》第 2534 册，上海：商务印书馆，1935 至 1937 年排印本。

125. 佚名：《定海遗爱录·行略》，不分卷，见《丛书集成续编》第 31 册，上海：上海书店出版社，1994 年。

126.（清）彭绍升：《良吏述》，不分卷，见《丛书集成续编》第 31 册，上海：上海书店出版社，1994 年。

127. (清)戴望:《颜氏学记》,见《丛书集成续编》第 77 册,上海:上海书店出版社,1994 年。

128. 常赞春:《山西献征》,1936 年太原山西省文献委员会铅印本。

129. (清)茹敦和:《竹香斋古文》,见《四库未收书辑刊》第 10 辑第 18 册,北京:北京出版社,2000 年。

130. (清)黄嗣东:《道学渊源录》,清光绪三十四年(1908 年)凤山学舍刻本。

131. (清)纪大奎:《双桂堂稿》,嘉庆十三年(1808 年)刻本。

132. 刘家平、苏晓君:《中华历史人物别传集》,北京:线装书局,2003 年。

133. (清)徐世昌、周骏富:《清儒学案小传》,见《清代传记丛刊》第 7 册,台北:文明书局,1986 年。

134. 王钟翰点校:《清史列传》,北京:中华书局,1987 年。

135. 蔡冠洛:《清代七百名人传》,北京:中国书店出版社,1984 年。

136. (清)牛树梅:《省斋全集·牛雪樵先生传》,清同治十三年(1874 年)康计恬刻本。

137. (民国)夏孙桐:《观所尚斋文存》,1939 年蒲城忤墉本。

138. (清)刘衡:《自治官书》,不分卷,《官箴书集成》第 6 册,合肥:黄山书社,1997 年。

139. (清)钱宝琛:《壬癸志稿》,清光绪六年(1880 年)太仓钱氏存素堂刊本。

140. (清)蒯光典:《金粟斋遗集》,1929 年合肥蒯氏刊本。

141. 中国科学院图书馆:《续修四库全书总目提要》,济南:齐鲁书社,1996 年。

142. (清)黄嗣东:《道学渊源录》,清光绪三十四年(1908 年)凤山学舍刻本。

143. (民国)缪荃孙、冯煦:民国《江苏省通志稿·职官志》,南京:江苏古籍出版社,1999 年。

144. (清)任辰旦:《介和堂集·待庵任公传》,清代抄本,见《天津图书馆孤本秘籍丛书》,中华全国图书馆文献缩微复制中心 1999 年。

145. (清)仁宗敕撰:嘉庆《重修大清一统志》,见《四部丛刊续编·史部》第 19 册,上海:上海书店出版社,1984 年。

146. (清)彭定求:《南畇文稿》,见《四库存目丛书·集部》第 246 册,济南：齐鲁书社,1997年。

147.（清）朱彝尊：《曝书亭集》,见《四库全书》第1318册,台北：台湾商务印书馆,1986年。

148.（清）高宗敕撰：《钦定八旗通志》,长春：吉林文史出版社,2002年。

149.（清）李桓：《国朝耆献类征》,清光绪十年（1884年）湘阴李氏刊本。

150.（清）应祖锡：《增广尚友录统编》,清光绪二十八年（1902年）鸿宝斋石印本。

151.（清）苏树蕃：《清朝御史题名录》,见《近代中国史料丛刊正编》第14辑第136册,台北：台湾文海出版社,1966—1995年。

152.（清）包世臣：《安吴四种》,见《近代中国史料丛刊正编》第4册,台北：台湾文海出版社,1966—1995年。

153.（清）杨士骧、孙葆田：宣统《山东通志》第4册,1934年上海商务印书馆影印本。

154.（清）严长宦、刘德熙：道光《秦安县志》,道光十八年（1838年）刊本。

155.（民国）强云程、吴继祖：民国《重修鄠县志》,1933年铅印本。

156.蒋致中：《牛空山年谱》,北京：商务印书馆,1933年。

157.（民国）徐世昌：《大清畿辅先哲传》,天津徐氏刊本。

一、《清史稿·循吏传》入传人物的地理与时间分布

1.《清史稿·循吏传》入传人物的地理分布

按照统治方式的不同,清代地方行政区划分为直省制和军府制两大类型。《清史稿·地理志》将全国分为28个区域。《清史稿·循吏传》收录的116人中,[①]除于宗尧外,其他115人的籍贯皆很明晰,他们在这28个区域的分布情况如下表所示（表3-2）：

---

① 此处仅计《清史稿·循吏传》目录中列明的人物。目录中不见,即使书中附记有其事迹,如刘果（四十三·一二九九五）等,亦不计入内。

表 3-2 《清史稿·循吏传》入传人物籍贯分布表

省区	循吏人数	所占全国比例	省区	循吏人数	所占全国比例	省区	循吏人数	所占全国比例
江苏	17	14.8%	江西	4	3.5%	黑龙江	0	0%
浙江	17	14.8%	湖北	4	3.5%	台湾	0	0%
直隶	10	8.7%	湖南	4	3.5%	新疆	0	0%
山东	10	8.7%	云南	3	2.6%	内蒙	0	0%
福建	9	7.8%	贵州	2	1.7%	外蒙	0	0%
山西	9	7.8%	陕西	1	0.9%	青海	0	0%
安徽	6	5.2%	甘肃	1	0.9%	西藏	0	0%
广东	6	5.2%	四川	1	0.9%	察哈尔	0	0%
奉天	5	4.3%	广西	1	0.9%	全国总平均数:4.1%		
河南	5	4.3%	吉林	0	0%			

由表 3-2 可知,《清史稿·循吏传》入传循吏在上述 28 个地域分布人数从多到少依次为:江苏〈浙江〉、直隶〈山东〉、福建〈山西〉、安徽〈广东〉、奉天〈河南〉、江西〈湖北、湖南〉、云南、贵州、陕西〈甘肃、四川、广西〉、吉林〈黑龙江、台湾、新疆、内蒙、外蒙、青海、西藏、察哈尔〉①。

这 28 个区域,又可被具体划分为三个层次,其中江苏、浙江、直隶、山东、福建、山西、安徽、广东、奉天、河南 10 省循吏分布皆在全国平均数 4.1% 之上,10 省约占全国循吏总数的 81.7%,属循吏分布密集区;江西、湖北、湖南、云南、贵州、陕西、甘肃、四川、广西 9 省虽在全国平均数标准之下,但尚有循吏分布,属第二个层次,9 省约占全国总数的 18.3%,为循吏分布稀疏地区;吉林、黑龙江、台湾、新疆、内蒙、外蒙、青海、西藏、察哈尔 9 省无循吏分布。上述数字清楚表明,《清史稿·循吏传》入传循吏的地域分布极不均衡。具体到第一层次的江苏、浙江、直隶、山东、福建、山西、安徽、广东、奉天、河南 10 省

---

① 〈〉内所列为排名并列省份。下文同。

内部,这种分布不均衡性表现得尤为鲜明。其中江苏、浙江循吏的分布非常集中,约占全国总数的30%,遥遥领先于直隶、山东等其他各省,而安徽、广东、奉天、河南等省分布的循吏相对较少,约为江苏、浙江的1/3。此外,我们发现,循吏分布集中的江苏、浙江等10省主要位于东部沿海和中部地区,循吏分布较少的吉林、黑龙江等地区主要位于西部、北部或远离中原统治中心,且数量上总体呈从东部沿海向西北内陆递减之势。

作为清代循吏类人物类传的《清史稿·循吏传》,应该可以大体反映出清代循吏群体的总体特征。因此,上述《清史稿·循吏传》入传人物的地域分布特征,也适用于清代循吏这一群体,反映着清代循吏群体的地域分布特征。

进一步分析上述数据,我们还可以发现,循吏分布较为密集的江苏、浙江、直隶、山东、福建、山西、安徽、广东、奉天、河南10省,多为当时全国的政治、经济、文化中心地区。而循吏分布较少的吉林、黑龙江、台湾、新疆、内蒙、外蒙、青海、西藏、察哈尔等9个地区,多地处偏远,经济文化相对落后。这说明,清代循吏的地域分布状况还与各地的政治、经济文化发展水平紧密联系、息息相关。经济文化发达地区,循吏数量较多;经济文化落后地区,循吏数量相对较少。宋元强先生考察了《清代七百名人传》所收录的清代政治类人物地域分布情况,得出其在全国各省区的排名顺序为:江苏、浙江、安徽、直隶、湖南、福建〈广东〉、江西〈山东〉、河南、山西、蒙古、湖北〈四川〉、陕西、云南〈广西〉、贵州〈甘肃〉。① 上述排名显示,《清代七百名人传》中,清代政治类人物也以江、浙籍者为最多。可见,清代循吏主要集中分布于东部地区这一局面的形成,有其深刻的内在原因。

从长期来看,一个地区的经济、文化发展水平和该地域的教育水平是趋于一致的。经济文化发达地区,其经济基础雄

---

① 宋元强:《清朝的状元》,长春:吉林文史出版社,1992年,第110页。

厚,文化环境优良,必然会推动该地域教育水平的提升。表现在科举中,即中举人数较多。

宋元以降,中国经济重心南移,土壤肥沃、水网密布、人口密集的江浙地区,以其独特的地理环境优势,迅速成长为中国经济最富庶的地区。明清两代,封建国家的赋税主要来自江、浙二省。与此相一致的是,江、浙二省也是中国文化最发达之区,科举水平也较高。以代表封建科举最高水平的三鼎甲为例,据宋元强先生统计,清代各科共产生三鼎甲342名,各省区中,以江、浙人数为最多,其中江苏117人,浙江75人,新疆、青海、西藏等地无人入选。① 江苏三鼎甲数占全国总数的34.2%,浙江为21.9%,二省合计占全国的56.1%,即有清一代的三鼎甲中,江、浙籍者居半数以上。由此可见清代江浙科举之盛况。范金民先生据明清进士题名录统计得出,清代历科共产生进士26815名,江南一地独占4013人,占总数的14.95%。即平均每7个进士中,就有一个出自江南。② 江南理所当然地成为全国进士分布最集中的区域。此处范金民先生界定统计中所采用的"江南"概念为"明代为应天、镇江、常州、苏州、松江、杭州、嘉兴、湖州八府,清代雍正二年,太仓升州,为八府一州"。③ 其中,应天、镇江、常州、苏州、松江、太仓位于江苏境内,杭州、嘉兴、湖州属浙江境内,可见,此处江南进士数字也代表着江、浙二省籍人士在科场上的优异表现,即江、浙为全国进士分布最为集中的区域。

学而优则仕,科举制度自产生之日起,就与选官制度紧密相连,科举中式是跻身官场、踏入仕途的重要阶梯。各省科举

---

① 宋元强:《清朝的状元》,长春:吉林文史出版社,1992年。此处直隶包括顺天府在内,第109页。
② 范金民:《明清江南进士数量、地域分布及其特色分析》,载《南京大学学报》,1997年2期。
③ 范金民:《明清江南进士数量、地域分布及其特色分析》,载《南京大学学报》,1997年第2期。

中式人数的多寡,从某种意义上,也反映出各省跻身仕途人数的多少。科举兴盛之省,入仕的官员较多,其循吏数目自然也相应较多。那些经济落后、文化欠发达地区,教育水平较低,科举中式者少,跻身仕途者相对较少,循吏人数自然相应较少。具体到表 3-2 中,传统经济富庶、文化发达的江浙地区,科举中式人数较多,其中的循吏人数也相应较多,而吉林、黑龙江、台湾、新疆、内蒙、外蒙、青海、西藏、察哈尔等地区,经济文化欠发达,中式人数少,其循吏人数自然也相应较少。

此外,建省时间的长短也影响着该地域循吏数量的分布。上述地区中,新疆、台湾、吉林、黑龙江四省皆迟至光绪时期方才建立。如新疆,光绪十年建;台湾,光绪十三年升省;吉林、黑龙江,光绪三十三年建省。至清末的宣统三年,四省中存在最长的新疆也才 28 年,最短的吉林、黑龙江二省,只有短短 5 年,这必然会影响到该省籍循吏在有清一代的总体数量分布。

2.《清史稿·循吏传》入传人物的时间分布

夏孙桐谈《清史稿》纂修经过时云:

> 窃惟修史经过,约分三期。第一期全无条例,人自为战,如一盘散沙。后乃议整理,先从列传着手,是为第二期。选人任之,始分朝拟定传目,归卷柯凤孙。金钺孙、奭召南任国初;缪艺风、吴绚斋任顺康,绚斋未到,艺风未毕事而作古,执事后至,即加入此段之内;金钺孙独任雍乾;弟任嘉道,而王伯荃、朱少滨助之;王晋卿任咸同;马通伯任光宣,而邓效先、雪生助之。当时议定凡例,而有遵有不遵,两年毕事。其中咸同光宣四朝皆不合用,同人公推凤孙与弟再加整理,凤老旋又推诿,改归钺孙。时局纷纭,馆中议论亦不定,弟与钺孙皆未动手。既而时局益乱,经费不给,遂全局停顿。久之,馆长别向军阀筹款,稍有端倪,于是议重加整顿以求结束,是为第三期。时馆中同事已多

他去,留者重行分配。本纪柯凤孙、奭召南、李星樵;志王晋卿、吴莲溪、俞阶青、金雪生、戴海珊、朱少滨;表吴向之;列传弟与金篯孙分任之,篯孙任乾隆以前,弟任嘉庆以后;汇传则弟任循吏、艺术,章式之任忠义,柯凤孙任儒林、文苑、畴人,余皆归篯孙;预定三年告成。甫逾半年,馆长忽欲全稿付印。弟力争为不可,同人附和馆长者多,相持久之,而馆长病矣。病中尤急不可待,袁洁珊力任印稿之事,召金息侯为总校,而事遂决。弟所任各朝中咸同事最繁重,王君之稿,核之实录,牴牾太多,且立传太滥,卷帙太繁,直是重作。期限既促,光宣两朝断不能兼,推归他手,亦无人肯接,遂由金息侯一手为之。①

可见,《清史稿》在修纂中,纂修者曾以朝代为界,将列传部分划分为国初、顺康、雍乾、嘉道、咸同、光宣等时间段,交由专人负责纂修。在上文中,夏氏虽未明确言明这一时段划分法是否适用于《循吏传》部分,但对照今天已经成书的《清史稿·循吏传》,我们不难发现,《清史稿·循吏传》大体也是适用这一时段划分标准的。

《清史稿·循吏传》收录清代循吏 116 名,②大体以时间先后顺序编排而成,全文共 4 卷,各卷所记时间段分别为:卷 476 国初至顺康、卷 477 雍乾、卷 478 嘉道、卷 479 咸同光宣。③ 与上述夏孙桐在纂修经过中所说的时段分法大致相当。只是《清史稿·循吏传》卷 476 将国初至顺康合并为 1 卷;卷 479 中将咸同光宣四朝合为了一体。这样划分的优势是既遵照了清朝

---

① 夏孙桐:《观所尚斋文存》卷 6《与张孟劬书》,1939 年蒲城忏庵本。
② 此处所记皆为目录中列明的人物,某些人物目录中虽无,但是书中附记有其事迹,如刘果(四十三·一二九九五)等,则不计入内。
③ 《清史稿·循吏传》只是大体适用这一标准,其中也有例外,如卷 476 所记主要为国初至顺康时期的循吏,但所收人物龚鉴(四十三·一三零零一)主要事迹却发生在雍正时期;卷 477 所记主要是雍乾时期的循吏,但所收人物邵希曾(四十三·一三零三五)的主要事迹却发生在嘉庆时期。

朝代更迭的自然规律,又可以保证各个时段的时间跨度大体相当(详情见下表3-3所示)。国初这一时段虽显过短,但因该段无循吏收录,故影响不大;余下的顺康跨79年,雍乾跨73年,嘉道跨55年,咸同光宣四朝跨61年,时间跨度大体相当。若将咸同、光宣分别单独立卷,则咸同卷跨24年,光宣跨37年,与前几个时段相较,差距过大,故将咸同光宣合为1卷,更为妥当。

表 3-3　《清史稿·循吏传》入传循吏时段划分情况表

时段名	跨越年数	循吏人数及所占比例	
国初①	28	0	0%
顺康	79	33	28.4%
雍乾	73	30	25.9%
嘉道	55	24	20.7%
咸同光宣	61	29	25%
合计	296	116	100%

表 3-3 表明,《清史稿·循吏传》所收录各时段循吏人数从多到寡的排名顺序为:顺康〈33人〉、雍乾〈30人〉、咸同光宣〈29人〉、嘉道〈24人〉、国初〈0人〉;从总体上看,除国初外,其余各时段的循吏人数差距皆不大。它说明,若以上述分期为断,《清史稿·循吏传》各时段收录的循吏人数分布基本均衡,各卷跨越时段和收录人数的大体相当,为成书后的《清史稿·循吏传》各卷分量大体相当提供了保障。

表 3-3 虽能反映《清史稿·循吏传》入传人物大致时段分布概况,但仍嫌笼统。若将这116人具体划分至各个朝代,其分布为:顺治朝有白登明、汤家相2人;康熙朝有任辰旦、于宗尧、宋必达、陆在新、张沐、张埙、陈汝咸、缪燧、陈时临、姚文燮、黄贞麟、骆钟麟、崔宗泰、祖进朝、赵吉士、张瑾、江皋、张克嶷、贾朴、邵嗣尧、卫立鼎、高荫爵、靳让、崔华、周中鋐、刘榮、陶元淳、廖冀亨、佟国珑、陆师、龚鉴共31人;雍正朝有陈德荣、芮复

---

① 包括天命、天聪、崇德三个时期。

传、蒋林、阎尧熙、王时翔、蓝鼎元、叶新、施昭庭、陈庆门、周人龙、童华、黄世发共 12 人;乾隆朝有李渭、谢仲坑、李大本、牛运震、张甄陶、邵大业、周克开、郑基、康基渊、言如泗、周际华、汪辉祖、茹敦和、朱休度、刘大绅、吴焕彩、纪大奎、邵希曾共 18 人;嘉庆朝有张吉安、李毓昌、龚景瀚、盖方泌、史绍登、李赓芸、伊秉绶、狄尚䌹、张敦仁共 9 人;道光朝有郑敦允、李文耕、刘体重、刘煦、张琦、石家绍、刘衡、徐栋、姚柬之、吴均、王肇谦、曹瑾、桂超万、张作楠、云茂琦共 15 人;咸丰朝有徐台英、牛树梅、何曰愈、吴应连共 4 人;同治朝有刘秉琳、陈崇砥、夏子龄、萧世本、李炳涛、俞澍、朱根仁共 7 人;光绪朝有邹钟俊、王懋勋、蒯德模、林达泉、方大湜、陈豪、杨荣绪、林启、王仁福、朱光第、冷鼎亨、孙葆田、柯劭憼、涂官俊、陈文黻、李素、张楷、王仁堪共 18 人;国初和宣统朝无循吏分布。① 据此制成下表(表 3-4):

表 3-4 《清史稿·循吏传》入传循吏朝代划分情况表

时段	循吏人数	所占比例	跨越年数	年平均循吏数②
国初	0	0%	28	0
顺治	2	1.7%	18	0.11
康熙	31	26.7%	61	0.51
雍正	12	10.34%	13	0.92
乾隆	18	15.5%	60	0.3
嘉庆	9	7.8%	25	0.36
道光	15	12.9%	30	0.5
咸丰	4	3.4%	11	0.36
同治	7	6%	13	0.54
光绪	18	15.5%	34	0.53
宣统	0	0%	3	0
合计	116	100%	296	/

① 此处统计时,不同卷次间人物的分期是以《清史稿·循吏传》的自然分卷为标准,如将龚鉴入康熙朝、邵希曾入乾隆朝。卷内人物的分期,主要是以其主要活动发生的时间段为准。

② 这一数值由《清史稿·循吏传》收录的该时段循吏数除以该时段统治年数得出。

由上表可知,若以朝代为断,《清史稿·循吏传》所录各朝循吏人数从多到寡的排名顺序为:康熙、光绪〈乾隆〉、道光、雍正、嘉庆、同治、咸丰、顺治,国初和宣统朝无循吏收录。上表显示,具体到各卷内部的具体朝代,《清史稿·循吏传》收录的循吏人数差距较大,人数最多的为康熙朝,31 人;人数最少的为国初和宣统,为 0 人。从总体上看,统治时间跨越较长的朝代,被收录的循吏人数也往往较多。如排名靠前的康熙、光绪、乾隆、道光四朝,分别为 61 年、34 年、60 年和 30 年,统治时间皆较长;排名靠后的同治、咸丰等朝,分别为 13 年、11 年,统治时间相对较短。至于宣统朝,因只有短短 3 年执政期,该段无循吏分布也就在情理之中了。

事实上,各朝循吏数量的多寡,除受统治时间长短的因素影响外,与各朝政治形势也密切相关。《清史稿·循吏传》概括了有清一代各朝吏治状况,并指出它们与该朝政治形势的紧密关系:

> 清初以武功定天下,日不暇给。世祖亲政,始课吏治,诏严举劾,树之风声。圣祖平定三藩之后,与民休息,拔擢廉吏,如于成龙、彭鹏、陈瑸、郭琇、赵申乔、陈鹏年等,皆由县令洊历部院封疆,治理蒸蒸,于斯为盛。世宗综核名实,人知奉法。乾隆初政,循而勿失。国家丰亨豫大之休,盖数十年吏治修明之效也。及后权相用事,政以贿成,蠹国病民,乱萌以作。仁宗矫之,冀涤瑕秽。道、咸以来,军事兴而吏治疏。同治中兴,疆吏贤者犹能激扬清浊,以弥缝其间。然保举冒滥,捐例大开,猥杂不易爬梳。末造财政紊乱,新令繁兴,簿书期会,救过之不遑。又迁调不时,虽有洁己爱民者,亦不易自举其职。①

上述材料概括了有清一代各朝吏治状况,指出清初统治者

---

① (民国)赵尔巽:《清史稿》卷 476《循吏 1》,第 43 册,北京:中华书局,1977 年,第 12967~12968 页。

因忙于战事,无暇他顾,故吏治水平不高;顺帝亲政后,始课吏治;康雍二帝,奖劝循良,吏治蒸蒸;乾隆后期,宠幸佞臣和珅,吏治水平下滑;此后或间有整作,但整体水平不高。总体看来,各朝的吏治水平与该朝的政治形势紧密相连。当政治清明、社会稳定之时,吏治状况良好;当政治腐败、社会动荡之际,吏治亦窳败变糟。

各朝吏治状况的好坏自然直接影响到该时段循吏的数量分布。总体而言,政治稳定、吏治状况好的朝代,循吏数量较多;反之,政治动荡、吏治状况差的朝代,循吏数量也相对会减少。上述材料中,吏治状况较好的康雍二朝,循吏数量也较多;开国之初和末世,政治动荡,吏治状况较差,循吏数量分布也较少。

若以年平均循吏数来考察不同朝代年平均入传循吏的多寡,政治形势因素对循吏数量分布的影响就体现得更为鲜明。以年平均循吏数为计,据表3-4可知,清代各朝循吏分布排名先后顺序为:雍正、同治、光绪、康熙、道光、咸丰〈嘉庆〉、乾隆、顺治、宣统〈国初〉。各朝中,雍正朝年平均循吏数最多,达0.92,雍正在位虽只有短短13年,但《清史稿·循吏传》收录的该朝循吏达12人,占10.34%,为《清史稿·循吏传》入传循吏分布密度最高的一朝,这表明雍正继位后实行的清查亏空、火耗归公、推行养廉银制、取缔漏归等一系列整顿吏治的措施,取得了良好效果,吏治状况转好、循吏大量涌现。史评"世宗皇帝御宇十有三年,励精图治,勤求民瘼,尤重牧守亲民之吏,为官择人,立贤无方,至辍文学侍从之臣,付以专城之寄者不可一二数。诸臣亦并能祗顺德意,奉宣条教,故一时多良二千石,治化洽和,贪墨屏迹,庶几所谓吏称其职,民安其业者"。[①] 国初和宣统朝年平均循吏数最低,为零。它从一个侧面反映出,在国初和末世兵事方殷、政局动荡的大环境下吏治水平的差强人意。

---

① (清)钱仪吉:《碑传集》卷82《中大夫直隶长芦都转盐运使蒋公林墓志铭》,上海:上海古籍出版社,1987年,第419页。

《清朝文献通考》指出,清朝入关之初,"吏治敝坏,不肖者朘剥民财,营求升转。稍有自爱、爱民者,因上官举荐不公,不觉操守顿易。至于不识文意之人,益不胜任。文移招详,全凭幕友代笔,转换上下,与吏役通同作弊,贻害百姓,督抚不行纠察,大乖法纪"。① 顺治八年(1651年)诏书亦云:"国家纪纲,首重廉吏。迩来有司贪污成习,百姓失所,殊违朕心。总督巡抚,任大责重,全在举劾得当,使有司知所劝惩。今所举多冒滥,所劾多微员,大贪大恶乃徇纵之,何补吏治?"② 《清史稿·选举志》记清代末年吏治弊败之状云:"然自光绪之季,改定官制,增衙署,置官缺,破格录用人员辄以千数,荐擢太滥矣。宣统元年,御史谢远涵言:'变法至今,长官但举故旧,士大夫不讳钻营。请严定章程,以贪烈闻者,反坐荐主,加以惩处。'诏下所司而已。"③ 上述材料所记与《清史稿·循吏传》所载清朝开国之初和宣统时期吏治窳败的状况相吻合。可见,《清史稿·循吏传》中国初和宣统朝无循吏入传,绝非偶然现象。年平均循吏数排名靠前的康熙朝,《清史稿·选举志》记其吏治状况道:"圣祖亲政,锐意整饬吏治,屡诏群臣荐举天下廉能官。"康熙"十八年,左都御史魏象枢疏荐清廉,原任侍郎高珩、达哈塔、雷虎、班迪,大理卿瑚密色,侍读萧维豫,郎中宋文运,布政使毕振姬,知县张沐、陆陇其等十人。得旨分别录用。并谕陆陇其廉能之员,宜任繁剧,如直隶清苑、江苏无锡等县,庶可表见其才"。"时天子广厉风节,群士慕效,吏治丕变。循吏被荐膺显要者,先后踵相接"。④

---

① (清)高宗敕撰:《清朝文献通考》卷59《选举·考课》,转引柏桦、李春明:《清代知县出身与康雍乾时期的用人政策》,载《史学集刊》,1990年第4期。
② (民国)赵尔巽:《清史稿》卷5《世祖本纪二》,北京:中华书局,1977年,第122~123页。
③ (民国)赵尔巽:《清史稿》卷109《选举四》,北京:中华书局,1977年,第3191页。
④ (民国)赵尔巽:《清史稿》卷109《选举四》,北京:中华书局,1977年,第3184~3185页。

这些都表明,在康熙的大力奖劝下,该朝官场风气的确大有好转。《清史稿·高宗本纪》论乾隆朝政治状况道:"高宗运际郅隆,励精图治,开疆拓宇,四征不庭,揆文奋武,于斯为盛……惟耄期倦勤,蔽于权倖,上累日月之明,为之叹息焉。"①可见,乾隆朝前期吏治状况较佳,后期因为宠任佞臣和珅,导致吏治弊坏,正是后期的弊坏状况影响了其整体吏治水平。这一论断与上文《清史稿·循吏传》中所记乾隆朝的吏治状况相吻合。体现在表3-4中,即表现为乾隆朝的年平均循吏数较低,仅为0.3。所以说,《清史稿·循吏传》各朝循吏数量分布,除受各朝执政时间长短因素影响外,各朝吏治水平的高低差异也是一个不容忽视的因素。而《清史稿·循吏传》各朝入传人数间的差异,大体能够体现出该朝的政治状况。统治时间长、政治稳定、吏治清明的朝代,入传循吏较多;统治时间短、政治动荡、吏治腐败之朝,入传人数相对较少。

综上所述可知,《清史稿·循吏传》以时间先后为顺序,将有清一代划分为国初至顺康、雍乾、嘉道、咸同光宣四段,每段单独成卷。这既尊重历史发展的先后顺序,又照顾到清朝朝代更迭的自然规律,保证了每个时段跨越的时间大体相当。各卷收录人数间差异亦较小,这一切从整体上为成书后的《清史稿·循吏传》各卷分量大体相当提供了保证。

在各卷内部,各朝收录的循吏数量差异较大,这既考虑到各朝统治时间长短因素的作用,同时也照顾到该朝吏治状况等政治因素的影响。而这一编纂标准和原则无疑是合理且符合历史事实的,它体现了《清史稿·循吏传》纂修者夏孙桐高超的史书编撰水准。

---

① (民国)赵尔巽:《清史稿》卷15《高宗本纪六》,北京:中华书局,1977年,第565页。

二、《清史稿·循吏传》入传人物的任期

在表 3-1 中,我们搜集了大量循吏任职时间方面的信息。《清史稿·循吏传》沿袭《明史·循吏传》的传统,所收人物"以官至监司为限","尤以亲民为重,其非有守令起家者不与焉"。① 即入传人物以中下级地方官、特别是牧令官②为主。因此若能对这批地方官的任职时间进行统计分析,对了解清代府州县级地方行政官员的升迁情形、每届的任期等将大有裨益。因此,我们对表 3-1 中府、州、县官类任期方面的信息进行了统计,③得出《清代牧令官任职时间情况表》(表 3-5):

表 3-5　清代牧令官任职时间情况表

朝代	总届别	总任期(年)	最长任职时间(年)	每届平均任期(年)
顺治	5	20	6	4.5
康熙	59	293.5	21	4.97
雍正	30	58.5	5	1.95
乾隆	92	227.5	13	2.47
嘉庆	53	149	13	2.81
道光	80	144.5	7	1.81
咸丰	17	40.5	9	2.38
同治	33	87	11	2.64
光绪	36	97.5	11	2.71

---

① (民国)赵尔巽:《清史稿》卷 476《循吏 1》,北京:中华书局,1977 年,第 12968 页。
② 此处牧令官指知府、知州、同知、知县。
③ 因循吏群体是以牧令官为主,故我们将讨论的重点放在清代牧令官上。牧令官类数据统计的范围限于知县、知州、知府、同知这四类。非这四类官职者皆列入其他官职项。在统计中,若始任和离任时间发生在不同朝代,则计入任职时间最长的那个朝代内。如陈德荣任湖北枝江知县的时间为康熙六十一年至雍正三年,任期 3 年,其中康熙朝 1 年,雍正朝 2 年,统计时计入雍正朝;若在不同朝代任职时间相等,则统一计入前一个朝代。如叶新任卬州知州的时间为雍正十二年至乾隆元年,前后 2 年,雍正、乾隆朝各 1 年,此处计入前面的朝代雍正朝。

因为《清史稿·循吏传》没有收录清初和宣统朝人物,故上表中这部分信息缺失。余下的顺治、康熙、雍正、乾隆、嘉庆、道光、咸丰、同治、光绪9朝中,顺治朝因只统计到5届牧令官的任期信息,数据过少,可能缺乏代表性,故不予讨论。余下的8朝,统计出的届别皆较多,得出的牧令官每届平均任期这一数据应具有一定的代表性。据此,各朝牧令官每届平均任期从长到短的排名顺序为:康熙、嘉庆、光绪、同治、乾隆、咸丰、雍正、道光。其中,康熙朝平均任职时间最长,达4.97年,远远高于其他各时段;道光朝最短,为1.81年。8朝总平均任期为2.71年。8朝中,乾隆、嘉庆、咸丰、同治、光绪5朝每届牧令官的平均任职时间和8朝总平均数相差不大。总体看来,清代牧令官的迁转频率大体上为2年多迁转一次。这与乾隆二年上谕中所记"向例知县三年行取一次,吏部按期奏请"的记载大致吻合。① 表明在乾隆、嘉庆、咸丰、同治、光绪数朝中,牧令官大致还是能按时迁转的。康熙、雍正、道光3朝与8朝平均任期时间差距较大,康熙朝每届平均任期时间最长,将近5年,《清史稿·循吏传》亦记康熙时"朝廷重守令,循良多久于其职"。② 二者表明康熙朝牧令官迁转较难,牧令官队伍较稳定。雍正和道光朝任期最短,不到2年。众所周知,雍正上台后,锐意改革积弊,整顿吏治,限期令各省补足藩库的亏空银两,改革赋税和俸禄制度,实行"羡耗归公",这些政策,对以牧令官为主体的循吏们的冲击自然最大,故该朝的牧令官迁转较为频繁。道光朝循吏平均任期较短,可能与该朝官场腐败公行、官员不安于位而营求迁转的大环境有关。

我们再将表3-1中载明任期的府州县以外官职的任期情

---

① (清)高宗敕撰:《清朝通典》卷20《选举三》,上海:商务印书馆,1935年,第2142页。
② (民国)赵尔巽:《清史稿》卷476《循吏一》,北京:中华书局,1977年,第12977页。

况统计成下表(表 3-6)：

表 3-6　清代官职(除牧令官)任职时间情况表

朝代	总届别	总任期(年)	最长任职时间(年)	各届平均任期(年)
顺治	1	6	6	6
康熙	27	54.5	9	2.02
雍正	6	13	7	2.17
乾隆	22	62.5	8	2.84
嘉庆	9	22	8	2.44
道光	17	29	5	1.71
咸丰	2	2	1	1
同治	5	5	2	1
光绪	10	18	4	1.8

表 3-6 中,康熙、雍正、乾隆、嘉庆、道光、咸丰、同治、光绪 8 朝牧令以外官职的平均任期为 1.87 年,①和前文 8 朝每届牧令官的总平均任职时间 2.77 年相较,差 0.9 年。说明总体看来,和其他官职相较,清代牧令官任期相对较长,变动相对较小,官员队伍较为稳定。这与牧令官的特殊地位是密不可分的。

在封建官僚体系中,牧令官品级虽低,属中下级官吏,但他们直接临民听政,故其贤能与否直接关系着民生休戚。循吏徐栋总结为"天下事莫不起于州县,州县理则天下无不理"。②康熙《大理府志》云:"自古亲民之官莫若守令,守令之贤否,民之安危系焉。故朝廷必慎择之,择而后用;又设监司以董其上,设佐贰师儒以匡其下,彼此居洁清之地,而宽肸以展其有为之才。故郡县之政成,而民遂相与安之。"③强调以州县官为主体的牧令官在官僚体系中的基础地位。乾隆间纪昀仔细分析了牧令

---

① 此处为便于和前面数据对比,故顺治朝不计算入内。
② (清)徐栋:《牧令书辑要·自序》,同治四年(1865 年)新宁江忠濬四川刊本。
③ (清)李斯佺、黄元治:康熙《大理府志》卷 13《官师》,见《北京图书馆古籍珍本丛刊》第 45 册,北京:书目文献出版社,1988 年,第 144 页。

官身为亲民之官在管理百姓中的特殊优势:"知州通判,其位卑,易控诉也;其势近,易察核也;其所治狭,易周览也;其见民数,易相习也;其资望轻,虽履闾阎问琐屑而不以为亵也。上达下情,下宣上德,是亦天下之辖与枢矣。"①材料表明,牧令官在朝廷和百姓信息交换中起着枢纽作用。清朝的帝王们也屡下谕旨,一再强调牧令官在国家管理体系中的重要地位,顺治十二年(1655年)上谕中指出:"知府乃吏治之本。"②次年又云:"朕所与共图治安者惟监司守令是赖。"③雍正十三年(1735年)上谕:"县令为亲民之官,关系民生休戚,最为切近。"④乾隆二年(1737年)谕旨:"守令为亲民之官,最关紧要。"⑤乾隆六年(1741年)又谕:"知府一官,承上接下,为州县之表率,诚亲民最要之职也。盖小民之休戚,惟州县知之最周,而州县之贤否,亦惟知府知之最悉。"⑥乾隆二十二年(1757年)奉谕旨:"牧令与民最亲,其贤否所系甚重。"⑦上述材料表明,牧令官的整体素质关系着吏治民生休戚,在国家官僚管理体系中牧令官居基础地位,此点已成为清代朝廷上下的共识。

有鉴于此,有清一代,朝廷非常重视牧令官的选用。《清朝文献通考》记云:"我朝定鼎之初,首重民事,是以守令之任,慎

---

① (清)纪昀:《吏政一·拟请重亲民之官疏》,见(清)贺长龄等编:《清经世文编》卷15《吏政一》,北京:中华书局,1992年影印本,第379页。
② (清)高宗敕撰:《清朝通典》卷20《选举三》,上海:商务印书馆,1935年,第2139页。
③ (清)高宗敕撰:《清朝文献通考》卷59《选举十三》,上海:商务印书馆,1935年,第5406页。
④ (清)高宗敕撰:《清朝文献通考》卷49《选举三》,上海:商务印书馆,1935年,第5320页。
⑤ (清)高宗敕撰:《清朝文献通考》卷57《选举十一》,上海:商务印书馆,1935年,第5385页。
⑥ (清)高宗敕撰:《清朝文献通考》卷61《选举十五》,上海:商务印书馆,1935年,第5420页。
⑦ (清)高宗敕撰:《清朝文献通考》卷61《选举十五》,上海:商务印书馆,1935年,第5425页。

选其人,于各省府缺最要者凡三十府,预为拣择以备任使。盖其时真、保、河间及太原、平阳、西安、开封所辖最广,余皆各省繁重之区,于天下知府中为最剧,非才力素优不足以胜师帅之任。县分三等,各视其所考之等授之。国初时吏部注选,世祖章皇帝特令上等之缺列名引见,恭候钦定。由是列圣相承,凡郡守牧令之选,奏明廷陛,无不引见之员。各省府州县定为冲繁疲难等缺,有四字相兼者,有三字者,有二字、一字者。知府员缺,有请旨者,有部选者,部选中又有繁简之不同,例得于授官后及报最时具折谢恩请训,召见殿墀。于部选初授者观其应对以觇异日之政声,凡督抚保题者,询其任内实绩,所至地方情形,以征治行之优劣,其称职与否,总莫逃洞鉴焉。至于牧令签掣后,缮写名签,圣心简别,量予调补。及抵任时,各省要缺,仍令督抚可以专折奏请更调,盖斟酌衡量,因时因地各得其宜。"①材料清楚表明,清代非常重视选用牧令官,并采用了殿墀召见、府县分等多种方式,量才录用,力图将才力优长之人选任冲要之区。

早在汉代,朝廷就有意识地延长牧令官的任期,以保持基层社会的稳定,提高基层政权行政管理执行力。这一行政管理思想直到清代仍被遵行,乾隆十二年(1747年),特"命定守令久任例"。②

> 谕:从来亲民,莫切于县令,而知府表率一郡,职任尤重。欲望其政平讼理,易俗移风,非久于其任不可。汉宣帝诏曰:太守,吏民之本也,数改易则下不安,民知其将久,不可欺罔,乃服从其教化。诚至言也。朕临御以来,念保安元,守令最要,曾向直省督抚屡降谕旨,但未定有成例,

---

① (清)高宗敕撰:《清朝文献通考》卷55《选举九》,上海:商务印书馆,1935年,第5367～5368页。
② 《清史录·高宗纯皇帝实录》卷289,乾隆十二年(1747年)四月,伪满洲"国务院"本。

俾得遵循,是以未见实效,即如州县中,才具稍优者,督抚或奏请调繁,或题补升用,知府则擢监司。在督抚为官择人,练达之员,试有成效,驾轻就熟,自较初任为可观。究之缺有繁简,职守则一,繁地固须能员,简邑独无民人社稷之寄乎? 知府贤则属县各修其职,监司体制虽隆,而所职不过分巡转毂,或专司监粮,转不如知府之专有责成,与属县较为亲切。今以能胜任繁剧之知府,擢任监司,反若置之闲地,不得尽展才猷。且此题升题调者,不过干办敏捷,一时见长,未必皆古所谓悃幅无华,日计不足,月计有余,循良之选也。即果系循卓,人地相宜,而此地得一良吏,即彼地失一良牧,孰非赤子,孰不当善为抚字,而顾数数更易乎? 况能员既得优加升调,则热中躁进之员,惟事逢迎上司,要结取誉,以祈速化,又安望其留心实政,尽父母斯民之道也。但荣进之念,人情不免,若非定有成规,示以奖励,则岁月淹久,必致自堕志气,而吏民无识,宜谓其不为上司所物色,或启疲玩之习,不足以鼓舞人才,振起治术。汉时守令,治行优异,辄以玺书勉励,增秩赐金,宠以车服,有爵至关内侯者。两汉循良,冠越唐宋,今或仿其意而行之。守令实能为地方兴起教化、劝课农桑、兴利去弊,发奸摘伏,阜安闾里者,定以年限,或予以记录,或加级,或加衔食俸,仍留原任。在恬静自守者,既得从容展布,以收绩效;即躁进之人,亦知格于成例,不致视一官为传舍,并可潜消奔竞陋习,于吏治人心,不无裨益。嗣后直省守令,除特旨擢用,及该地方情形,不得不奏请调用者,许其酌量声明保奏外,其如何酌定年限,示以优叙,俾可久于其任之处,着大学士会同九卿详议具奏。①

---

① 《清史录·高宗纯皇帝实录》卷289,乾隆十二年四月,伪满洲"国务院"本。

乾隆在上谕中指出,让守令久任其职,既可遏制官场奔竞之风,又可稳定基层;且守令职责重大,贤能之人久于其任,利于人尽其才,裨益良多。因此反对简单采用升转的方法奖励循良,转而采用记录、加级、加衔食俸等方法予以嘉奖,以便让循良之员留守原任。守令久任之制的确立,为稳定牧令官员队伍提供了制度上的保障,便于保持基层官僚队伍的稳定,便于保持政策的稳定连续性,有利于地方治理。所谓"一邑利病,无所不知,视如家事,故吏治蒸蒸日上云"。① 这一制度也必然导致牧令官与其他官职相较,每届平均任期较长。

循吏是牧令官中的优秀代表,多具有较强的施政能力,有时他们也会因此受到上司青睐,长期留任一方。如康熙间循吏陈时临,任河南汝阳知县,移风异俗,改革盐政,造福百姓,深得民心。"巡抚徐潮亟称之,于是前后诸大吏皆以为循吏当令久任,数报最,数留之"。② 陈时临因此"在汝阳凡二十余年,始升兵部主事"。③ 循吏纪大奎道光元年"春以衰老乞休,藩宪霞城曹公以合州得人甚难,未可令去,制府尤以为然。盖自辛未(嘉庆十六年)保举已力求引退不获,嗣又丁丑(嘉庆二十二年)以后数载屡次乞休,岁或一再请……五月病大作,通报上,制府犹不信,遂密驰禀藩宪,以合州向为川东积匪往来之地,今闻官病不能理事,虑逋者复集,宜亟委署以重地方,乃得于六月二十五日卸事,又力求回籍调治,始于十月具题开缺,壬午(道光二年)春始得归,时年七十有七矣"。④ 康熙间常州知府祖进朝,以失

---

① (民国)赵尔巽:《清史稿》卷 476《循吏一》,北京:中华书局,1977 年,第 12977 页。
② (民国)赵尔巽:《清史稿》卷 476《循吏一》,北京:中华书局,1977 年,第 12978 页。
③ (清)钱维乔、钱大昕:乾隆《鄞县志》卷 17《人物》,见《续修四库全书》第 706 册,上海:上海古籍出版社,2002 年,第 375 页。
④ 刘家平、苏晓君:《中华历史人物别传集·崇祀录》第 37 册,北京:线装书局,2003 年,第 373~374 页。

察镌级,士民呼吁于巡抚汤斌,请留祖氏。汤斌上疏:"进朝履任未一载,操守廉、治事勤,臣私心重之。顷缘失察法宝事降调,常州五县士民辄号泣罢市,赴臣请留,日不下数千人。臣谕以保留例已久停,士民谓常州四十年未有爱民如进朝者……而独以一眚被谪,士民攀留,言之泣下,臣不知进朝何以感人之深如此。"向康熙帝陈述舆情,康熙接受了百姓的陈请,指出:"设官原以养民,汤斌保奏祖进朝清廉,百姓同声恳留,可从所请,以劝廉吏。"①祖进朝因此得以复任。

祖进朝的留任还透露出这样的信息,即清朝康熙以前,有保留之例。那些造福一方、深得民心的官员,当他们奉旨调往异地或获罪降职、罢职时,当地百姓常常会请命于上司,要求由上司出面,请命于朝廷,将其留任,朝廷也往往会顺应民意,特别恩准。② 此种保留之例至迟在康熙间已从制度上被废除,但此类事例在康熙之后仍时有发生。清代陈康祺评价道:"部民保留地方官,例所不许。而贤有司善政所逮,黄童白叟,卧辙攀辕,亦实有出于至诚者。本朝如陈清端、张清恪诸公,皆以廉惠得民,踬而后起,卒立功名。"③《清史稿》入传循吏中也有许多人因保留之例得以留任。如雍正间循吏周中鋐,"以催科不及格罢,县民万数遮言,上官闻于朝,得复职"。④ 雍正间甘肃肃宁知

---

① (民国)赵尔巽:《清史稿》卷476《循吏一》,北京:中华书局,1977年,第12982页。
② 此种保留之例,明朝亦有见,《明史》卷281《循吏传》收录济宁知州兼汶上知县循吏史诚祖,"屡当迁职,辄为民奏留。阅二十九年,竟卒于任"。(《明史》卷281《循吏传》,见《二十五史》第8册,杭州:浙江古籍出版社,1998年,第745页。)
③ (清)陈康祺:《郎潜纪闻初笔》卷10《部民保留地方官》,见晋石点校《清代史料笔记丛刊》,北京:中华书局,1984年,第216页。
④ (民国)赵尔巽:《清史稿》卷476《循吏一》,北京:中华书局,1977年,第12994页。

县黄世发,被劾罢官。"士民呼吁挽留,特诏复官,加四品衔"。① 乾隆间循吏刘大绅"廉慈公正,爱民如子,民亦爱之如父母,(乾隆)五十一年调繁曹县,县人攀留不得,会钦差及本道过境,万人哀吁达于上宪,得再留一年"。② 嘉庆间惠州前太守伊秉绶,被罪遣戍,"士民为伊知府诉冤者凡十七……旋奉恩旨释秉绶罪,第免官回籍,粤人为之捐复"。③ 此处惠州人不仅为伊氏澄清冤情,且聚资为他捐复原官。这一切,皆使得循吏们的牧令官任期相对较长。

此外,循吏们多禀性耿直,不愿阿谀逢迎上司,也可能会影响到他们的仕途前程,导致他们与一般俗吏相较,升迁机会较少,因而也会长期留滞一方。道光间刘蓉云:"今之大吏,以苞苴之多寡,为课绩之重轻,而黜陟之典乱;今之小吏,以货贿之盈虚,决讼事之曲直,而刑赏之权乖。……今州县之中,稍有洁己自好者,不惟白首下僚,无望夫官阶之转,而参劾且随之;而贪污者流,既以身肥家,乐妻子,而升擢之荣,岁且数至。彼此相形,利害悬绝。彼廉吏者,名既未成,利亦弗就。而独舍天下所甚利,犯当世所甚忌,此岂其情也哉!"④事实上,此种现象在清之前的朝代已有见,《旧唐书·良吏列传下》"蒋沇传"云:"时元载秉政,廉洁守道者多不更职,沇以故滞于郎位,久不徙官。"⑤以上诸种因素,导致循吏们的任期相对较长。

---

① (民国)赵尔巽:《清史稿》卷477《循吏二》,北京:中华书局,1977年,第13017页。
② 袁励杰、张儒玉:民国《重修新城县志》卷11《职官志》,见《中国地方志集成·山东府县志辑》第28册,南京:凤凰出版社,2004年,第125页。
③ (清)阮元、陈昌齐:道光《广东通志》卷258《宦绩录二十八》,见《续修四库全书》第674册,上海:上海古籍出版社,2002年,第381页。
④ 刘蓉:《养晦堂文集》卷3《致某官书》,转引戴逸《简明清史》第2册,北京:人民出版社,1984年,第377页。
⑤ (后晋)沈昫:《旧唐书》卷185《良吏列传上》,见《二十五史》第4册,杭州:浙江古籍出版社,1998年,第331页。

三、《清史稿·循吏传》入传人物的最终结局分析

总体而言,循吏们的最终结局可以分为卒于家和卒于任两类。每一类又可进一步细化:卒于家者可分为致仕、丁忧归和降职、罢职归两类,其中致仕、丁忧归类收录主动离职者,降职、罢职归类收录被动离职者;卒于任者又可细分为因劳卒官和以身殉职两类,前者收录老、疾等正常死亡者,后者收录以身殉职等非正常死亡者。

《清史稿·循吏传》116名入传人物中,除嘉庆朝史绍登、道光朝石家绍、同治朝萧世本、光绪朝柯劭憼、王懋勋、杨荣绪、张楷等7人结局不详外,其他109人的最终结局方式皆有明确记载。

现据表3-1中所记,将109人的信息统计成下表(表3-7):

表3-7 《清史稿·循吏传》入传循吏最终结局情况表

最终结局 所处朝代	卒于家				卒于任				本朝合计
	致仕或丁忧归	所占比例	降职或罢职归	所占比例	因劳卒官	所占比例	以身殉职	所占比例	
顺治	1	50%	0	0%	1	50%	0	0%	2
康熙	13	41.9%	5	16.1%	12	38.7%	1	3.2%	31
雍正	4	33.3%	3	25%	5	41.7%	0	0%	12
乾隆	7	38.9%	6	33.3%	5	27.8%	0	0%	18
嘉庆	5	62.5%	0	0%	1	12.5%	2	25%	8
道光	8	57.1%	0	0%	6	42.9%	0	0%	14
咸丰	3	75%	0	0%	1	25%	0	0%	4
同治	1	16.7%	0	0%	5	83.3%	0	0%	6
光绪	6	42.9%	2	14.3%	5	35.7%	1	7.1%	14
该类合计	48	44%	16	14.7%	41	37.6%	4	3.7%	109

总体而言,若将表3-7载明的109人分为卒于家和卒于任

两类,则卒于家者 64 例,占总数的 58.7％;卒于任者 45 例,占 41.3％,说明《清史稿·循吏传》入传循吏卒于家者略多于卒于任者。若分为致仕或丁忧归、因劳卒官、降职或罢职归、以身殉职四类,则以致仕或丁忧归者最多,达 48 例,占全部总数的 44％;其次为因劳卒官者,41 例,占总数的 37.6％;降职和罢职归者 16 例,占 14.7％;以身殉职者 4 例,占总数的 3.7％。

1. 致仕或丁忧归

致仕或丁忧归者类有 48 例,占《清史稿·循吏传》入传人物总数的 44％,说明有清一代,官员的致仕和丁忧制度基本上还是能被遵守执行的。在该类 48 人的具体离职原因中,除江皋、何曰愈、邹钟俊、冷鼎亨 4 人不详,其余 44 人可细分为以下几类:

(1) 以老、疾乞休归类

《清史稿·循吏传》入传循吏中致仕或丁忧归者中,以老、疾乞休者最多,有 29 例,占该类总数的 65.9％,占《清史稿·循吏传》入传人物总数的 24.4％,即平均每 4 个循吏中就有 1 人是以此种方式离别官场的。他们是顺治朝的汤家相,康熙朝的陈时临、崔宗泰、祖进朝、卫立鼎、佟国珑,雍正朝的施昭庭、陈庆门、周人龙,乾隆朝的谢仲玩、李大本、周际华、朱休度、吴焕彩、纪大奎,嘉庆朝的张吉安、盖方泌、狄尚絅、张敦仁,道光朝的李文耕、刘体重、刘衡、徐栋、姚柬之、曹瑾,咸丰朝的牛树梅,同治朝的刘秉琳,光绪朝的孙葆田、李素。

(2) 以亲老乞养归类

以亲老乞养归者共 8 例,占致仕或丁忧归者总数的 18.2％,他们是康熙朝的张沐、姚文燮、靳让,雍正朝的蒋林,乾隆朝的刘大绅,道光朝的张作楠、云茂琦,光绪朝的陈豪。

(3) 以丁忧归类

该类人物有康熙朝的张埙、骆钟临、张克嶷、龚鉴,嘉庆朝的伊秉绶,咸丰朝的徐台英,光绪朝的林达泉,共 7 例,占致仕或丁忧归者类总数的 15.9%。

由上可知,《清史稿·循吏传》入传循吏致仕归家者中,以老疾归者最多。年高或体病,精力体力不济,无法胜任繁重的行政工作,此时急流勇退,致仕归家,颐养天年,避免因精力体力不济、工作失误导致罚俸、免官,自是上上之选。故许多循吏采用此种方式结束自己的官宦生涯。

儒家强调孝道,并由此产生了颇具中国特色的"以孝治天下"的伦理政治。西汉以后,历代因之,清朝亦不例外。清朝统治者颁布"上谕十六条"和《圣谕广训》,推行孝治,强化伦理。官员以亲老乞养或丁忧致仕归乡,便是清朝"以孝治天下"政治伦理的体现。

2. 因劳卒官

《清史稿》入传循吏中以劳卒官者共有 41 例。分别为顺治朝的白登明,康熙朝的于宗尧、陆在新、陈汝咸、缪燧、赵吉士、张瑾、邵嗣尧、高荫爵、崔华、刘棨、陶元淳、陆师,雍正朝的陈德荣、阎尧熙、王时翔、蓝鼎元、黄世发,乾隆朝的李渭、周克开、郑基、康基渊、邵希曾,嘉庆朝的龚景瀚,道光朝的郑敦允、刘煦、刘琦、吴均、王肇谦、桂超万,咸丰朝的吴应连,同治朝的陈崇砥、夏子龄、李炳涛、俞澍、朱根仁,光绪朝的蒯德模、林启、涂官俊、陈文䴩、王仁堪。《清史稿·循吏传》传文中,一般以"以积劳卒官"①或"以劳致疾,卒于官"②等字眼来概述该类人物的死因,故我们将其归入以劳卒官类。该类人物在《清史稿·循吏传》入传人物中所占比例达 1/3 之多。

---

① (民国)赵尔巽:《清史稿》卷 476《循吏一》,北京:中华书局,1977 年,第 12969 页。
② (民国)赵尔巽:《清史稿》卷 476《循吏一》,北京:中华书局,1977 年,第 12971 页。

《清史稿·循吏传》将该类人物死因定性为以劳卒官,绝非纯粹溢美之词。事实上,许多循吏确实是呕心沥血,操劳过度而死。这与清代循吏们事繁责重的工作状态密不可分。

《清朝通典》中详细规定了各级官吏的职掌,其中占循吏主体的牧令官执掌分别为:知府,"掌一府之政,统辖属县,宣理风化,平其赋役,听其狱讼,以教养万民,阖府属吏皆总领而稽覈之";同知,"分掌粮运,督捕水利理事诸务,均各量地置员,以佐知府之政治,其有兼理民事,直隶于各省者其职如各府各直隶州之制,而品级则同";各直隶州知州,"掌直隶州一州之政令,其规制与知府同,惟无倚郭县,其所治州即以知州行知县之事";知州,"掌一州之政治,以县之地大而事繁者升而置之,所辖一如县制";知县,"掌一县之政令,平赋役,听治讼,兴教化,厉风俗,凡养老、祀神、贡士、读法,皆恭亲厥职而勤理之"。① 从上述牧令官的执掌来看,牧令官权辖兵政、民政、司法,主管境内轻徭薄赋、兴修水利、重学兴教、移风易俗、平反冤狱等诸多事项,事繁责重。而清朝制定了严密的官员考绩制度,若牧令官不能完成上述职责,将会面临朝廷的惩罚。

清代官箴书中常告诫为官者应做到清、慎、勤三字,故这三字也可被视为循良之吏的基本行为准则。根据流传甚广、被许多贤良牧令官视为为政指南的《牧令须知》一书中记载,落实到牧令官一级,清、慎、勤这一行为标准又被具体化为:"为牧令者当以目前之赤子,如膝下之儿孙。民之所好者好之,民之所恶者恶之。恶丁役之虐我民,则管束不得不严;恶盗贼之劫我民,则缉捕不得不力;恶差徭之累我民,则支应不得不减;恶稼穑之苦我民,则催科不得不慎;恶荒歉之乏民食,则仓储不得不备;恶旱涝之害民田,则水利不得不行;恶辞讼之妨民事,则审理不得不速;恶异端之惑民心,则查拿不得不紧。亲民之官,要将亲

---

① (清)高宗敕撰:《清朝通典》卷34《职官十二》,上海:商务印书馆,1935年,第2210页。

字做到,时常下乡,与百姓课晴雨,谈闲话,劝勤俭,戒浮惰。贤者礼之,愚者教之。嘱其勿争讼、勿赌钱、勿妄为、勿窝匪,勖之以孝悌,勉之以耕桑。设学校,宣圣谕,邀集绅耆,讲求水利,编查保甲,建立社仓,开垦荒田。即山泽园圃之利,鸡豚狗彘之畜,亦皆为之经画;鳏寡孤独废疾,亦皆为之养赡;作此仁民爱物之事,不负父母斯民之称。"①《牧令须知》要求,牧令官应该履践的职责包括:管束下人、清除盗贼、轻徭薄赋、赈灾备荒、讲求水利、开荒垦田、清理词讼、劝课农桑、兴学劝教、编查保甲、养赡孤寡,等等,《清朝文献通考》记云:"夫州县一官,钱粮必及时征收,盗贼必立时缉捕,人命必当时相验,承审案件必如限完结。"②过于繁重的工作负担,决定着牧令官若想完成任内职责,必须耗费更多的时间和精力。故沈起元云:"劳心之苦,甚于劳力,不独牧令为然,而牧令尤甚。"③

《清史稿·循吏传》所收录者为以牧令官为主体的循良之吏,他们是严格履践上述行为标准的楷模,这也决定着他们与一般因循墨守的牧令官相较,在履职过程中必将更为勤勉,耗费更多的心血和精力,呕心沥血,鞠躬尽瘁。在循吏的传记中,这样的事例俯拾皆是。如循吏黄世发"年七十余每日鸡鸣即起,秉烛批阅文书时文,昼焦劳造事,无顷刻暇……至是每至一处,辄登高坐,大声宣谕士民,彻夜不倦……卒之易州水峪相一地开水田,经营年余,未就而卒";④崔华"驭下以宽,历兵戈,履

---

① (清)刚毅:《牧令须知》卷1《居官》,清光绪十五年(1889年)江苏书局刻本。
② (清)高宗敕撰:《清朝文献通考》卷56《选举十》,上海:商务印书馆,1935年,第5381页。
③ (清)沈起元:《循吏约》,见贺长龄等编《清经世文编》卷21《吏政七》,北京:中华书局,1992年影印本,第526页。
④ (清)钱仪吉:《碑传集》卷82《观察黄公世发传》,见《清代碑传全集》,上海:上海古籍出版社,1987年,第419页。

盘错,心血为枯,积劳成瘁";①张瑾"治民不言劳,日晷虽数寸,曰:'犹可坐庭。'必庭空而后退食。其子谏之曰:'大人积劳忍饥,曷稍缓?'曰:'我何为一饭,不使百姓早出城乎?'……治昆明三年,以劳卒于官";②陶元淳"喜接诸生,讲论至夜分不倦。屡乞病未果,竟以劳卒于官"。③事繁责重、过度操劳,这一切自然会严重损害循吏们的健康,故循吏中因劳卒官者的比例高达1/3也就不足为奇了。

3. 降职或罢职归

《清史稿·循吏传》入传循吏中,遭降职或罢职归者有任辰旦、宋必达、黄贞麟、贾朴、廖冀亨、芮复传、叶新、童华、牛运震、张甄陶、邵大业、言如泗、汪辉祖、茹敦和、方大湜、朱光第共16人,占总数的14.7%。即平均每7个循吏中就有1个是以降职或罢职的方式离任的,它从侧面印证了"论者谓有清一代,治民宽而治吏严"④这一论断绝非空穴来风。

政府重拳出击,惩治贪污腐败,自是善政。但法网过于严密,其弊端也不容忽视,"古来政之弊,不徒弊于疏略,抑且弊于繁密。处分重则人思规避,而巧宦生矣;条例多则法可游移,而舞文作矣"。⑤面对繁密的法网,那些浪迹官场的俗吏们,自然会想方设法,钻制度漏洞,以谋取一己之私利。而对那些勇于任事、又不习官场人情世故的循吏来说,繁密的制度反而会成

---

① (清)赵士麟:《读书堂彩衣全集》卷21《陕西分守凉庄道参政西岳崔公墓志铭》,1914年云南图书馆刊《云南丛书》本。
② (清)钱仪吉:《碑传集》卷92《张君瑾治昆明记》,见《清代碑传全集》,上海:上海古籍出版社,1987年,第460页。
③ (民国)赵尔巽:《清史稿》卷476《循吏一》,北京:中华书局,1977年,第12997页。
④ (民国)赵尔巽:《清史稿》卷476《循吏一》,北京:中华书局,1977年,第12967页。
⑤ (清)梁章钜:《退庵随笔》卷6《政事》,扬州:江苏广陵古籍刻印社,1995年。

为制约他们兴利除弊的绳索。

上述16人的具体获罪原因,除茹敦和与方大湜2人原因不详,其他14人皆有明确记载,具体可分为以下两类:

(1)以不习官场"世故人情"获罪

14例降职或罢职归的循吏中,贾朴、廖冀亨、芮复传、叶新、童华、张甄陶、汪辉祖、朱光第8人皆以忤逆上司获罪,①占总数的57.14%,比例最高。可见,与上司交恶,是循吏遭到降职或罢职的最主要原因。半数以上比例也说明,此种情况的出现,绝非偶然现象。

清代对地方官有着严格的考绩制度,称为"大计",每三年举行一次。由藩、臬、道、府、州、县逐级查其所属,朝廷根据考绩的等第分别予以奖惩。考绩制度在某种程度上限制了官吏的恣意横行,打击了贪污腐败行为,具有一定的进步作用。但是,考绩制度也赋予了牧令官上司——特别是负有直接领导责任的上司主宰牧令官仕途前程的权力。在官官相护、贿赂公行的封建官场,那些溜须拍马、善于逢迎的蝇营狗苟之徒自能结党营私,互为包庇,在这一制度中左右逢源;而那些一心为民、禀性狷介,不愿因循苟且、阿谀奉承的循吏们则会艰难得多。一些循吏为保护百姓利益,不惜顶撞上司,却因此断送仕途前程。如循吏贾朴,康熙年间任苏松常镇太粮储道,兼管苏州府事,"时总督噶礼以私意责望朴,朴坚拒不应,忤其意,以事劾之。(康熙)四十九年,去官"。②康熙间廖冀亨,"有宜兴知县诬揭典史故勘平民为盗,刑夹致死,冀亨奉檄按验。知县者总督噶礼之私人也,或告宜少假借,冀亨不为动。检踝骨无伤,原揭

---

① 上述7人中,除童华外,其他6人以忤逆上司获罪的事迹在《清史稿·循吏传》都有记载。童华罢归原因《清史稿·循吏传》笼统记为"复劾罢归",语焉不详。《小仓山房文集》卷7中明确载为:"忤巡抚某被劾罢官归。"(沈云龙主编:《近代中国史料丛刊续编》第78辑,第775册,台北:台湾文海出版社,1966—1995年。)
② (民国)徐世昌:《大清畿辅先哲传》卷31《贤能四》,天津徐氏刊本。

皆诬。狱上,噶礼屡驳诘。再三审,卒如冀亨议,以是忤总督。时巡抚张伯行以清廉著,深契冀亨,布政使陈鹏年尤重之;而噶礼不怿于伯行,尤恶鹏年。(康熙)四十九年,鹏年被劾,并及冀亨,以亏帑夺职"。① 光绪间邓州知州朱光第,"善治盗,民戴之。王树汶者,邓人,为镇平盗魁胡体安执爨。镇平令捕体安急,乃贿役以树汶伪冒,致之狱。既定谳,临刑呼冤。重鞫,则檄光第逮其父季福为验。开归陈许道任恺先守南阳,尝谳是狱,驰书阻毋逮季福。且诱怵之。光第曰:'吾安能惜此官以陷无辜?'竟以季福上,则树汶果其子。巡抚李鹤年袒恺,持初谳益坚。河南官科道者,交章论其事。命东河总督梅启照覆讯,树汶犹不得直,众论大哗。刑部提鞫,乃得实。释树汶,自鹤年、启照以次谴黜有差,而光第已先为鹤年摭他事劾去官"。② 上述诸人皆因秉公执法,与上司产生冲突,从而遭上官报复而被罢职。故与一般官员相较,循吏的仕途命运似乎更为多舛。循吏童华,"知平山县。县灾,公不待报,遽出仓粟七千石贷民,总督某劾奏,世宗心重之,免其罪,擢知正定知府,权按察使事,移知苏州。当是时,奉旨清查康熙五十一年至雍正四年江苏负课1200 余万,大府妄测上意,钩考摊派,民不能堪,狴犴累累无容囚处。公向大府开说甚辨,大府怒曰:'汝沽名,敢逆圣旨耶?'公直前抗声曰:'华非逆旨,乃遵旨……大府嘿然。公出,即释所狱系者千余人,而造册若列眉,求为转奏……苏府某访僧与民妇奸,制一枷两人荷以狥,公闻即往,破枷纵遣,而自诣辕请罪,曰犯奸者枷,律也。为一枷两人荷以揶揄之,非政体也。且奸污罪止杖,府县所司,非尊官宜闻。'巡抚敬其强直而谢之,而心不悦。浙江总督李卫篆人,江南绝无文牒,他府畏其威,唯唯

---

① (民国)赵尔巽:《清史稿》卷 476《循吏一》,北京:中华书局,1977 年,第 12998 页。

② (民国)赵尔巽:《清史稿》卷 479《循吏四》,北京:中华书局,1977 年,第 13087 页。

听命,至苏州,公抗不与,曰:'地界各有统辖,毋相俙儳也。'李深嗛之,为蜚语闻上,世宗召见,命往陕西以知府用。署肃州,忤巡抚某被劾罢官。今上元年,起知福州,再知漳州。又忤巡抚某被劾罢官,归数年卒……公精勤廉悍,善治下,不善事上。"我们从童华多次为民争利、顶撞上司的事迹中已经看出其仕途多舛的某种必然性。故其虽身历康、雍、乾三世,所遇绝非昏君,却屡起屡蹶,最终被罢职归乡。袁枚评价其经历说:"传称天为刚德,犹不干时,公屡干其长官,随起随颠,致不竟其用,岂干将莫邪缺折,亦其性耶。"①循吏芮复传的经历,更为清晰地说明了这一点:

> (芮复传康熙间)授钱塘知县……是时杭大旱,复传履亩勘实,上其状,上官以钱塘首县,欲寝不报,复传固争曰:"律有捏灾匿灾并当劾,某今日请受捏灾劾矣。"……上官感动,竟以灾闻。开永济仓行振(赈)。复力请于四乡,设粥场二十有七,各路转米属之厂,择其乡之端谨有行者,厂四人,董振(赈)事,复传闲微行觇曰,善则手书诗以劳勉之,而挞其胥役之行扰者,上官嘉之,檄他县以为法……复传听讼既无留狱,他县讼者咸吁上官,甘就钱塘鞠,有疑案上官亦辄以委复传……雍正初以卓异荐,未上。世宗特诏来京师,嘉奖甚,至擢知温州府……天台山东南有山曰玉环,广袤八百里,隔海洋数百里,明方国珍所据也。或曰,山中有田,可垦十万亩。时李卫总督浙江,闻之,以入告,檄复传往勘。复传乘舟抵山,从鸟道登峰顶还,言山中可垦田无多,海盗素出没,良民孰肯往垦,以粮资盗,脱肯往者,亦盗丑也。即垦不过数万亩,而所费不赀,伤财诲盗,不若罢之便。李卫怒,更檄他属吏往,授意指必垦之。大

---

① (清)袁枚:《小仓山房文集》卷7,见《近代中国史料丛刊续编》第78辑,第775册,台北:台湾文海出版社,1966—1995年,第14~16页。

索山中田，仅二万亩，不足，则取山麓潮退之地充之，又不足，更取乐清县城四十里外民田，岁输粮者尽隶玉环，经费不足，辄支帑金，或取之官俸及关津一切杂税，兴利之臣坐市贩物。时又檄驰温之禁山，令渔者往来并税之，曰涂税。既而民之渔者不走山中，度关纳税如故，吏乃重征渔者涂税，渔者来控，复传具文上辨，曰入山渔者有涂税，出关渔者有渔税，今关税渔又税涂，是重税也。凡七上，上官怒，以为阻挠……雍正六年，擢分巡温处道。用俭训俗，民益翕然安之。会商人办铜，多积弊，复传为定期给值，持以法，商人窘甚。时复传方劾揭温州府知府尹士份不职状，士份反诬复传以阻商误铜，上官固素憾？复传者，并劾之。上命解任，赴江南总督赵弘恩质问……久之，竟坐复传以失察关吏舞弊革职。①

芮复传任钱塘知县期间，因赈灾顶撞上官，但幸遇上司清明，不怒反喜，予以嘉奖重用。此后芮氏又得雍正皇帝嘉奖，被擢升温州知府，仕途本无限量。但在黑暗的封建官场上，幻想每位上司都如此大度是不现实的，故芮氏最终因垦荒与雍正宠臣李卫交恶，得罪上官，惨遭报复，被上司撼事劾罢。

上述诸事例说明，循吏们狷介的个性，勇于任事的执政特征和封建官场中逢迎上司、溜须拍马的官场风习格格不入，与一般俗吏相较，其仕途风险显然更大。

嘉庆间循吏李赓芸，则因开罪上司，遭其报复至死。李氏时任福建布政使，被下属和平县令朱履中讦告，"具揭于总督汪志伊、巡抚王绍兰，谓亏帑由道府婪索。督抚密以闻，解赓芸职质讯……福州知府涂以辀鞫之，阿总督意……逼令自承，辞色俱厉，赓芸终不肯诬服。虑为狱吏所辱，遂自经"。② 清代梁恭

---

① （民国）徐世昌：《大清畿辅先哲传》卷31《贤能四》，天津徐氏刊本。
② （民国）赵尔巽：《清史稿》卷478《循吏三》，北京：中华书局，1977年，第13046～13047页。

辰记述此狱成因道:"李许斋方伯(赓芸)之狱,主持者汪稼门制府(志伊),激成者涂瀹庄太守(以辀),左右委诺者王畹馨抚军(绍兰)。当狱急时,李本可自明,而涂承汪意指,必欲周内其事,当堂拍案呵斥,声色俱厉,李不能堪,遂自裁……王一生宦迹不离闽省,由知县至巡抚皆汪一力扶持,而王故感汪至深,过于迎合,以有此错。汪则自命甚高,大有吃两庑特豚之意,而一意造作,群称为假道学。"①李赓芸冤案中,讦告者自罪不可赦。但是,其中起决定性作用的是总督汪志伊,正是其必欲穷治的态度,导致案情进一步恶化。王绍兰、涂以辀等人也是因逢迎上司汪志伊之意,推波助澜,质讯时肆意胁侮,从而将李氏推向了死亡。故最终案情大白之后,嘉庆帝认为"赓芸操守清廉,众所共知。其死由汪志伊固执苛求,而成于涂以辀勒供凌逼,褫志伊职,永不叙用。以辀、履中俱谴戍黑龙江,绍兰亦以附和革职。"②

值得深思的是,"初,(汪)志伊亦重赓芸,曾荐举之。及擢布政,乘新舆上谒,志伊讽以戒奢,赓芸曰:'不肖为大员,不欲效布被脱粟之欺罔。'志伊素矫廉,衔其语。又以遇事抗执,嫌益深。及狱起……志伊怒,必穷诘之。"③可见,归根结底,李赓芸和汪志伊交恶的原因是由于李氏不习官场世俗人情,开罪上司,从而将本很欣赏自己的上司推向了对立面,并因此送命。

即使是幸遇上司清明,与己交善,但宦海无常,如与同僚或属下交恶,为其所忌,遭其讦告,也可能横遭降职或罢职。如乾隆间牛运震官秦安县,善政毕举,深得民心,"民感其事,人输一钱,制衣铭德",运震"受衣返币","上官称其能,或反以此忌君。

---

① (清)梁恭辰:《北东园笔录初编》卷 1,见《笔记小说大观》,扬州:江苏广陵古籍刻印社,1983 年,第 57 页。
② (民国)赵尔巽:《清史稿》卷 478《循吏三》,北京:中华书局,1977 年,第 13046~13047 页。
③ (民国)赵尔巽:《清史稿》卷 478《循吏三》,北京:中华书局,1977 年,第 13046~13047 页。

乃摭前受万民衣事,劾罢职"。① 嘉庆间李毓昌,以知县发江苏,勘山阳县赈事,获悉山阳知县王伸汉冒赈之事,"具清册,将上揭。伸汉患之,赂以重金,不为动,则谋窃其册……不可得",于是勾结其仆李祥等人,毒杀李毓昌,"以毓昌自缢闻。淮安知府王毂遣验视之,报曰:'尸口有血。'毂怒,杖验者,遂以自缢状上"。② 李毓昌因不愿为同僚掩饰罪恶,遭其陷害,命丧黄泉。

(2) 因个人渎职获罪

上述 14 人中,有 5 人因个人渎职获罪,其中任辰旦因"以前廷推事讹误落职",宋必达"以粤引不中额,被论罢职",黄贞麟"因失察侵盗罢职",言如泗"因失察属员罢职",邵大业"坐妖匪割辫事罢职",5 人合占降职或罢职归者总数的 33.3%。其中任辰旦、宋必达、黄贞临 3 人属康熙朝,邵大业、言如泗属乾隆朝前期或中期。康雍乾三朝,是清朝全盛时期,也是清朝历史上吏治清明之期。康熙、雍正、乾隆三帝都十分重视吏治,打击各种贪污与贿赂,推行严厉的监督、举报机制,加强对官员的管理。③ 故 5 例因渎职获罪者集中在该时段也就不难理解。

循吏们多属廉能之吏,他们大多能很好地履践自己的职责,是封建官员中的佼佼者。但《清史稿·循吏传》入传循吏中,竟有 14.7% 的循吏因渎职获罪,这固然与清代治民宽而治吏严的大环境有关,也与循吏们自身的执政特色密不可分。

首先,循吏执掌的工作过于庞杂。牧令官事繁责重、位卑言轻,又受到上自封建皇帝、下至督抚藩臬多方掣肘,动则获咎,如履薄冰。有清官场,牧令官难做,人所共知。清人蔡世远

---

① (清)孙星衍:《岱南阁集》卷 2《清故赐进士出身荐举博学宏词平番县知县牛君墓表》,见《丛书集成初编》第 2524 册,上海:商务印书馆,1935～1937 年排印本,第 56 页。

② (民国)赵尔巽:《清史稿》卷 478《循吏三》,北京:中华书局,1977 年,第 13038 页。

③ 郭弘:《"康乾盛世"的吏治理论与实践》,载《甘肃社会科学》,2003 年第 4 期。

记道:"今之持论者皆曰外官惟县令与学使最难供职。"①所谓"分疆守土之官,未有若州县之于民至亲而至切者也。故易于见功莫如州县,而难于称职亦莫如州县"。② 雍正间,"有近臣言州县所入多,宜厘剔。(雍正)斥之曰:'尔未为州县,恶知州县之难?'",《清史稿》编纂人员记述完此事后评价道:"至哉言乎,可谓知政要矣!"③清代循吏赵吉士曾详细分析了后世身为小臣的郡县官难做的原因:

> "夫立乎朝廷之上,内为天子立纲纪,董百官,均四海,外为牧伯屏翰,以倡其下者为大臣。其下庶司百执事,以达郡县之吏,趋走而承事者为小臣……窃尝论之,古之时,为大臣难,为小臣易,洎乎后世,则为大臣易,为小臣难。何以明其然也?古之时天地初建,人物未宁,大利大害之事与时而创见,而又有弼教明刑变礼易乐之政随其后,故其时为大臣者,非有神圣之材,如禹、皋、伊、旦,则无以胜其任而底其功。而至于府史胥徒乡遂吏之属,不过奉行成事而已。故其时大臣难而小臣易。后世固无事矣,坐论者承奉诏旨,而六官之长又皆有成法可遵,不劳施为,坐以无事。而在外之大吏又皆听于六官,非六官之所欲行则终不能有所主,故体即崇贵,亦皆以从容坐镇为优。其无可如何者,特群吏耳。簿书之赜,期会之繁,考成文纲之密,既已纷扰弗堪,而事之难为者,其长必下于所司。所司以行于外大吏,外大吏又层累而下之,以至于郡县。盖至郡县,而更无可下矣。而又有诛求之不测,毁誉之无凭,赡顾彷

---

① (清)徐栋:《牧令书》卷1《与郑鱼门书》,同治四年(1865年)新宁江忠濬四川刊本。
② (清)沈起元:《循吏约》,见贺长龄等编《清经世文编》卷21《吏政七》,北京:中华书局,1992年影印本,第526页。
③ (民国)赵尔巽:《清史稿》卷9《世宗本纪》,北京:中华书局,1977年,第340页。

徨,救过不暇,其波及斯民者,吏之余也,一不当而身与名即败。故曰:后世之大臣易,而小臣难。"①

赵吉士认为身为大臣有成法可遵,不劳施为,坐以无事,而将难办棘手之事层层下压至郡县官身上,即朝中千条丝,最终还会落实到郡县官一根线上。故以郡县官为主体的循吏们若想以一己之力,完成由多头上司下达的众多纷繁复杂的任务,偶尔的失误也就在所难免。"士人释跻登仕,以县令起家者,十尝八九。县令为亲民官,祀神安民,钱谷讼狱,纷纷琐琐,无一不烦。其经理,盖以验其学识,试其才也,俟政成之日,大吏核其事实,上之朝廷,而行黜陟之典焉,以故数年后有超迁者,有摈斥者。"②

其次,"能"是循吏的重要执政特征之一,循吏们往往勇于任事,乐于兴利除弊。如循吏李渭"为人笃茂忼直,勇于任事,其内行修,其居官视民疾苦如身被创、目被刺,于去害兴利如嗜欲"。③循吏方大湜在其官箴书《平平言》中特撰"担当"条,引用宋代洪皓、范纯仁,明代王竑诸人勇于担当之例,教育后来者为官"办大事须有担当,须将功名置于度外。若无担当,必至误事。若不将功名置于度外,必不肯担当,必不敢担当"。④ 可见,勇于任事、敢于担当的前提是以将自己的仕途前程置之度外为代价的。事实上,某些兴利除弊、造福百姓的革新之举也确实很可能会葬送循吏们自身的仕途前程。如循吏宋必达,康熙年间任江西宁都知县,"县初食淮盐,自明王守仁治赣,改食粤盐,

---

① (清)徐栋:《牧令书》卷8《大法小廉论》,同治四年(1865年)新宁江忠濬四川刊本。
② (清)王养濂:康熙《宛平县治》卷4《历官小议》,见《中国地方志集成·北京府县志辑》第5册,上海:上海书店出版社,2002年,第63页。
③ (清)钱仪吉:《碑传集》卷83《山东布政使李公渭墓志铭》,见《清代碑传全集》,上海:上海古籍出版社,1987年,第422页。
④ (清)方大湜:《平平言》卷2《担当》,见《官箴书集成》第7册,合肥:黄山书社,1997年,第615页。

其后苦销引之累,必达请以粤额增淮额,商民皆便。卒以粤引不中额,被论罢职,宁都人哭而送之"。① 宋氏的兴利除弊之举虽赢得了百姓的拥护,但却断送了自己的前程。雍正间浙江巡温处道芮复传,"用俭训俗,民益翕然安之。会商人办铜,多积弊,复传为定期给值,持以法,商人窘甚",芮氏的兴利除弊之举,却被温州府知府尹士份诬为"以阻商误铜",芮氏最终也因此被革职。②

某些时候,勇于任事的个性甚至会让循吏面临生命危险。《清史稿·循吏传》中4例以身殉职者中,康熙朝周中铉和光绪朝王仁福2人皆因此送命。循吏周中铉,在陈家渡坝口治水时,面对一再溃决的险堤,"与千总陆某昼夜冒险指挥,仓卒覆其舟"。③ 循吏王仁福,署祥河厅同知,时"黄河自北徙,中原多故,工帑大减。频年军事亟,发帑复不以时。岁修不敷,堤埽残缺,料无宿储。祥河汛地当冲,险工迭出,人皆视为畏途。仁福尽力修守,不避艰危。六年秋,汛水骤涨,掣埽去如削木柿。仁福奔走风雨泥淖中,抢护历七昼夜。款料俱竭,堤岌岌将破。居民蚁附堤上,仁福对之流涕,曰:'我为河官,挤汝等于死,我之罪也,当身先之!'跃立埽巅。风浪卷埽,走入大溜沉没"。④ 周王二人身为循吏,皆具有勇于任事、一心为民的特点,当发生水灾时,他们积极组织抢险救灾,而将自身安危置之度外。特别是王仁福,面对年久失修的水利工程,却身先士卒,跃立埽巅,最终被风浪卷走。从个案上说,周中铉、王仁福因治水殉职具有偶然性,但是我们从其勇于任事的性格特征和一心为民的施

---

① (民国)赵尔巽:《清史稿》卷476《循吏一》,北京:中华书局,1977年,第12971~12972页。
② (民国)徐世昌:《大清畿辅先哲传》卷31《贤能四》,天津徐氏刊本。
③ (民国)赵尔巽:《清史稿》卷476《循吏一》,北京:中华书局,1977年,第12994页。
④ (民国)赵尔巽:《清史稿》卷479《循吏四》,北京:中华书局,1977年,第13086页。

政情怀中却可以发现此种悲剧发生的某种内在必然性。

综上所述,清代循吏的仕途前程并不完全由其自身理政能力或操守品行决定,而是更多地受制于上司的好恶。换言之,清代循吏的命运更多地被掌握在上司,特别是那些负有直接领导责任的上司手中。循吏们光明磊落、不愿与世俗同流合污的处世态度和勇于任事的执政风格,可能使得他们的仕途命运较一般俗吏更为多舛。

参考文献

一、古籍文献

1. （清）包世臣：《安吴四种》,《近代中国史料丛刊正编》本。
2. （清）朱彭寿撰、何双生点校：《安乐康平室随笔》,《清代史料笔记丛刊》本。
3. （清）汪荣、丁宝书纂：同治《安吉县志》,《中国地方志集成》本。
4. （清）沈葆桢、柯绍基纂：光绪《重修安徽通志》,《续修四库全书》本。
5. （清）鄂尔泰纂：《八旗通志初集》,长春：东北师范大学出版社,1985年。
6. （清）齐召南撰：《宝纶堂文钞》,《近代中国史料丛刊正编》本。
7. （清）卢文弨撰：《抱经堂文集》,《丛书集成初编》本。
8. （清）汪辉祖口授、汪继培录：《病榻梦痕录》,《北京图书馆馆藏珍本年谱丛刊》本。
9. （清）方宗诚撰：《柏堂集续编》,清光绪六年（1880年）桐城方氏志学堂刻本。
10. （清）梅曾亮撰：《柏枧山房全集》,《续修四库全书》本。
11. （清）王克昌、王秉韬纂：乾隆《保德州志》,《中国地方志集成》本。

12.(清)李培祜、张豫垲纂:光绪《保定府志》,《中国地方志集成》本。

13.(清)梁恭辰撰:《北东园笔录初编》,扬州:江苏广陵古籍刻印社,1983~1984年。

14.(清)梁碧海、刘应祁纂:康熙《宝庆府志》,《北京图书馆古籍珍本丛刊》本。

15.(清)黄宅中、郑显鹤纂:道光《宝庆府志》,《中国地方志集成》本。

16.(清)钟泰、宗能征纂:光绪《亳州志》,《中国地方志集成》本。

17.(民国)牛宝善、魏永弼纂:民国《柏乡县志》,《中国地方志集成》本。

18.(清)高宗敕撰:《清朝通典》,北京:商务印书馆,1935年。

19.(清)诸可宝纂:《畴人传三编》,《丛书集成续编》本。

20.(清)周硕勋纂:乾隆《潮州府志》,《中国地方志集成》本。

21.(清)潘绍诒、周荣椿纂:光绪《处州府志》,《中国地方志集成》本。

22.(清)刘采邦、张延珂纂:同治《长沙县志》,《中国地方志集成》本。

23.饶宗颐纂:民国《潮州志》,《中国地方志集成》本。

24.徐世昌纂:《大清畿辅先哲传》,天津徐氏刊本。

25.(清)蒯德模撰:《带耕堂遗诗》,《续修四库全书》本。

26.(清)孙星衍撰:《岱南阁集》,《丛书集成初编》本。

27.(清)杭世骏撰:《道古堂文集》,《续修四库全书》本。

28.(清)黄嗣东纂:《道学渊源录》,清光绪三十四年(1908年)凤山学舍刻本。

29.（清）张鉴：《冬青馆乙集》，《丛书集成续编》本。

30.（清）赵士麟：《读书堂彩衣全集》，《云南丛书》本。

31.（清）李斯佺、黄元治纂：康熙《大理府志》，《北京图书馆古籍珍本丛刊》本。

32.（清）仁宗敕撰：嘉庆《重修大清一统志》，《四部丛刊续编》本。

33.（清）嵩山、张熙先纂：嘉庆《东昌府志》，《中国地方志集成》本。

34.（清）黄宅中纂：道光《大定府志》，《中国地方志集成》本。

35.（清）杨慧、孔传庆纂：道光《定远县志》，《中国地方志集成》本。

36.（清）方汝翼、周悦让纂：光绪《增修登州府志》，《中国地方志集成》本。

37.（民国）张昭芹、范鉴古纂：民国《大名县志》，《中国地方志集成》本。

38.（民国）吴翯、程森纂：民国《德清县志》，《中国地方志集成》本。

39.（清）彭绍升：《二林居集》，《续修四库全书》本。

40.（清）魏元烺、吴棠增：道光《重纂福建通志》，清同治十年（1871年）刻本。

41.（清）李师沆、葛荫南纂：光绪《凤台县志》，《中国地方志集成》本。

42.（清）郝增祜、周晋堃纂：光绪《丰润县志》，《中国地方志集成》本。

43.（民国）南岳峻、郭坚纂：民国《阜阳县志》，《中国地方志集成》本。

44.王树楠、吴廷燮纂：《奉天通志》，沈阳：沈阳古旧书店，1983年。

45.（清）李元度撰：《国朝先正事略》，长沙：岳麓书社，1991年。

46.（清）李桓：《国朝耆献类征》，清光绪十年（1884年）湘阴李氏刊本。

47.（清）张维屏：《国朝诗人征略初编》，清道光至咸丰间刻本。

48.（清）震均纂：《国朝书人辑略》，清光绪三十三年（1907年）金陵刊本。

49.冯金伯纂：《国朝画识》，《故宫珍本丛刊》本。

50.（清）张维屏纂：《国朝诗人征略》，清刊本。

51.（清）梁章钜：《国朝臣工言行记》，《清代传记丛刊》本。

52.（清）李周望纂：《国朝历科题名碑录初集》，《北京图书馆古籍珍本丛刊》本。

53.夏孙桐：民国《观所尚斋文存》，1939年蒲城忏埔本。

54.钱仲联纂：《广清碑传集》，苏州：苏州大学出版社，1999年。

55.（清）谢启昆、胡虔纂：嘉庆《广西通志》，《续修四库全书》第680册，《续修四库全书》本。

56.（清）阮元、陈昌齐纂：道光《广东通志》，《续修四库全书》第674册，《续修四库全书》本。

57.（清）蒋继洙纂：同治《广信府志》，《中国地方志集成》本。

58.（清）刘宗元、朱荣实纂：同治《广济县志》，《中国地方志集成》本。

59.（清）杨亦铭纂：光绪《广宁县补志》，《中国地方志集成》本。

60.（清）吴中彦、胡景桂纂：光绪《广平府志》，《中国地方志集成》本。

61.（民国）刘显世、任可澄纂：民国《贵州通志》，《中国地方志集成》本。

62. 王华安、刘清如纂：民国《续修馆陶县志》，《中国地方志集成》本。

63. 张维纂：《甘肃人物志》，1926年陇右乐善书局铅印本。

64. 黄佩兰、王佩箴纂：《涡阳风土记》，《中国地方志集成》本。

65.（清）桂超万：《宦游纪略》，《中华历史人物别传集》本。

66.（清）李放：《皇清书史》，《丛书集成续编》本。

67. 夏武康、夏志兰：《悔龛词笺注》，呼和浩特：内蒙古大学出版社，2000年。

68.（清）张奇勋、谭弘宪纂：康熙《衡州府志》，《北京图书馆古籍珍本丛刊》本。

69.（清）卫哲治、叶长扬纂：乾隆《淮安府志》，《续修四库全书》本。

70.（清）饶佺、旷敏本纂：乾隆《衡州府志》，《中国地方志集成》本。

71.（清）郑沄、邵晋涵纂：乾隆《杭州府志》，《续修四库全书》本。

72.（清）吉钟颖、洪先焘纂：道光《鹤峰州志》，《中国地方志集成》本。

73.（清）菇金、申瑶纂：道光《壶关县志》，《中国地方志集成》本。

74.（清）王开运、张修府纂：同治《衡阳县志》，《中国地方志集成》本。

75.（清）孙炳煜、熊绍庚纂：光绪《华容县志》，《中国地方志集成》本。

76.（清）彭贻荪、章毓桂纂：光绪《化州志》，《中国地方志集成》本。

77.（清）英启、邓琛纂：光绪《黄州府志》，《中国地方志集成》本。

78.（清）卞宝第、曾国荃纂：光绪《湖南通志》，《续修四库全书》本。

79.（清）刘溎年、邓伦斌纂：光绪《惠州府志》，《中国地方志集成》本。

80.（民国）孔昭度、符矩存纂：民国《花县志》，《中国地方志集成》本。

81.齐耀珊、吴庆坻纂：民国《杭州府志》，《中国地方志集成》本。

82.张仲炘纂：民国《湖北通志》，商务印书馆影印1921年刻本。

83.（民国）朱之英、舒景蘅纂：民国《怀宁县志》，《中国地方志集成》本。

84.（清）秦瀛：《己未词科录》，《续修四库全书》本。

85.（清）全祖望：《鲒琦亭集》，《续修四库全书》本。

86.（清）冯景：《解春集文钞》，《续修四库全书》本。

87.（清）任辰旦：《介和堂集·待庵任公传》，《天津图书馆孤本秘籍丛书》本。

88.（清）蒯光典：《金粟斋遗集》，1929年合肥蒯氏刊本。

89.（清）赵弘恩、黄之俊纂：《江南通志》，台湾商务印书馆《四库全书》本。

90.（清）谢旻等纂：《江西通志》，台湾商务印书馆《四库全书》本。

91.（清）钱维乔、钱大昕纂：乾隆《鄞县志》，《续修四库全书》本。

92.（清）王赠芳、成瓘纂：道光《济南府志》，《中国地方志集成》本。

93.（清）邵子彝、鲁琪光纂：同治《建昌府志》，《中国地方志集成》本。

94.（清）达春布、黄凤楼纂：同治《九江府志》，《中国地方志集成》本。

95.（清）许瑶光修、吴仰贤纂：光绪《嘉兴府志》，《中国地方志集成》本。

96.（清）曾国藩、刘坤一纂：光绪《江西通志》，《续修四库全书》本。

97.（清）李鸿章、黄彭年纂：光绪《畿辅通志》，《续修四库全书》本。

98.（清）倪文蔚、顾嘉蘅纂：光绪《荆州府志》，《中国地方志集成》本。

99.（民国）缪荃孙、冯煦纂：民国《江苏省通志稿》，南京：江苏古籍出版社，1991年。

100.（清）方东树：《考槃集文录》，《续修四库全书》本。

101.（清）钱仪吉：《衎石斋记事稿》，清光绪六年（1880年）子彝甫重刻本。

102.（清）徐名立、潘绍诒纂：光绪《开化县志》，《中国地方志集成》本。

103.（清）陈康祺撰、晋石点校：《郎潜纪闻初笔》，《清代史料笔记丛刊》本。

104.（宋）费枢纂：《廉吏传》，台湾商务印书馆《四库全书》本。

105.（清）彭绍升：《良吏述》，《丛书集成续编》本。

106.（清）张星徽纂：《历代名吏录》，《四库全书存目丛书》本。

107.（清）蓝鼎元：《鹿洲初集》，台湾商务印书馆《四库全书》本。

108.（清）陈鼎：《留溪外传》，《丛书集成续编》本。

109.（清）王锦、吴光昇纂：乾隆《柳州府志》，《故宫珍本丛刊》本。

110.（清）李蔚、吴康霖纂：同治《六安州志》,《中国地方志集成》本。

111.（清）李师濂、宋世煦纂：光绪《耒阳县志》,《中国地方志集成》本。

112.（清）胡瑞征、钟益驭纂：光绪《龙南县志》,《中国地方志集成》本。

113.（清）康基田、康亮均：《茂园自撰年谱》,《北京图书馆馆藏珍本年谱丛刊》本。

114.（清）徐栋纂：《牧令书辑要》,同治四年(1865年)新宁江忠浚四川刊本。

115.（清）刚毅纂：《牧令须知》,清光绪十五年(1889)江苏书局刻本。

116.汪箎、于振江纂：民国《重修蒙城县志》,《中国地方志集成》本。

117.（清）彭定求：《南畇文稿》,《四库全书存目丛书》本。

118.（清）姚循、李正曜纂：乾隆《南靖县志》,《中国地方志集成》本。

119.（清）杨永纶、杨锡龄纂：道光《宁都直隶州志》,《中国地方志集成》本。

120.（清）盛元纂：同治《南康府志》,《中国地方志集成》本。

121.（清）许应镠、曾作舟纂：同治《南昌府志》,《中国地方志集成》本。

122.（清）祝嘉雍、吴浔源纂：光绪《宁津县志》,《中国地方志集成》本。

123.（民国）黄容惠、贾恩绂纂：民国《南宫县志》,《中国地方志集成》本。

124.蒋致中：《牛运震年谱》,台北：台湾商务印书馆,1933年。

125.（清）方大湜：《平平言》,《官箴书集成》第7册,合肥：

黄山书社,1997年。

126.(清)朱彝尊:《曝书亭集》,台湾商务印书馆《四库全书》本。

127.(清)章廷珪、范安治纂:雍正《平阳府志》,《中国地方志集成》本。

128.(清)王涤心、郭程先纂:咸丰《平山县志》,《中国地方志集成》本

129.(清)徐珂:《清稗类钞》,北京:中华书局,1984～1986年。

130.(清)高宗敕撰:《清朝通典》,上海:商务印书馆,1935年。

131.(清)高宗敕撰:《清朝文献通考》,上海:商务印书馆,1935年。

132.苏树蕃纂:《清朝御史题名录》,《近代中国史料丛刊正编》本。

133.(清)高宗敕纂:《钦定八旗通志》,长春:吉林文史出版社,2002年。

134.(清)钱仪吉等纂:《清代碑传全集》,上海:上海古籍出版社,1987年。

135.秦国经纂:《清代官员履历档案全编》,上海:华东师范大学出版社,1997年。

136.盛锸纂:《清代画史增编》,上海:上海有正书局,1927年。

137.伍承乔:《清代吏治丛谈》,《近代中国史料丛刊正编》本。

138.支伟成:《清代朴学大师列传》,长沙:岳麓书社,1986年。

139.蔡冠洛:《清代七百名人传》,北京:中国书店出版社,1984年。

140. 清史编纂委员会编：《清代人物传稿》，北京：中华书局，1999年。

141. 冯尔康：《清代人物传记史料研究》，北京：商务印书馆，2000年。

142. 钱实甫纂：《清代职官年表》，北京：中华书局，1980年。

143. 顾廷龙纂：《清代朱卷集成》，台北：成文出版社，1992年。

144. (清)国史馆纂：《清国史》，北京：中华书局，1993年影印清嘉业堂钞本。

145. 李浚之：《清画家诗史》，北京：中国书店，1990年。

146. (清)贺长龄等编：《清经世文编》，北京：中华书局，1992年影印本。

147. (清)徐世昌、周骏富：《清儒学案小传》，《清代传记丛刊》本。

148. 《清实录·大清高宗纯皇帝实录》，伪满洲"国务院"本。

149. 邓之诚纂：《清诗纪事初编》，不分卷，北京：中华书局，1965年。

150. 赵尔巽纂：《清史稿》，中华书局，1977年。

151. 沈粹芬纂：《清文汇》，北京：北京出版社，1996年。

152. (清)程廷祚：《青溪集》，1914～1916年蒋氏慎修书屋《金陵丛书乙集》铅印本。

153. (清)吴嘉宾撰：《求自得之室文钞》，清同治五年(1866年)广州刻本。

154. (清)严长宦、刘德熙纂：道光《秦安县志》，道光十八年(1888年)刊本。

155. (清)毛永柏、刘耀椿纂：咸丰《青州府志》，《中国地方志集成》本。

156.（清）沈葆桢、柯绍基纂：光绪《重修安徽通志》，《续修四库全书》本。

157.张其浚、江克让纂：民国《全椒县志》，《中国地方志集成》本。

158.（清）钱宝琛纂：《壬癸志稿》，清光绪六年（1880年）太仓钱氏存素堂刊本。

159.（清）姚暹、冯士杰纂：同治《瑞昌县志》，《中国地方志集成》本。

160.（清）锡德、石景芬纂：同治《饶州府志》，《中国地方志集成》本。

161.（清）牛树梅：《省斋全集》，清同治十三年（1874年）康计恬刻本。

162.（清）胡天游：《石笥山房集》，《续修四库全书》本。

163.（清）朱筠：《笥河文集》，《续修四库全书》本。

164.（清）纪大奎：《双桂堂稿》，嘉庆十三年（1808年）刻本。

165.（清）岳浚、杜诏纂：《山东通志》，台湾商务印书馆《四库全书》本。

166.（清）尹侃、谈有典纂：乾隆《肃宁县志》，《中国地方志集成》本。

167.（清）孙星衍、莫晋纂：嘉庆《松江府志》，《续修四库全书》本。

168.（清）张衍寿、王肇晋纂：咸丰《深泽县志》，《中国地方志集成》本。

169.（清）王恩溥、李树藩纂：同治《上饶县志》，《中国地方志集成》本。

170.（清）陈志哲、刘德恒纂：光绪《四会县志》，《中国地方志集成》本。

171.（清）曾国荃、王轩纂：光绪《山西通志》，《续修四库全书》本。

172.（清）万青黎、缪荃孙纂：光绪《顺天府志》,《中国地方志集成》本。

173.（清）王琛、张景祁纂：光绪《重纂邵武府志》,《中国地方志集成》本。

174.（清）杨士骧、孙葆田纂：宣统《山东通志》,1934年上海商务印书馆影印本。

175.张汉、丘复纂：民国《上杭县志》,《中国地方志集成》本。

176.俞庆澜、刘昂纂：民国《宿松县志》,《中国地方志集成》本。

177.杨虎城、吴廷锡纂：民国《续修陕西省通志稿》,1931年修铅印本。

178.（清）常赞春纂：《山西献征》,1936年太原山西省文献委员会铅印本。

179.（清）唐仲冕：《陶山文录》,清道光二年(1822年)善化唐氏刻本。

180.（清）王芑孙：《惕甫未定稿》,嘉庆二十年(1815年)长洲王氏渊雅堂全集本。

181.（清）刘声木：《桐城文学渊源考》,《清代传记丛刊》第17册,台北：文明书局,1986年。

182.（清）马其昶：《桐城耆旧传》,合肥：黄山书社,1990年。

183.（清）梁章钜：《退庵随笔》,扬州：江苏广陵古籍刻印社,1995年。

184.（清）费淳、沈树声纂：乾隆《太原府志》,《中国地方志集成》本。

185.（清）曾日瑛、李绂纂：乾隆《汀州府志》,《中国地方志集成》本。

186.（清）张彦笃、包永昌纂：光绪《洮州厅志》，1934 年杨积庆铅印本。

187.（清）刘钟麟、杨笃纂：光绪《屯留县志》，《中国地方志集成》本。

188.（清）沈家本、徐宗亮等纂：光绪《重修天津府志》，《续修四库全书》本。

189.喻长霖、柯桦威纂：民国《台州府志》，《中国地方志集成》本。

190.丁炳烺、吴承志纂：民国《太和县志》，《中国地方志集成》本。

191.高寿恒、李英纂：民国《太湖县志》，《中国地方志集成》本。

192.（清）金天翮纂：《皖志列传稿》，1936 年苏州铅印本。

193.（清）方履籛：《万善花室文稿》，《丛书集成初编》本。

194.（清）钱林：《文献征存录》，《续修四库全书》本。

195.（清）王养濂纂：康熙《宛平县治》，《中国地方志集成》本。

196.（清）李琬、汪沆纂：乾隆《温州府志》，《中国地方志集成》本。

197.（清）李遵唐纂：乾隆《闻喜县志》，《中国地方志集成》本。

198.（清）李熙宁、邹恒纂：咸丰《武定府志》，《中国地方志集成》本。

199.余谊密、鲍寔纂：民国《芜湖县志》，《中国地方志集成》本。

200.张芗、龙赓纂：民国《万载县志》，《中国地方志集成》本。

201.（清）毛奇龄：《西河合集》，清嘉庆元年（1796 年）萧山陆凝瑞堂补刊印本。

202.（清）姚鼐：《惜抱轩文后集》,《近代中国史料丛刊续编》本。

203.（清）王孝缉：《先公年谱》,不分卷,《北京图书馆藏珍本年谱丛刊》本。

204.（清）秦瀛：《小岘山人诗文集》,《续修四库全书》本。

205.（清）袁枚：《小仓山房文集》,《近代中国史料丛刊续编》本。

206.（清）孙葆田：《校经室文集》,1916 年南林刘氏求恕斋刻本。

207.（清）沈大成：《学福斋集》,《续修四库全书》本。

208.缪荃孙：《循良传稿》,稿本,不分卷,《北京大学图书馆馆藏稿本丛书》本。

209.（清）林星章、黄培芳纂：道光《新会县志》,《中国地方志集成》本。

210.（清）刘浚、潘宅任纂：同治《孝丰县志》,《中国地方志集成》本。

211.（清）田明曜、陈澧纂：光绪《香山县志》,《续修四库全书》本。

212.罗士筠、陈汉章纂：民国《象山县志》,《中国地方志集成》本。

213.（清）马丕瑶、张承熊纂：光绪《解州志》,《中国地方志集成》本。

214.袁励杰、张儒玉纂：民国《重修新城县志》,《中国地方志集成》本。

215.（清）戴望：《颜氏学记》,《丛书集成续编》本。

216.（清）阮元：《揅经室二集》,《续修四库全书》本。

217.（清）郭嵩焘纂：《养知书屋文集》,《中国近代史料丛刊正编》本。

218.（清）章梫：《一山文存》,1918 年吴兴刘氏嘉业堂刻本。

219.缪荃孙:《艺风堂友朋书札》,上海:上海古籍出版社,1980年。

220.(清)吴锡麟:《有正味斋骈体文续集》,《续修四库全书》本。

221.(清)汪辉祖:《元史本证》,北京:中华书局1984年点校本。

222.(清)李希贤、丁垲曾纂:乾隆《沂州府志》,《中国地方志集成》本。

223.(清)周人龙、窦谷邃纂:乾隆《忻州志》,《中国地方志集成》本。

224.(清)许治修、沈德潜等纂:乾隆《元和县志》,《续修四库全书》本。

225.(清)吴甸华、程汝翼纂:嘉庆《黟县志》,《中国地方志集成》本。

226.(清)张吉安、崔应榴纂:嘉庆《余杭县志》,《中国地方志集成》本。

227.(清)吕恩湛、宗绩辰纂:道光《永州府志》,《中国地方志集成》本。

228.(清)聂光銮、王柏心纂:同治《宜昌府志》,《中国地方志集成》本。

229.(清)张天如、魏式曾纂:同治《永顺府志》,《中国地方志集成》本。

230.(清)吴士进、邹柏森纂:光绪《严州府志》,《中国地方志集成》本。

231.强云程、吴继祖纂:民国《重修鄠县志》,1933年铅印本。

232.(清)罗缃、陈豪纂:光绪《应城县志》,《中国地方志集成》本。

233.（清）游智开、史梦兰纂：光绪《永平府志》，《中国地方志集成》本。

234.（清）薛元钊、张于铸纂：光绪《垣曲县志》，《中国地方志集成》本。

235.（清）陶湘纂：《昭代名人尺牍小传续集》，《近代中国史料丛刊续编》本。

236.（清）应祖锡：《增广尚友录统编》，清光绪二十八年（1902年）鸿宝斋石印本。

237.刘家平、苏晓君主编：《中华历史人物别传集》，北京：线装书局，2003年。

238.（汉）马融撰、郑玄注、（明）陶原良详解：《忠经详解》，《续修四库全书》本。

239.（清）茹敦和：《竹香斋古文》，《四库未收书辑刊》本。

240.（清）刘衡：《自治官书》，不分卷，《官箴书集成》本。

241.（清）徐栋、徐炳华纂：《致初自谱》，不分卷，《北京图书馆馆藏珍本年谱丛刊》本。

242.（清）张琦、邹山纂：康熙《建宁府志》，《中国地方志集成》本。

243.嵇曾筠、沈翼机纂：雍正《浙江通志》，清光绪二十五年（1899）浙江书局刻本。

244.（清）王昶纂：嘉庆《直隶太仓州志》，《续修四库全书》本。

245.（清）屠英、江藩纂：道光《肇庆府志》，《中国地方志集成》本。

246.（清）李维钰、沈定均纂：光绪《漳州府志》，《中国地方志集成》本。

247.（清）陈汝咸、施锡卫纂：光绪《漳浦县志》，《中国地方志集成》本。

248.栾钟垚、赵咸庆纂：民国《邹平县志》，《中国地方志集成》本。

249.刘宁颜、郑喜夫纂:《重修台湾省通志》,台中:台湾省文献委员会,1993年。

二、研究论著

1. 朱师辙:《清史述闻》,北京:三联书店,1957年。

2. 台北清史编纂委员会编:《清史》,1961年。

3. 徐炳宪:《清代知县职掌之研究》,台北:台湾东吴大学出版社,1974年。

4. 蔡申之等:《清代州县四种》,台北:台北文史哲出版社,1975年。

5. 那思陆:《明清州县衙门审判制度》,台北:文史哲出版社,1982年。

6. (香港)汪宗衍:《清史稿考异》,香港:文会书社,1985年。

7. 王钟翰点校:《清史列传》,北京:中华书局,1987年。

8. 周怀宇主编:《廉吏传》,郑州:河南人民出版社,1988年。

9. 中国科学院图书馆纂:《续修四库全书总目提要》,济南:齐鲁书社,1996年。

10. 台北国史馆编:《清史稿校注》,台北:台北出版社,1991年。

11. 佟佳江:《清史稿订误》,长春:吉林大学出版社,1991年。

12. 宋元强:《清朝的状元》,长春:吉林文史出版社,1992年。

13. 赵世瑜:《吏与中国传统社会》,杭州:浙江人民出版社,1994年。

14. 清史编纂委员会编:《清代人物传稿》,北京:中华书局,1999年。

15. 冯尔康:《清代人物传记史料研究》,北京:商务印书馆,2000年。

16. 瞿同祖:《清代地方政府》,北京:法律出版社,2003年。

17. 柏桦:《明清州县官群体》,天津:天津人民出版社,2003年。

18. 柏桦:《明代州县政治体制研究》,北京:中国社会科学出版社,2003年。

19. 何朝晖:《明代县政研究》,北京:北京大学出版社,2006年。

20. (美)曾小萍:《州县官的银两——18世纪中国的合理化财政改革》,北京:中国人民大学出版社,2005年。

21. John R. Watt, The District Magistrate in Late Imperial China. (Columbia University Press, 1972).

三、研究论文

(一)清代州县官和州县行政制度研究相关论文

1. 王栻:《薄俸与陋规》,载《文史杂志》3卷,1944年第1、2期合刊。

2. 陶希圣:《清代州县衙门刑事审判制度及程序》,载《食货月刊》,复刊1971年第1、2、3、4、5期。

3. 徐炳宪:《清代知县之出身及其在地方行政上之地位》,载《大陆杂志》,第49卷第6期(1974年12月)。

4. 徐炳宪:《清代县官的社教工作》,载《中国地方自治》,1976年1月。

5. 徐炳宪:《清代县官的社会救济》,载《中华文化复兴月刊》，第 9 卷 10 期(1976 年 10 月)。

6. 魏鉴勋、袁闾琨：《试论清代的幕僚及其对地方政权的作用》，载《史学月刊》，1983 年第 5 期。

7. 吴仁安：《清代的州县官》，载《历史教学》，1986 年第 5 期。

8. 李林：《清代县官职掌与作用》，载《辽宁大学学报》，1986 年第 6 期。

9. 陈东林：《明清地方官职等级结构的比较考察——介绍和田正广关于明清吏治的定量统计研究》，载《清史研究通讯》，1987 年第 1 期。

10. 刘秀生：《明清时期官员队伍的层次结构与科举制度》，载《理论探讨》，1987 年第 3 期。

11. 韩曙：《略论明清两朝协调中央与地方财政关系的若干措施》，载《财政研究》，1987 年第 9 期。

12. 袁庭栋：《从官、吏、僚说到清代的幕僚》，载《文史知识》，1988 年第 9 期。

13. 周学军：《论明末清初的吏胥专权》，载《学术月刊》，1989 年第 9 期。

14. 刘秀生：《清代县级政权机关中的人事管理》，载《理论探讨》，1990 年第 2 期。

15. 齐润令、舒顺林：《论清代文官的选拔录用资格限制与品级待遇》，载《内蒙古师大学报》，1990 年第 2 期

16. 柏桦：《从清代知县的出身看康雍乾时期的吏治》，载《史学集刊》，1990 年第 4 期。

17. 柏桦、李春明：《论清代知县出身与康雍乾时期的用人政策》，载《史学集刊》，1990 年第 4 期。

18. 郭润涛：《试论清代州县衙门设置幕府的原因》，载《学术研究》，1990 年第 4 期。

19. 杨武泉：《明清守、巡道制度考辨》，载《中国史研究》，

1992年第1期。

20. 苏位智：《清代幕吏心态探析》，载《山东社会科学》，1992年第6期。

21. 郭润涛：《清代幕府的类型和特点》，载《贵州社会科学》，1992年第11期。

22. 赵秀玲：《论清代知府制度》，载《清史研究》，1993年第2期。

23. 柏桦：《从历史档案看清代对州县官吏的惩处制度》，载《北方论丛》，1994年第4期。

24. 吴吉远：《清人论职官俸禄与廉洁之补正》，载《史学月刊》，1994年第6期。

25. 杜家冀：《清代官员选任制度述论》，载《清史研究》，1995年第2期。

26. 芮怀川：《明清两代政事中的廉与贪》，载《唯实》，1995年第2期。

27. 李映发：《清代州县陋规》，载《历史档案》，1995年第2期。

28. 陶建平：《清代官箴中的地方官初任原则与方法》，载《广西民族学院学报》，1995年第2期。

29. 赵广华、朱须：《清朝前期廉政立法及其措施》，载《殷都学刊》，1995年第2期。

30. 刘鹏九、王家恒：《清代县官制度述论》，载《清史研究》，1995年第3期。

31. 刘凤云：《清代督抚与地方官的选用》，载《清史研究》，1996年第3期。

32. 郭润涛：《试析清代幕业经济生活状况》，载《中国社会经济史研究》，1996年第4期。

33. 柏桦：《从〈令梅治状〉看康熙年间的县政》，载《史学集刊》，1997年第1期。

34. 赵慧峰、杨爱琴:《清代的职官俸禄与廉政》,载《中州学刊》,1997年第4期。

35. 刘菊素:《清代陋规与吏治》,载《黑龙江社会科学》,2000年第3期。

36. 王昌焕:《我国清代县官的职权行为浅论》,载《河南社会科学》,2000年第4期。

37. 魏光奇:《清代州县财政探析》(上),载《首都师范大学学报》,2000年第6期。

38. 魏光奇:《清代州县财政探析》(下),载《首都师范大学学报》,2001年第1期。

39. 黄真真:《清代后期胥吏衙役权利的私下交易》,载《中国社会经济史研究》,2001年第3期。

40. 正昭:《胥吏与清代社会》,载《中国行政管理》,2001年第3期。

41. 刘凤云:《明清时期地方官衙浅论:兼论城市空间文化》,载《故宫博物院院刊》,2002年第1期。

42. 邵长兴:《"览志书"——清代知县莅任初规之一》,载《黑龙江史志》,2003年第2期。

43. 薛恒,柏桦:《明代州县官吏设置与州县政治体制》,载《史学集刊》,2002年第3期。

44. 柏桦:《明清州县官的政治经济待遇》,载《长春工业大学学报》,2004年第1期。

45. 周雪香:《18世纪中国的合理化财政改革研究——简评〈州县官的银两〉》,载《中国经济史研究》,2005年第3期。

46. 张艳丽:《试论清代晋南地区黄河滩地的争夺事件——以永济县为中心兼论州县官的行政职能》,载《运城学院学报》,2006年第1期。

47. 何峰:《明清淮南盐区盐场大使的设置、职责及其与州县官的关系》,载《盐业史研究》,2006年1期。

48. 刘彦波:《清代基层社会控制中州县官与绅士关系之演变》,载《武汉理工大学学报》(社会科学版),2006年第4期。

49. 陈一容:《清代官吏惩戒制度研究》,西南师范大学,中国优秀硕士学位论文全文数据库2005年。

50. 王静:《清代州县官的民事审判》,吉林大学,中国博士学位论文全文数据库2005年。

51. 李凤鸣:《清代州县官吏的司法责任》,中国政法大学,中国博士学位论文全文数据库2006年。

(二)《清史稿》研究相关论文

1. 于式枚:《纂修清史商例:循吏传》,载《中国学报》,1916年第2期(1912年)。

2. 王伯祥:《〈清史稿〉述臆》,载《民铎杂志》,第10卷第1号(1929年1月)。

3. 孟森:《〈清史稿〉中建州卫考辨:内函清与祖考》,载《"国立中央研究院"历史语言研究所集刊》,1932年第3期。

4. 陈登原,《读〈清史稿〉偶记》,载《国闻周报》,第14卷第16期(1937年4月)。

5. 一士:《关于〈清史稿〉》,载《逸经》,第6期(1936年5月20日)。

6. 吴宗慈:《〈清史稿〉检校工作之经过:最近史学史之一页》,载《文史季刊》,1941年第2期。

7. 李权:《〈清史稿〉管见》,载《东方杂志》,第42卷第1号(1946年1月)。

8. 陆丹林:《〈清史稿〉的谬误》,载《永安月刊》,第92期(1947年)。

9. 金毓黻:《读〈清史稿〉札记》,载《国史馆馆刊》,第1卷第3号(1948年8月)。

10. 朱师辙:《〈清史稿〉撰人考》,载《国立中山大学文史集刊》,(1948 年第 1 期)。

11. 李之勤:《关于〈清史稿〉的版本》,载《史学史资料》,1980 年第 1 期。

12. 庄吉发:《清代国史馆的传记资料及列传的编纂》,载《幼狮学志》,1980 年第 1 期。

13. 秦宝琦:《"关于〈清史稿〉的纂修与评论"简述》,载《清史研究通讯》,1982 年第 1 期。

14. 方国瑜:《评〈清史稿〉》,载《史学史研究》,1982 年第 2 期。

15. 汪受宽:《〈清史稿·杨应琚传〉笺校》,载《青海师范学院学报》(哲社版),1982 年第 4 期。

16. 杨士孝:《〈清史稿〉医家传记误述考订》,载《辽宁大学学报》(哲社版),1984 年第 6 期。

17. 胡珠生:《〈清史稿〉订补数则》,载《清史研究通讯》,1985 年第 3 期。

18. 高岸:《〈清史稿·性德传〉笺注》,载《承德师专学报》,1986 年第 4 期。

19. 李世愉:《〈清史稿·地理志〉中某些年代的订误》,载《清史研究通讯》,1987 年第 2 期。

20. 张明:《关于我国第一部清代中外关系史——〈清史稿·邦交志〉》,载《北京社会科学》,1987 年第 4 期。

21. 夏卫东:《〈清史稿〉进士订误》,载《古籍整理研究学刊》,1998 年第 4、5 期合刊。

22. 佟佳江:《〈清史稿·本纪〉刊正举要》,载《北方文物》,2000 年第 2 期。

23. 张涛:《被肯定的否定:从〈清史稿·列女传〉中的妇女自杀现象看清代妇女境遇》,载《清史研究》,2001 年第 3 期。

24. 秦国经、高换婷:《清朝修史与〈清史稿〉编纂研究》,载《清史研究》,2002 年第 3 期。

25. 周学军、白剑光:《〈清史稿·藩部世表三〉杜尔伯特部世表再订误》,载《石家庄师范专科学校学报》,2000年第3期。

26. 翁飞:《〈清史稿〉列传一百九十八〈李鸿章传〉校勘说明》,载《清史研究》,2002年第1期。

27. 戴逸:《〈清史稿〉的纂修及其缺陷》,载《清史研究》,2002年第1期。

28. 吕丽:《例以辅律,非以代律:谈〈清史稿·刑法志〉律例关系之说的片面性》,载《法制与社会发展》,2002年第6期。

29. 刘海峰:《从〈清史稿〉的编撰过程看其史学价值》,载《天中学刊》,2003年第1期。

30. 刘海峰:《〈清史稿〉撰述人及其关系考》,载《史学月刊》,2003年第2期。

31. 邹爱莲:《〈清史稿〉体例的讨论与确立》,载《清史研究》,2003年第3期。

32. 韩永福:《〈清史稿〉的编修过程》,载《历史档案》,2004年第1期。

33. 刘海峰、李慧:《论〈清史稿〉的进步史观》,载《天中学刊》,2004年第1期。

34. 杨春俏:《〈清史稿·李念慈传〉订误补充》,载《唐山师范学院学报》,2004年第3期。

35. 毛晓阳:《〈清史稿〉江西进士订误三则》,载《黄冈师范学院学报》,2005年第4期。

36. 邹爱莲等:《〈清史稿〉纂修始末研究》,载《清史研究》,2007年第1期。

37. 张笑川:《张尔田与〈清史稿〉纂修》,载《清史研究》,2007年第1期。

38. 王志国:《〈清史稿〉的编修情况及其史学价值》,2008年硕士学位论文数据库。

39. 王昌宜:《〈清史稿·循吏传〉人名字号订误》,载《古籍研究》,2008 年第 1 期。

40. 李治亭:《清代基层官员铨选制考察——以〈清史稿·循吏传〉为例》,载《社会科学战线》,2008 年第 3 期。

41. 王昌宜:《〈清史稿·循吏传〉地名勘误》,载《中国历史地理论丛》,2009 年第 3 期。

42. 王晓妍:《清代循吏审断实践研究——以〈清史稿·循吏列传〉为视角》,2012 年硕士学位论文数据库。

43. 王昌宜:《夏孙桐在〈清史稿〉修撰中的贡献》,载《合肥学院学报》(社会科学版),2012 年第 2 期。

44. 王文淑:《20 世纪 50 年代以来〈清史稿〉研究综述》,载《濮阳职业技术学院学报》,2014 年第 1 期。

45. 杨军民:《从〈清史稿·循吏列传〉看清代循吏的群体结构特征》,载《鲁东大学学报》(哲学社会科学版),2015 年第 4 期。

46. 许曾会:《桐城派与〈清史稿〉的编修》,载《史学史研究》,2016 年第 2 期。

(三)循吏及吏治研究相关论文

1. 徐朔方:《司马迁笔下的"循吏"——谈谈〈史记·循吏列传〉》,载《光明日报》,1966 年 1 月 30 日第 4 版。

2. 平心:《论"循吏"、"良吏"、"清官"的历史评价法》,载《文汇报》,1966 年 2 月 3 日第 4 版。

3. 平心:《关于评价历史人物的标准问题和"循吏"、"清官"的分析批判问题——一个初步的解答》,载《文汇报》,1966 年 3 月 31 日第 4 版。

4. 刘乾:《循吏与酷吏》,载《光明日报》,1980 年 10 月 7 日第 4 版。

5. 苏双碧:《论清官在历史上的实际作用》,载《北方论丛》,1981 年第 6 期。

6. 刘承智:《浅谈"循吏"》,载《历史知识》,1982 年第 3 期。

7. 姚之若:《〈清史稿·循吏传〉正误一则》,载《史学月刊》,1989 年第 6 期。

8. 姚之若:《以人为鉴可明得失:〈循吏传〉读后》,载《甘肃理论学刊》,1992 年第 6 期。

9. 姜宝珠:《循吏、酷吏和其他》,载《阴山学刊》(社科版),1993 年第 2 期。

10. 武树臣:《循吏、酷吏与汉代法律文化》,载《中外法学》,1993 年第 5 期。

11. 徐忠明:《〈史记·循吏列传〉随想》,载《中外法学》,1994 年第 2 期。

12. 孙海洋:《从〈史记·循吏列传〉看司马迁政治思想的局限性》,载《湘潭师范学院学报》(社会科学版),1994 年第 4 期。

13. 杨静婉:《汉代循吏的治民原则、措施及其实施效果》,载《湘潭大学学报》(哲学社会科学版),1995 年第 4 期。

14. 王仲:《古代循吏重农行为考察——以明清为例》,载《中国农史》,1996 年第 4 期。

15. 卢敦基:《难为的循吏》,载《读书》,1998 年第 6 期。

16. 瞿林东:《循吏与决策》,载《决策咨询》,1999 年第 7 期。

17. 黄珊:《在文化与政治之间:西汉循吏治政策略的意识形态意义》,载《福建论坛》(文史哲版),2000 年第 2 期。

18. 李福德:《论清官文化》,对外经济贸易大学,中国优秀硕士学位论文全文数据库 2001 年。

19. 贾风祥:《"廉吏"考》,载《领导工作研究》,2001 年第 9 期。

20. 程遂营:《"二十四史"〈循吏〉、〈酷吏〉列传与中国古代监察官的选任》,载《北方论丛》,2001 年第 1 期。

21. 胡解旺:《康乾盛世的吏治腐败》,载《嘉应大学学报》,2002 年第 1 期。

22. 彭忠德:《官箴论公、廉》,载《湖北大学学报》(哲学社会科学版),2001年第2期。

23. 陈乃举:《康熙朝缘何多廉吏》,载《理论与实践》,2002年第1期。

24. 王志明:《雍正朝官僚人事探析》,华东师范大学,中国博士学位论文全文数据库2003年。

25. 杨亚东:《雍正年间整顿吏治研究》,云南师范大学,中国优秀硕士学位论文全文数据库2004年。

26. 宋舜志:《雍正的吏治整顿》,载《洛阳师范学院学报》,2004年第1期。

27. 郭成康:《宁用操守平常的能吏,不用因循误事的清官——雍正对用人之道的别一种见解》,载《清史研究》,2001年第4期。

28. 赵海菱:《杜甫与两汉循吏文化传统》,载《东岳论丛》,2004年4期。

29. 户华为:《康熙的尚德兴廉之道与清官之治——兼论"康熙年间有清官,雍正年间无清官"》,载《中南大学学报》(社会科学版),2004年第6期。

30. 罗婵:《康熙用人探析》,载《哈尔滨学院学报》,2004年第10期。

31. 杨沛川:《论良法与良吏》,重庆大学,中国优秀硕士学位论文全文数据库2005年。

32. 吴灿、郑达威:《汉代循吏的传播功能》,载《开封教育学院学报》,2005年第2期。

33. 刘隆有:《循吏理讼》,载《文史春秋》,2005年12期。

34. 于振波:《汉代的循吏与酷吏》,载《湖南城市学院学报》,2006年1期。

35. 王晋玲:《清初吏治清明探析——以廉吏于成龙为例》,载《苏州大学学报》(哲学社会科学版),2006年第1期。

36. 杨建祥:《循吏与地方风化》,载《上海行政学院学报》,2006年3期。

37. 吴桂美:《理想与现实的反差——读〈史记·酷吏列传〉》,载《湖北民族学院学报》(哲学社会科学版),2004年第6期。

38. 陈金花:《论循吏在汉、隋两代的变化及其原因》,载《惠州学院学报》,2006年5期。

39. 陈梧桐:《论明前期的清官循吏》,载《史学集刊》,2006年5期。

40. 王营绪:《从循吏与酷吏的对比看唐代执法者的法律思想》,载《哈尔滨学院学报》,2007年3期。

41. 范新钟、范磊磊:《清末台湾循吏曹瑾墓志发现及其思想研究》,载《中州古今》,2003年第2期。

42. 李建兴:《清代循吏曹谨宦台前后之行绩考述》,载《中州今古》,2003年第4期。

43. 杨梅山:《林则徐与桂超万》,载《河北地方志》,1997年第7期。

44. 雷海宗:《章学诚与蓝鼎元饿乡记》,载《清华大学学报》(哲社版),1937年第3期。

45. 赵靖:《简论蓝鼎元的经济思想》,载《中国经济问题》,1983年第5期。

46. 李非:《试论蓝鼎元对清初台湾开发的贡献》,载《福建论坛》(人文社会科学版),1985年第3期。

47. 陈鸿彝:《清代能吏蓝鼎元》,载《文史知识》,1990年第5期。

48. 郑焕隆:《蓝鼎元在潮政绩及著述》,载《汕头大学学报》(人文科学版),1991年第1期。

49. 郭马风:《试评蓝鼎元主纂雍正〈潮州府志〉的修志观及贡献》,载《广东史志》,1994年第3期。

50. 许其端：《蓝鼎元的哲学思想》，载《漳州师范学院学报》（哲学社会科学版），1994年第3期。

51. 林其泉：《略论蓝鼎元的治台主张》，载《台湾研究》，1993年第4期。

52. 郭志超：《蓝鼎元筹台说服述论》，载《厦门大学学报》（哲学社会科学版），1994年第4期。

53. 陈国强、林加煌：《蓝鼎元治理台湾高山族的贡献》，载《云南社会科学》，1994年第5期。

54. 蒋炳钊：《"筹台宗匠"蓝鼎元——评述蓝鼎元治台方略及其意义》，载《福建师范大学学报》（哲学社会科学版），1995年第1期。

55. 刘青泉：《试论蓝鼎元的政治功绩与学术思想特色》，载《清史研究》，1996年第4期。

56. 刘青泉：《筹台之宗匠经世之良才——评蓝鼎元的治台识见》，载《台声》，1998年第10期。

57. 熊立胜：《蓝县令巧和兄弟情》，载《思维与智慧》，1999年第1期。

58. 冷东：《蓝鼎元视野下的清初潮汕社会》，载《中国边疆史地研究》，1999年第4期。

59. 钟祥财：《郑成功、蓝鼎元、刘铭传关于发展台湾农业经济的思想》，载《中国农史》，2000年第2期。

60. 林其泉、周建昌：《从〈东征集〉和〈平台纪略〉看蓝鼎元的治台思想主张》，载《古籍整理研究学刊》，2000年第6期。

61. 候忠义：《蓝鼎元和他的〈鹿洲公案〉》，载《明清小说研究》，2002年第2期。

62. 王强：《从〈鹿洲公案〉考察潮州社会犯罪现象》，载《广东史志》，2002年第4期。

63. 黄新宪：《蓝鼎元的教育观探略》，载《河北师范大学学报》（教育科学版），2004年第1期。

64. 陈跃、井红波:《论蓝鼎元的对外贸易思想》,载《黄山学院学报》,2006年第1期。

65. 杨先保:《论蓝鼎元经营台湾的主张》,载《武汉理工大学学报》(社会科学版),2006年第4期。

66. 杨先保:《蓝鼎元对台湾高山族地区开发的贡献》,载《中南民族大学学报》(人文社会科学版),2006年第5期。

67. 王日根:《从〈鹿洲公案〉看清初知县对乡村社会的控制》,载《华中师范大学学报》(人文社会科学版),2006年第4期。

68. 蔡勇强:《蓝鼎元教育思想初探》,载《中国成人教育》,2007年第4期。

69. 张铭新:《哀哉!李毓昌》,载《紫禁城》,1982年第2期。

70. 肖冰:《清末四大奇案之一——查赈大员李毓昌遇难记》,载《炎黄春秋》,1994年第6期。

71. 薛梅卿、张志京:《清代法制与李毓昌之死》,载《行政与法》,1995年第3期。

72. 任德起:《清代李毓昌审计殉职案》,载《审计理论与实践》,1997年第5期。

73. 任德起:《清代李毓昌审计殉职案》(续),载《审计理论与实践》,1997年第6期。

74. 张稚庐:《清朝廉吏李毓昌》,载《春秋》,2001年第4期。

75. 王开玺:《从李毓昌案看嘉庆朝的吏治》,载《历史档案》,2004年第2期。

76. 魏美仙:《刘大绅〈寄庵诗抄〉简论》,载《云南文史丛刊》,1991年第3期。

77. 刘祥力:《刘衡简论》,载《阜阳师范学院学报》(社科版),1994年第4期。

78. 颜世菊:《牛运震和他的学术思想及出版业》,载《山东图书馆季刊》,2000年第3期。

79. 蒋邦泽:《宁远知府牛树梅和他的〈西昌地震纪变诗〉》,载《西昌师专学报》,1996 年第 1 期。

80. 南雁山人:《清循吏汪辉祖及其佐治学说》,载《市县行政研究》,1943 年第 2 期。

81. 希澈:《汪辉祖对于吏治的见解》,载《市县行政研究》,1943 年第 4 期。

82. 毕于洁:《致力于工具书的清代学者——汪辉祖》,载《资料工作通讯》,1981 年第 4 期。

83. 杨文起:《汪辉祖与〈佐治药言〉》,载《津图学刊》,1988 年第 4 期。

84. 蒋淑薇:《从〈佐治药言〉看汪辉祖对幕学的贡献》,载《贵州社会科学》,1992 年第 2 期。

85. 唐宇辉:《浅谈汪辉祖的州县吏治思想》,载《湘潭师范学院学报》,1992 年第 5 期。

86. 郭润涛:《汪辉祖与清代州县幕府》,载《中国史研究》,1993 年第 1 期。

87. 鲍永军:《汪辉祖史学成就初探》,载《浙江学刊》,1996 年第 5 期。

88. 何宝梅:《明清师爷的职业道德》,载《秘书工作》,2000 年第 11 期。

89. 鲍永军:《汪辉祖研究》,浙江大学,中国博士学位论文全文数据库 2004 年。

90. 眭达明:《清朝名幕汪辉祖及其幕学思想》,载《秘书》,2004 年第 12 期。

91. 钱茂竹:《汪辉祖和他的师爷佐治观》,载《绍兴文理学院学报》(社科版),2005 年第 6 期。

92. 鲍永军:《汪辉祖的幕学思想》,载《绍兴文理学院学报》(社科版),2005 年第 6 期。

93. 鲍永军:《绍兴师爷汪辉祖》,载《文史知识》,2005 年第

7期。

94.周国平:《"法表儒质":清代刑名师爷理案原则初探——以"绍兴师爷"汪辉祖为例》,载《西安外事学院学报》,2005年第1期。

95.钟小安:《浅谈汪辉祖的民本意识》,载《秘书工作》,2006年第8期。

96.钟小安:《浅析一代名幕汪辉祖的民本意识》,载《秘书之友》,2006年第9期。

97.徐忠明:《清代中国司法裁判的形式化与实质化——以〈病榻梦痕录〉所载案件为中心的考察》,载《政法论坛》,2007年第2期。

98.赵柏田:《江湖寥落尔安归——汪辉祖的游幕生涯》,载《西湖》,2007年第3期。

99.刘成群:《姚文燮〈昌谷集注〉的"以史注诗"》,载《唐山师范学院学报》,2004年第6期。

100.王玉池:《书如佳酒不宜甜——伊秉绶的书法特点》,载《书法》,1981年第3期。

101.许国平:《伊秉绶的隶书联》,载《紫禁城》,1992年第6期。

102.张锡庚:《平原一派得承流——伊秉绶及其〈七律诗轴〉》,载《文物》,1995年第11期。

103.周小英:《跋伊秉绶〈留春草堂诗钞〉》,载《新美术》,1997年第2期。

104.管林:《宋湘与伊秉绶之交往》,载《客家研究辑刊》,1998年第1、2期合刊。

105.管林:《伊秉绶在广东》,载《岭南文史》,1998年第3期。

106.虞卫毅:《邓石如与伊秉绶隶书成就的比较与评述》,载《书画世界》,1998年第6期。

107. 吴令:《伊秉绶书法风格浅析》,载《东南文化》,2000年第6期。

108. 依斋:《清雅古朴严谨拓放——浅评书法大师伊秉绶及伊念曾、伊立勋三人书法艺术》,载《书画艺术》,2002年第2期。

109. 何碧琪:《从几件文物馆藏品管窥伊秉绶之师承及影响》,载《书法丛刊》,2002年第3期。

110. 周平、夏时:《伊秉绶隶书自评试析》,载《书法研究》,2002年第4期。

111. 唐戈:《伊秉绶年表》,载《书法研究》,2003年第5期。

112. 周静:《对伊秉绶隶书线条美的几点体会》,载《昌吉学院学报》,2004年第2期。

113. 周静:《伊秉绶隶书空间美之管窥》,载《新疆艺术学院学报》,2004年第3期。

114. 何碧琪:《翁方纲与伊秉绶对广东金石书风的影响》,载《书法丛刊》,2004年第3期。

115. 周静:《对伊秉绶隶书线条美的几点认识》,载《新疆教育学院学报》,2004年第4期。

116. 连允东:《伊秉绶与"东坡砚"》,载《科学与文化》,2005年第1期。

117. 武宝民:《伊秉绶行草赏析》,载《青少年书法》,2005年第2期。

118. 庞鸥:《自创一格陶铸千古——伊秉绶书法风格浅析》,载《书画世界》,2007年第2期。

119. 张守常:《状元知府王仁堪和鲁迅祖父科场案》,载《鲁迅学刊》,1981年第2期。

120. 陈松年:《王仁堪与第一泉》,载《农业考古》,2000年第2期。

121. 邓长风:《清初回族张塨和他的〈竹叶庵文集〉:美国国

会图书馆读书札记之四上》,载《铁道师院学报》(社科版),1992年第4期。

122. 邓长风:《清初回族张塽和他的〈竹叶庵文集〉:美国国会图书馆读书札记之四下》,载《铁道师院学报》(社科版),1993年第1期。

123. 白金:《一代廉吏周人龙》,载《天津档案》,2005年1期。

124. 《湖南巡抚岑春蓂奏已故襄阳守郑敦允请宣付史馆立传折》,载《国风报》,1910年5月19日。

125. 茹美霞:《张敦仁及其刻书》,载《山西图书馆学报》,1995年第3期。

126. 张秀琴:《数学家张敦仁传略》,载《中国科技史料》,1996年第4期。

127. 容村:《周际华和他的〈一瞬录〉》,载《贵州社会科学》,1992年第6期。

128. 康家伟:《论周际华哲学思想》,载《贵州社会科学》,1992年第12期。

129. 马明达:《循吏张瑾史迹》,载《回族研究》,2005年第4期。

130. 解光启:《赵吉士与卦山》,载《沧桑》,1998年第3期。

后 记

本书是在我的博士学位论文《清代循吏研究——以〈清史稿·循吏传〉为中心》的基础上修改而成的。

2004年9月,我有幸进入南京大学投师于范金民教授门下学习深造。在这里,我度过了三年物质清贫但精神富足的难忘时光,遇到了一群让我受益终生的良师益友。恩师范金民教授学识渊博、治学严谨,在学业上给予了我许多关照和指导。在博士论文的撰写过程中,范金民教授不仅悉心地帮我把关论文选题、研究思路、篇目结构,甚至慷慨地将自己从台湾获得的《清史稿校注》等相关资料提供给我,使得本书的资料更为翔实,因此,本书的顺利完成离不开恩师范金民的指导和帮助。

在南京大学,我还有幸遇到了我人生中的另一位恩师夏维中教授。在南大求学的三年里,家门屡遭不幸,接连送走了爷爷、奶奶和父亲三位亲人,特别是年仅五旬的父亲突然离世,对我和家人的打击非常巨大。在此期间,夏维中教授多次询问我生活中的困难,给予了我无私的关心和帮助,让我至今思之,仍感念不已。

我的博士论文评阅人卞利教授、余同元教授以及论文答辩专家组成员高荣盛教授、胡阿祥教授、夏维中教授、张海英教授、邹农俭教授也都给本书提出了许多宝贵的意见和建议,为本书的修改、完善指明了方向,在此也向他们表示感谢!

我的硕士导师李修松教授也是我学术道路上一位重要的

引路人。时至今日,先生当年字斟句酌帮我修改论文的情景仍历历在目。

需要感谢的人还有很多。师兄万朝林、陈瑞,同窗陈晓明、秦翠红、刘舒曼等博士也都为本书提供了许多启发性的意见和建议,陈晓明博士还从南京图书馆古籍部为我搜集了许多宝贵资料,让我十分感激。

感谢编辑老师张锐和章亮亮对本书的辛勤付出!

最后,我还想特别感谢我的父母和家人,感谢小女周凌云,你们是我继续前行的最大动力!

借此书稿付梓之际,我谨向一切支持、帮助、鼓励过我的人表示感谢,我将铭记各位的恩情,继续前行。

王昌宜

2016 年 11 月于合肥